Collection Channels
dirigée par Michka Seeliger-Chatelain et Tigrane Hadengue

ISBN 978-2-84594-456-5
Mama Éditions, 1 rue des Montibœufs, 75020 Paris (France)

LES DANSES DE L'ÂME

De la même autrice

L'Envol vers soi
Mama Éditions, 2020

Lena FAVRE

LES DANSES DE L'ÂME

MAMA ÉDITIONS

GRATITUDE

À tous les Stellaires qui ont choisi de venir accompagner et soutenir cette ascension vibratoire,

À tous les membres de l'équipe au sol,

À tous ceux qui portent une parole juste et manifestée,

À ceux qui gardent le cap et tiennent bon la barre, malgré les tempêtes électromagnétiques et intérieures,

À ceux qui, tellement fatigués par une vie contre laquelle ils se sont fracassés, envisagent parfois de la quitter,

À tous les nouveaux venus qui viennent ensemencer la Terre, bienvenue !

À vous qui lirez ces lignes, qu'elles illuminent votre cœur,

À tous les êtres des autres règnes, je vous salue et je vous aime,

À ma famille d'âmes, à mes frères et sœurs d'ailleurs, à mes guides bien-aimés, merci.

À ceux qui croisent mon chemin dans ces moments de partage de cœur à cœur,

À mes enfants et petits-enfants, vous qui m'accompagnez, illuminez ma vie, et me bousculez parfois,

Aux frères animaux qui partagent mon quotidien, merci,

À Tigrane, Michka, et la Mama's team,

Je vous remercie d'être et je vous aime.

PRÉAMBULE

Pour introduire cette danse, j'ai ressenti un appel. Celui de vous présenter ces messagers de lumière qui s'expriment à travers moi. Je suis d'ailleurs dans une immense gratitude d'œuvrer au service de ces êtres plein d'amour, dont je suis l'intermédiaire. Être ce lien entre ce que nous appelons « le ciel », « la terre » et « les autres dimensions » est une grande joie. Un véritable engagement aussi.

Pastor et le collectif se manifestent lorsque j'écris, lors de mes interventions orales, que cela soit des canalisations ou lors d'interviews. Cela n'est pas restrictif car ils peuvent intervenir spontanément dans d'autres circonstances.

Comme chacun, j'ai aussi d'autres guides de lumière. Ils s'expriment lors de l'accompagnement individuel et collectif que je propose, mais aussi dans ma sphère personnelle. Durant ces séances, les guides de la personne sont également présents.

Je sais systématiquement qui « parle ». Car chacun a son style, sa tonalité. Je dirai même plus, ses intonations. Parfois plusieurs s'expriment simultanément, comme dans une conversation entre amis.

Les messages que je reçois arrivent sous forme d'images, de mots qui sont comme un langage géométrique et vibratoire, que je mets en phrases. Aujourd'hui, ce qu'ils transmettent est tellement puissant que nos mots ne suffisent plus. Ainsi, je cherche à chaque instant le plus juste et je nuance. J'ai également des sensations kinesthésiques puissantes, qui me donnent une indication claire de la provenance des blocages, de la ligne de temps sur laquelle ils se trouvent (dans quelle vie). En ce sens, mon corps est également un indicateur et un « vérificateur » de ce que j'entends et vois.

Finalement, tout cela se fait naturellement. Être canal, c'est laisser couler, c'est mettre son être en veille pour que leur discours coule à travers soi. C'est aussi avoir une attention personnelle de chaque instant afin d'être un canal de cristal... Être channel est une mission d'âme. Celle-ci se décline encore et encore, de maintes manières, au sein de toutes les existences, ici et ailleurs.

Revenons à ces êtres de lumière qui sont les messagers de ce livre, Pastor et le Collectif.

Ils se sont eux-mêmes présentés dans l'Envol vers soi. Je ne ferai donc que reprendre leurs mots.

Pastor est un être des plans supérieurs, plein d'humour et de légèreté. Il a connu l'incarnation, mais n'est pas revenu depuis « longtemps ». Il se définit de cette façon : « Je me suis présenté ainsi dans le passé et je vais le réaffirmer ici : lorsque tu me demandes qui je suis, je te dirai ou je dirai plutôt à ton esprit, que je suis une Flamme. En ce sens, je ne voudrais pas me présenter comme quelque chose de trop grand. Il n'y a pas d'injustice dans le fait que je vienne me dévoiler. Il n'y a pas de nécessité non plus. Si je le dis à ton esprit, tu seras tranquille (...) Pastor est le nom que j'ai choisi pour me manifester à vous. Dans le passé, mes transmissions ont été orales et aujourd'hui, à travers

Lena, elles doivent être également écrites. L'époque est particulière, très riche, et tout "s'accélère". »

Le Collectif, lui, insiste sur l'importance de s'attarder sur la vibration des mots transmis plutôt que d'alimenter la voie du mental, qui systématiquement analyse, dissèque, connote, juge...

Il se définit ainsi : « Nous sommes des êtres interstellaires, des guides, des maîtres ascensionnés. Nous parlons d'une seule et même voix. Parfois l'un d'entre nous s'exprime, mais toujours au nom du collectif. Finalement, savoir qui nous sommes est peu important. Ressentez plutôt notre énergie. C'est cette communication-là qui s'installe sur votre Terre maintenant.

Au fil de cette période d'ascension, les mots terrestres deviennent de plus en plus limitatifs, mais ils restent chargés d'une énergie qui raisonne puissamment. Il devient compliqué de trouver les mots justes pour communiquer, que ce soit pour vous en tant qu'humains ou pour nous au travers des channels qui se sont mis à notre service. Le langage "quantique" n'a rien à voir avec les mots...

Accueillez nos messages, et donc les paroles de ceux à travers lesquels nous nous exprimons, avec la voix du cœur. Lâchez vos anciens fonctionnements, ce besoin de tout "analyser", "évaluer", "juger".

Lorsque "l'inconnu" est transmis et frappe à votre porte, cela peut bouleverser, déranger et entraîner au mieux des résistances, au pire des censures, de la colère ou de la violence. Il suffit ! Ce qui vient doit être accueilli avec le cœur.

Sachez d'ailleurs que nous savons être fermes lorsque cela est nécessaire. Cela est juste. Tout converge présentement vers une unification de la conscience, qui se dégage de ses mémoires séculaires existentielles, émotionnelles, générationnelles, pour entrer dans la conscience. Lâchez prise, accueillez ! Nous sommes là, nous vous aimons. »

Je terminerai en ajoutant que tout s'accélère de plus en plus. Nous sommes poussés à nous alléger totalement de tout ce qui fait encore écran au plein épanouissement de qui nous sommes. Nous sommes également invités à avoir une intention claire de ce que nous souhaitons vivre. Néanmoins le libre arbitre demeure. À chaque instant nous faisons des choix...

Ayons la posture de l'aigle. En même temps, regardons l'eau qui coule sans lui donner prise. Tel est notre challenge.

Car tout est amour. Car l'amour est l'énergie créatrice de tous les mondes. Car nous sommes amour et venus l'expérimenter, dans différents « rôles », sous différentes formes, dans différents règnes. L'heure est plus que jamais à la sérénité et l'harmonie. Rien ne peut entraver l'amour, la limite du corps n'existe pas.

« — Je t'aime, dit le Petit Prince.
— Moi aussi, dit la rose.
— Ce n'est pas pareil... répondit le Petit Prince. Vouloir, c'est prendre possession de quelque chose, de quelqu'un. C'est chercher chez les autres ce qui peut remplir nos besoins personnels d'affection, de compagnie... Vouloir, c'est chercher à faire nôtre ce qui ne nous appartient pas, c'est s'approprier ou désirer quelque chose pour nous combler, parce qu'à un moment donné, quelque chose nous manque. Aimer, c'est désirer le meilleur pour l'autre, même s'il a des aspirations différentes des nôtres. Aimer, c'est permettre à l'autre d'être heureux, même si son chemin est différent du nôtre. C'est un sentiment désintéressé qui naît d'un don de soi, c'est se donner entièrement à partir de notre cœur. Quand on aime, on donne sans rien demander en échange, pour le simple plaisir de donner. Mais il est aussi certain que ce don, ce don de soi, complètement désintéressé, ne se fait que quand on se connaît. Nous ne pouvons aimer que ce que nous connaissons, parce qu'aimer veut dire se jeter dans le vide, faire confiance, à la vie, à l'âme. L'âme ne s'achète ni se

vend. Et connaître, c'est justement tout savoir de toi, de tes joies, de ta paix, mais aussi de tes contrariétés, de tes luttes, de tes erreurs. Parce que l'amour transcende les disputes, la lutte et les erreurs, l'amour, ce n'est pas uniquement pour les moments de joie. Aimer, c'est la confiance absolue que, quoi qu'il se passe, tu seras toujours là. Non parce que tu me dois quelque chose, non par possession égoïste, mais juste être là, en compagnie silencieuse.
Aimer, c'est savoir que le temps n'y changera rien, ni les tempêtes, ni les hivers.
Aimer, c'est donner à l'autre une place dans notre cœur pour qu'il y reste comme un père, une mère, un fils, un ami, et savoir que dans son cœur, il y a une place pour nous.
Donner de l'amour ne vide pas l'amour, au contraire, il l'augmente. La meilleure manière de donner autant d'amour, c'est d'ouvrir son cœur et se laisser aimer.
—J'ai compris, dit la rose.
—Ne cherche pas à comprendre l'amour, vis-le, dit le Petit Prince. »

Texte inspiré de l'œuvre *Le Petit Prince*,
d'Antoine de Saint-Exupéry, 1943.

ENTRONS DANS LA DANSE

Lena: Avant d'entrer sur scène, le danseur « descend en son centre ». Prenez une inspiration profonde. Prêts ?

Collectif: Bonjour, chers amis de la Terre. C'est avec tellement de joie que nous vous retrouvons. Pourquoi une « suite » à ce joli manuel pratique et vibratoire, qu'est *L'Envol vers soi ?*

Les Danses de l'âme est un ensemble de clés vibratoires, une encyclopédie de ces temps présents, un livre de « pensées » quotidiennes, comme vous dites. Vous pouvez vous y reporter encore et encore, à chaque étape. Il est finalement intemporel.

Finalement, s'agit-il d'une suite ? *L'Envol vers soi*[1] est un merveilleux livre de référence, une sorte de grimoire. De nombreuses personnes arrivent à lui et le découvriront par vagues, car vous vous éveillez chacun à votre rythme, selon votre « ancienneté d'âme », selon vos origines d'ici et d'ailleurs. Également en fonction du contexte, personnel et collectif, au sein duquel vous évoluez, et de votre intention à vous en « affranchir »...

Vous êtes venus ici pour vous souvenir de qui vous êtes vraiment. En cette période si particulière, vous avez choisi

1. L'*Envol vers soi,* Mama Éditions, 2020.

de retrouver ce qu'est l'amour et de le manifester dans un contexte terrestre qui n'est pas le plus simple...

Mes chers et tendres amis, jusqu'à ce jour, y a-t-il réellement eu une époque terrestre que l'on peut qualifier de long fleuve tranquille ?

Pastor : Je vous salue, mes amis. Je suis en joie de vous retrouver, sous la plume de notre Lena, qui elle aussi, en tant que femme ici incarnée, évolue tellement vite vers la « meilleure version d'elle-même »... Comme un certain nombre d'entre vous, d'ailleurs.

Vous constatez que le collectif s'est laissé aller à mon petit jeu, tout à fait bienveillant d'ailleurs. Cela me fait juste rire. J'aime rire. Il me plaît de reprendre vos expressions terrestres, à la fois imagées et si jolies, pour peu qu'elles ne soient pas « galvaudées ». Je vous salue également, cher collectif. Nous ne nous sommes d'ailleurs guère quittés.

Ici, nous jouons un si doux duo, à travers cette jolie Lena. D'ailleurs, vous constaterez qu'il va s'agir ici d'un trio. Eh oui, Lena entre dans la danse ! L'être Lena va ici s'exprimer également.

Collectif : Hello, cher Pastor. *Happy to see you again*[2] ! Nous aimons la sonorité de la langue anglaise, alors, allons-y ! Toutes vos « langues » sont si belles, d'ailleurs. Cet ensemble de sonorités qui swinguent dans votre bouche.

Merci d'être à nouveau à nos côtés, pour ce trio littéraire et musical à la fois.

Pastor : Oh, oh, cher collectif, que de légèreté dans votre expression. Que se passe-t-il, vous qui parfois pouvez être quelque peu « sérieux » ?

---

2. Heureux de te revoir.

Collectif: Cher Pastor, « il faut se méfier de l'eau qui dort » ! Trêve de plaisanterie, « revenons à nos moutons » !

Nous y voici. Pourquoi donc ce livre ? Parce que cette époque est une période cruciale pour votre humanité. Justement car il ne s'agit plus... « d'être des moutons », au risque de rester captifs. D'ailleurs, que savez-vous des moutons, comme de ceux que vous appelez « les animaux » ? Nous y reviendrons.

« Têtu comme un âne, sale comme un cochon, une tête de linotte, manger comme un goret, un froid de canard, être à cheval sur ses principes, donner de la confiture aux cochons (vous remarquerez à quel point les humains chargent les cochons...), s'entendre comme chien et chat, il ne faut pas prendre les enfants du bon Dieu pour des canards sauvages »...

Pastor: Allons-y, moment nettoyage. Citons encore quelques expressions et allégeons nos frères animaux, bien chargés par ces termes, souvent peu justes et d'un autre temps. « Une poule mouillée, quand les poules auront des dents, être le dindon de la farce, une oie blanche, une peau de vache, travailler comme un bœuf, une vie de chien, être fait comme un rat, quel âne, jouer un tour de cochon, le coup du lapin, une vieille bique, une cervelle d'oiseau, serrés comme des sardines (en boîte), une grenouille de bénitier, quel blaireau ! »... Ouf, il y en a tellement. Balayons tout cela « d'un coup d'ailes » !

Collectif: Vous comprendrez, en prenant conscience des pages qui vont suivre, l'importance de vivre cette époque en conscience, en étant en possession totale de ses « moyens ». Sur un plan collectif, ce que vous vivrez dépendra largement de la capacité des humains à se

« réveiller en plus ou moins grand nombre », si nous pouvons nous exprimer ainsi. Comme nous l'avons dit dans *L'Envol vers soi,* ceux que vous appelez « les guides » ne sont pas là pour vous sauver. Nous sommes toujours présents, nous sommes venus de tous les règnes de lumière, pour vous inonder d'amour, pour favoriser l'intégration de cette puissante lumière qui débride votre ADN[3], pour vous accompagner. Nous n'interviendrons pas, sauf peut-être dans certains cas extrêmes...

Les mots qui défilent sous vos yeux à la lecture de ce texte n'ont pas vocation à être débattus. Ils arrivent à point nommé pour vous réveiller, car l'heure a sonné. Continuer à alimenter le flot de paroles qui ensevelissent votre Terre, et finissent par créer une cacophonie incommensurable est totalement obsolète.

Ce livre, comme le précédent, s'adresse à tous ceux qui sauront entendre au-delà des mots, sans se heurter contre leur paroi. S'il vous bouleverse, c'est qu'il déclenche les contractions qui vont vous permettre d'accoucher de vous-même. Il ne s'agit ni de convaincre ni d'alimenter une quelconque polémique.

Nous œuvrons simplement à vous propulser hors du mental et de l'ego, sur une autre ligne vibratoire. Ensuite, nous vous ramenons à la Terre, car vous avez tous choisi de vous y manifester et d'expérimenter cette ascension, en la dessinant dans l'incarnation.

---

3. ADN : acide désoxyribonucléique. Il contient toutes les informations génétiques, appelées « génome », permettant le développement, le fonctionnement et la reproduction des êtres vivants.

Notre intention est de vous propulser dans un « état d'être », qui vous permettra de vous réaliser et de l'exprimer.

Faisons maintenant le grand saut. Concentrons-nous ce qui est « essence-ciel » à transmettre aujourd'hui.

Nous savons à quel point avoir choisi cette période pour s'incarner sur Terre est merveilleux. Nombreux sont ceux qui auraient voulu venir, et n'ont pas pu le faire. Nous sommes également « conscients » de « l'aridité » de ce moment, car vous êtes sans arrêt stimulés, mis à jour, encodés. Alors même que dans vos vies personnelles, vous ne pouvez plus ni mentir à vous-même, ni mentir aux autres, et que sur un plan collectif, cela secoue très fort.

C'est pour cela que nous sommes là, bienveillants et parfois un peu fermes, mais toujours dans l'amour, que nous exprimons certaines notions de manière différente. Un danseur répète encore et encore son pas, avant qu'il devienne juste... naturel.

Nous vous aimons. N'oubliez jamais que, qui que nous soyons, vous comme nous, quels que soient les règnes d'appartenance (animaux, végétaux, minéraux), nous sommes tous issus du même Tout. Nous sommes donc « Un », en voyage sous différentes formes, sur différents plans vibratoires.

Avant de vous proposer « l'introduction vibratoire » de cet écrit, nous souhaiterions vous préciser que nous nous exprimerons cette fois-ci plus classiquement, sous forme de « parties ». *L'Envol vers soi* était une sorte de grimoire vibratoire de la période présente. Le présenter comme une symphonie permettait justement cet envol.

Les Danses de l'âme est un manuel qui se veut synthétique, clair, précis. Aujourd'hui, si vous ne faites pas ce choix d'y entrer, individuellement et collectivement, le vent va souffler, souffler...

Pastor: Et ce n'est pas comme dans l'histoire des trois petits cochons. Même la maison en brique ne résistera pas, car le loup n'est pas à l'extérieur de vous, mais en vous.

Ce loup qui vous pousse à vous défaire de vos schémas devenus tellement obsolètes.

J'en profite ici pour faire un clin d'œil au loup, qui est un animal chamanique très particulier.

Ce loup à la fois solitaire et protecteur de son clan, le loup qui est épris de liberté et qui ni ne se laisse dicter sa conduite, ni ne courbe l'échine.

Ce loup qui vous invite à exprimer vos désirs profonds, qui vous pousse à connecter votre intuition, à vous libérer de vos schémas « inconscients ».

Ce loup, animal solitaire, qui, s'il sort de la meute pour explorer, revient toujours pour transmettre à ses pairs ce qu'il a appris. D'ailleurs, il vit, chasse et se meut en meute. Individualité et collectif...

Collectif: Tu nous donnes le « la » Pastor, et nous t'en remercions. Introduisons la danse céleste qui va suivre en évoquant le loup.

Depuis la nuit des temps terrestres, le loup fait peur à l'humain, et cette peur est largement entretenue. Ce n'est guère surprenant. La vie est une expérience, mais également un miroir. Le loup renvoie à l'humain incarné ses peurs, ses égarements et sa propre colère, voire son agressivité... Ces peurs sont ancestrales et tenaces. Nous les évoquerons plus avant.

Comme le dit Pastor, pour faire face à ses peurs, il s'agit de se connecter à son intuition. Le loup, lui, se fie à son instinct et à son apprentissage du fonctionnement de la meute, pour trouver un équilibre. Ceux d'entre vous qui arrivent d'autres dimensions, non terrestres, ou qui ont eu peu d'incarnations, sont dans le même schéma d'expérimentation. Le loup apprend à manifester sa nature indépendante, libre, solitaire et sociable, tout en acceptant la vie en meute. Nous vous laissons faire les parallèles.

Le loup se sentira intégré dans la meute lorsqu'il pourra dire et manifester ceci: « Je sais qui je suis vraiment, je sais dans quelle direction je vais, je sais quelle place j'ai à prendre, et je sais ce que je dois mettre en œuvre. » Le loup aura alors trouvé sa nature profonde de vagabond (d'être unique) insouciant, détaché, sans attache, mais uni à sa meute...

Comme le loup, il s'agit maintenant de vous connecter à qui vous êtes. Pour devenir conscients, vous devez aller sonder tout ce qui n'est pas encore remonté à votre conscience. Tout ce qui vous dirige comme une marionnette.

Faites-le à la manière du loup qui hurle à la lune. La lune est d'ailleurs fortement reliée à ce que vous appelez « l'inconscient » et à « votre vision du monde ». Le loup reçoit ainsi des enseignements de guérison, qui lui permettront de connecter son instinct (l'intuition pour vous) et de le suivre. Comme l'humain, il est à la fois un être indépendant (unique), libre, mais relié à sa meute (le collectif humain pour vous).

Pour ce qui vous concerne, vous devez aujourd'hui

« décristalliser » et réactiver votre glande pinéale[4]. Nous l'avons évoqué dans *L'Envol vers soi.* Vous constaterez que nous vous renvoyons souvent à cet ouvrage. C'est simplement parce qu'il transmet des clés de lecture « essence-ciel » de la période terrestre présente. En ce sens, le consulter est un préliminaire, qui permet d'« infuser » ce livre-ci.

Concernant la glande pinéale, nous ajouterons ici un élément complémentaire. Elle est liée à Sirius, cette si grande étoile que vous situez dans « la constellation du Chien ». Sirius est d'ailleurs la porte des mémoires akashiques[5], qui contiennent tout ce que vous avez expérimenté, depuis que « la cellule souche » que vous êtes s'est divisée du Tout.

Revenons au loup. C'est un animal totem très présent et important en terme collectif aujourd'hui. Il vous guide sur le chemin de la libération de vos mémoires inconscientes.

Ces nœuds encore actifs qui vous empêchent aujourd'hui d'être pleinement vous-mêmes : tous ces schémas embolisants, toutes ces croyances erronées ou obsolètes. Plus votre mental est puissant, plus vous êtes manipulés par ces dernières. Elles vous transforment en pantin désarticulé, qui tourne en rond. Et cela peut vous rendre agressif ! Ce sont elles qui vous conduisent à reporter vos propres peurs sur les autres, sur le monde qui vous entoure. Ce dernier devient alors une sorte de champ d'épines. Ceux que vous nommez « les psychopathes » ont simplement franchi un cran dans ce processus, puisqu'ils passent à une attitude destructrice.

4. Cette notion sera développée plus loin.

5. Le terme « annales akashiques » sera expliqué plus avant.

Bon nombre d'entre vous se sentent encore impuissants face à leur propre fonctionnement, et donc face au monde qui les entoure. Ils se croient également faibles, fragiles et dépassés. Cela favorise largement les dysfonctionnements de ce que vous appelez « la thyroïde », et peut également modifier votre ADN, ou créer des maladies « auto-immunes », comme vous dites.

Lorsque vous êtes prisonniers de ce cycle « infernal » (l'enfer n'existe qu'à l'intérieur de vous-même...), vous devenez des êtres craintifs, passant du repli sur soi à l'agressivité. Prenez-en conscience de toute urgence. Dès que vous êtes victime, vous pouvez devenir persécuteur ou sauveur[6]. Cela marche dans tous les sens de l'équation.

Le loup vous invite à chercher les solutions à l'intérieur, non plus à l'extérieur. Il vous pousse à cesser de penser en mode binaire : « Il y a les gentils et les méchants, et les ennemis sont à l'extérieur ! »

Pastor: Quelle belle introduction à ce qui va suivre, n'est-ce pas ? À certaines époques, l'ennemi est humain ; à d'autres, il semble être un méchant virus bien musclé...

Collectif: Oui... Le loup vous invite à poser vos sacs à dos, à vider vos greniers (vos inconscients), à nettoyer vos caves (vos mémoires récentes ou anciennes). Comment ? Telle

6. Il est fait allusion ici au triangle de Karpman, ou triangle dramatique. Il s'agit d'un jeu psychologique, donc d'un scénario inconscient, qui peut se répéter tout au long de la vie. Le jeu psychologique est un système de comportements si codifiés et habituels qu'ils en paraissent naturels. Dans une relation, ou un échange si une personne opte pour un des rôles du triangle dramatique, les réactions se déclenchent automatiquement. Les personnes se manipulent les unes les autres. Ce jeu psychologique offre trois positions limitantes, qu'il est possible d'endosser à tour de rôle. La victime, le persécuteur et le sauveur. Il a été présenté par Stephen Karpman en 1968 dans son article « Fairy tales and script drama analysis ».

est la première question que posent encore ceux qui sont restés dans le « faire », ayant encore enfoui « l'être ». En voyageant à l'intérieur ; et cela devient urgent aujourd'hui.

Pastor : Le message est le suivant. Chers amis, si vos déplacements sont limités, voyagez à l'intérieur ! C'est gratuit et c'est un tourisme écoresponsable ! Si ce n'est pas des vacances au sens où vous l'entendez, c'est le bien-être garanti ensuite.

Collectif : Merci pour cette légèreté, cher Pastor. Soyez donc des vagabonds, voyagez. Voyagez en vous-même ! Car c'est seulement une fois que vous aurez fait « un grand ménage » que vous pourrez partager avec la communauté humaine. Partager quoi ? Encore ce « quoi » ? Votre conscience, votre lumière, votre amour pour tout ce qui est.

Pastor : Le loto ici est toujours gagnant... Tu nettoies, tout devient fluide. Tu vis la vie que tu as choisie. Tu vis la vie que tu as choisie, tout est fluide !

Collectif : Pour partager avec ceux que vous appelez « les autres », nous dirons vos frères et sœurs, il vous faut avoir retrouvé votre indépendance intérieure, votre liberté de penser, votre libre arbitre... Ainsi, vous trouverez votre juste place dans la meute, comme le loup. Sans « jouer des coudes », sans avoir peur, sans être en colère ou jaloux. Comme l'indique Pastor, c'est « gagnant-gagnant ».

Car vous êtes des êtres venus de l'« Un ». Vous ne pouvez demeurer sans être en interaction les uns avec les autres... Quand vous prenez chacun votre place sur l'échiquier, le collectif peut fonctionner à merveille, comme le loup et sa meute.

Peut-être avez-vous choisi d'être un loup Alpha dans cette vie. Un chef de meute, nous dirons un premier de cordée (nous préciserons un peu plus loin). Peut-être avez-vous choisi d'être ce loup de type Bêta, qui se met des challenges, un loup Oméga, simple suiveur dans la meute. Si ce loup était un humain, il alimenterait de son énergie le collectif et contribuerait à son fonctionnement. Le loup Oméga serait une jeune âme venue expérimenter.

Ne mettez pas le mental dans notre parallèle. Il n'est pas question ici de hiérarchie, de compétition, de dualité.

Comme le loup, vous faites vos expériences et votre apprentissage en solitaire, dans votre intériorité, au sein de votre vie, mais aussi en collectif. Le chemin vous mènera à transmuter vos fonctionnements inconscients en une attitude consciente, dont la teneur est l'énergie du cœur. Il s'agit d'accoucher de vous-même.

Et c'est pour cela qu'aujourd'hui tous les vieux schémas individuels et collectifs remontent à la conscience. Pour être perçus avec le cœur, nettoyés et transmutés en lumière. Le chaos individuel et collectif apparent vous amène à le comprendre. Vous devez désormais naviguer à la seule lumière de votre être intérieur et avoir une intention claire de ce que vous souhaitez vivre.

Chers amis de la Terre, le moment est venu. Le temps du passage vers un autre monde. Le « temps presse ». Ainsi, nous avons bouleversé une fois de plus l'agenda de notre chère Lena (et de sa jolie maison d'édition), afin que ces mots vous arrivent au plus vite.

Nous allons débuter par un puissant appel, destiné à chacun de vous, en particulier à ceux qui ont choisi de naître à ce nouveau monde. Pour les autres, tout est juste. Ils poursuivront ailleurs.

Pastor: Lena, nous te laissons maintenant introduire cette danse céleste, en mentionnant ici la canalisation que nous t'avons récemment transmise.

Lena: Petit sas avant ce qui suit. Inspirez, expirez en conscience...

Collectif: Nous venons vous rappeler que ce qui se passe à l'extérieur de vous, que ce soit au niveau individuel ou collectif, n'est que le reflet de votre intériorité individuelle et collective. Toutes les fois où vous n'avez pas fait le choix que votre cœur, que votre intuition vous dictaient...

Toutes les fois où vous avez préféré votre confort personnel à ce nouveau chemin qui s'ouvrait. Toutes les fois où vous avez été en colère, jaloux, où vous avez confondu « pouvoir sur », avec retrouver sa puissance intérieure...

La liste est longue. Votre Terre-mère continue (sans se retourner) son chemin vers la multidimensionnalité. Ferez-vous partie du voyage ?

Nous invitons chacun à harmoniser son discours avec la manifestation de celui-ci. Parler, commenter, est une chose, être soi en est une autre. Le manifester est ce qui est attendu aujourd'hui, même si votre ancienne vie vole en éclat.

Oser être soi nécessite de se relier à ses origines et de descendre dans ses racines.

Aujourd'hui, il est urgent d'être et de l'incarner. L'univers asphyxie sous « la chape de plomb » de vos mots, de vos maux... À vous de répandre votre lumière.

Nous sommes fermes, mais il s'agit de vous rappeler que la solution est intérieure. Revendiquer, crier, juger est une chose. Se manifester, prendre sa place en est une autre.

Les mots sont utiles uniquement s'ils reflètent un alignement entre votre esprit, votre âme et votre manifestation incarnée.

Nous vous aimons, tout s'accélère. Alors... À vos marques, prêts, partez ! »

Message reçu par Lena,
en canalisation le 24 juillet 2021.

PREMIÈRE PARTIE

Un film qui se représente différemment

Collectif: Avant de débuter, et pour commencer sur une note légère, Lena, pourrais-tu nous dire quelque chose de « ta relation à l'écriture », s'il te plaît ? Même si nous soufflons à travers toi une énergie puissante, et qui réveille, nous allons peu à peu te faire sortir de l'arrière-plan. Car si tu n'étais pas qui tu es, nous ne pourrions pas souffler aussi fort !

Lena : Merci. Néanmoins, si vous ne m'aviez pas « choisie » pour vous exprimer, je ne serais pas non plus en train d'écrire ce livre !

Alors voilà. Depuis que je suis petite, j'écris partout, sur mes livres d'enfants, sur le sable, sur la terre, dans mon assiette de purée. Je me vois aussi sur une sorte de scène et je parle, je transmets. Je voyais beaucoup de personnes dans la salle. Tout est calme. Il m'a fallu de nombreuses années terrestres pour comprendre ce que cela signifiait. Écouter ce qu'on appelle les autres dimensions, entendre, transmettre à l'écrit et oralement.

Cher collectif, je souhaite également transmettre ici ce joli et puissant message que j'ai lu récemment.

Collectif: Avec joie. Il s'agit de celui de White Eagle, chef des Indiens Hopi[7], n'est-ce pas ?

Lena: Oui. Le voici :

« Ce moment que l'humanité vit actuellement peut être considéré comme une porte ou un trou. La décision de tomber dans le trou ou de franchir la porte vous appartient. Si vous consommez les informations 24 h/24, avec une énergie négative, constamment nerveuse, avec pessimisme, vous tomberez dans ce trou.

Mais si vous en profitez pour vous regarder, pour repenser la vie et la mort, pour prendre soin de vous et des autres, alors vous passerez par le portail.

Prenez soin de votre maison, prenez soin de votre corps. Connectez-vous avec votre maison spirituelle. Lorsque vous prenez soin de vous, vous vous occupez de tout le monde en même temps.

Ne sous-estimez pas la dimension spirituelle de cette crise. Prenez la perspective d'un aigle qui voit tout d'en haut avec une vue plus large. Il y a une demande sociale dans cette crise, mais aussi une demande spirituelle. Les deux vont de pair.

Sans la dimension sociale, nous tombons dans le fanatisme. Sans la dimension spirituelle, nous tombons dans le pessimisme et la futilité.

Vous êtes prêt à traverser cette crise. Prenez votre boîte à outils et utilisez tous les outils à votre disposition.

Apprenez la résistance par l'exemple des peuples indiens et africains : nous avons été et sommes toujours en train

---

7. Message diffusé en juillet 2021 par White Eagle à propos de la situation « sanitaire ».

d'être exterminés. Mais nous n'avons jamais cessé de chanter, de danser, d'allumer un feu et d'avoir de la joie.

Ne vous sentez pas coupable de vous sentir chanceux pendant ces moments difficiles. Être triste ou en colère n'aide pas du tout. La résistance est la résistance par la joie !

Vous avez le droit d'être fort et positif. Et il n'y a pas d'autre moyen de faire cela que de maintenir une posture belle, joyeuse et lumineuse.

Cela n'a rien à voir avec l'aliénation (méconnaissance du monde). C'est une stratégie de résistance.

Lorsque nous franchissons la porte, nous avons une nouvelle vision du monde parce que nous avons affronté nos peurs et nos difficultés. C'est tout ce que vous pouvez faire maintenant :

—sérénité dans la tempête,

—restez calme, priez quotidiennement,

—prenez l'habitude de rencontrer le sacré tous les jours.

Faites preuve de résistance à travers l'art, la joie, la confiance et l'amour. »

PREMIER PAS DE DANSE

Vous êtes propulsés vers vous-même, un palier se franchit, un autre arrive. Encore et encore...

Lena: Reliez-vous à vous-même. Ne faites qu'un avec la musique, avant de vous lancer dans la danse.

Collectif: Le temps du passage vers un autre monde est arrivé. Tout s'accélère. Depuis que nous avons soufflé *L'Envol vers soi* à Lena, l'accélération vibratoire n'a fait que croître. Il s'agit d'un mouvement d'ascension planétaire de votre galaxie et au-delà.

Rien n'est statique. La vie est mouvement. Comme les cellules de votre corps se renouvellent, et ce dès votre vie embryonnaire, votre planète a ses cycles. Elle est amenée aujourd'hui à passer une porte vibratoire puissante. Elle a entamé ce mouvement depuis un certain nombre d'années déjà.

Aussi, ne soyez pas en apnée, comme si vous sautiez des haies qui se succèdent à l'infini. Car ainsi, vous vous crispez et vous vous fatiguez.

Acceptez simplement que « rien ne pourra plus être comme avant », ce qui attriste encore une partie de votre humanité. Et pourtant, si elle savait la beauté de ce qui vous attend, pour peu que les humains cessent de se complaire dans ce monde factice !

Nous affirmons aujourd'hui que depuis quelques mois[8], vous êtes entrés de plein fouet dans un nouveau cycle vibratoire. D'autres codes, toujours plus puissants, arrivent. Avec eux, des clés sont mises à votre disposition. Plutôt que de focaliser votre conscience vers ce qui se passe à l'extérieur, au niveau collectif et sociétal, concentrez-vous sur votre intériorité, accueillez ce qui est. Tout est déjà là.

Lena : Oui, cela s'accélère. Au fil des jours, le taux vibratoire s'accroît constamment. Des poussées vibratoires se succèdent encore et encore[9]. La résonance de Schumann[10] s'affole ! Elle correspond à l'enregistrement de certains pics spectraux du champ magnétique terrestre, observables dans une sorte de cavité naturelle présente entre la Terre et la haute atmosphère. Il ne s'agit donc pas du niveau vibratoire terrestre, mais d'un reflet indirect de celui-ci.

En tant qu'être spirituel incarné dans un corps, nous avons également fusionné avec la conscience et la compo-

---

8. Au moment où j'écris, cela renvoie au mois de mai 2021.

9. Entre le 25 et le 27 juillet 2021, nous avons connu une augmentation de 23 000 unités Bovis. 1 angström = 1 unité Bovis. C'est presque le triple de la vibration du 14 juillet 2021.

10. Il s'agit d'une résonance électromagnétique globale nommée par le physicien Winfried Otto Schumann en 1952.

sition énergétique de la Terre lorsque nous nous sommes incarnés.

Pour rester en phase avec celle-ci, et avec les fréquences de la planète, le corps humain et celui des animaux disposent d'un système d'autocorrection, qui peut se « recalibrer » constamment.

Néanmoins, lorsque le champ aurique n'est pas synchronisé, les corps mental, astral et causal ont des difficultés à se synchroniser avec le corps physique, et avec la fréquence de la Terre. De même, les fréquences magnétiques de la Terre bousculent tous les blocages énergétiques dans le champ aurique, et peuvent conduire le corps physique à rester à une fréquence basse ou stagnante.

Plus la fréquence vibratoire du corps physique est élevée, moins la réalité humaine sera dense. Cela ne peut être réalisé qu'en s'allégeant des blocages énergétiques de toutes les vies de ce cycle d'existences.

Si une personne ne parvient pas à accroître son énergie vibratoire en redevenant consciente, les nouvelles fréquences vont la perturber, et ne pourront pas être intégrées. Le corps physique pourra alors commencer à décliner, ou à manifester que quelque chose ne va pas, d'autant plus que l'ascension vibratoire provoque des symptômes parfois importants. Si la personne ne modifie rien dans son hygiène de vie, ne s'allège pas de ses blessures, elle risque un fort conflit interne, une « mal a dit », qui est en fait une sorte de purge, destinée à alléger le corps et à lui permettre de s'adapter.

Pour rappel, la Terre vibre actuellement régulièrement à plus de 80 hertz, avec des pics au-delà. Initialement, son taux vibratoire était de 7,83 hertz.

Pastor: Une autre mesure du taux vibratoire terrestre existe. Il s'agit de ce que vous appelez les « unités Bovis », que vous utilisez souvent dans ce que vous appelez la radiesthésie. Durant des millions de vos années, votre Terre a vibré sur une fréquence presque constante, avec de petites augmentations. C'est dans vos années 1990[11] que les choses ont commencé à changer, avec une évolution assez lente, néanmoins perceptible, du taux vibratoire.

C'est à cette période qu'ont commencé à revenir sur Terre ceux que vous avez qualifiés « d'enfants indigo », ou affublé de qualificatifs comme « hyperactifs », voire « autistes ». Il s'agit simplement d'êtres aux compétences toutes particulières.

D'ailleurs, les nouveaux enfants qui arrivent sur votre Terre viennent souvent alléger leur arbre généalogique et ainsi fluidifier l'énergie terrestre. Leur ADN est intensément encodé de ces nouvelles énergies. Ils ont l'aptitude à se manifester avec puissance, sans détourner leur regard de leur intention première.

Collectif: Lorsque les individus se trouvent « coupés » de leur rythme effréné, mis face à eux-mêmes, cela entraîne des remises en question et fait augmenter leur niveau vibratoire. C'est ce qui s'est passé durant la période où vous avez été « confinés » chez vous.

Vous passez actuellement une succession de portails. Cela va se poursuivre jusqu'à votre équinoxe d'hiver

---

11. Selon certaines sources, la Terre vibrait à 6500 unités Bovis (UB) depuis très longtemps. Cela est passé à 10 000 UB dans les années 1990, puis à 40 000 début 2020, puis à 50 000 durant le premier confinement.

2021. Vous serez alors sur une sorte de marche vibratoire intermédiaire.

Lena : Ces mesures constituent de beaux indicateurs de ce qui se passe actuellement. Et cela ne va que continuer à croître, n'est-ce pas ?

Pastor : Oh que oui ! Vous êtes au moment où je m'exprime à un taux vibratoire de 174 000 unités Bovis[12]. Il s'agit d'un niveau jamais atteint. Cela va se poursuivre en effet. Ce qui est intéressant de saisir, c'est que lorsque vous approcherez les 200 000 unités Bovis, vous atteindrez un palier qui va se maintenir durant quelques-uns de vos mois, histoire de laisser à chacun l'opportunité de suivre ! Ce taux va de pair avec « l'indice d'amour » de l'humanité, qui continue lui aussi d'augmenter ! Cela signifie que de plus en plus de personnes s'éveillent et se tournent vers la lumière.

Puis arrivera un point de bascule[13]. Cela peut arriver avant même que ce livre ne soit édité. Le temps a volé en éclat, et cela peut être finalement l'affaire de quelques semaines, voire de quelques mois. L'important reste la manière dont chacun va se manifester dans ce contexte. Ainsi le 14 de votre mois de décembre 2021, les choix de chacun des êtres de la Terre, de suivre ou pas cette ascension vibratoire, ont été faits. Certains ont suivi cette

12. Il s'agit du taux mi-septembre 2021. Le taux initial de la Terre était de 6500 unités Bovis.

13. Nous avons connu le point de bascule le 21 décembre 2021, jour du solstice d'hiver, durant lequel le taux vibratoire au début de la journée était de 450 000 unités bovis. À la fermeture du portail à 23 h 20, heure de Paris, il aurait atteint 950 000 unités bovis. Le 22 et 23 décembre le taux est repassé à 9 500 unités bovis, ce qui correspond au taux vibratoire des années 1990 (troisième dimension). Puis il a recommencé à augmenter. Début février 2022, le taux vibratoire est de 400 000 unités bovis environ.

remontée, et d'autres pas. Ainsi, nous pourrions dire qu'il y a désormais deux Terres en une...

Avant que le collectif vous précise de nouveau les manifestations physiques que cela peut engendrer, de manière que vous n'ayez pas l'impression de vous disloquer ou de mourir, je voudrais vous transmettre un message clé.

Finalement, vous allez mourir à cet ancien « vous » obsolète, et renaître comme un phœnix ! D'ailleurs, la particularité de ce dernier est de savoir renaître de ses cendres. C'est ce qui est attendu de vous aujourd'hui !

La clé de l'élévation est l'amour de vous-même, des autres, de qui vous êtes, de ce que vous mettez en œuvre. L'amour est à la fois le chemin et la finalité. Le reste est sans importance. Quand bien même ce que vous appelez votre « travail » ou la personne avec laquelle vous partagez votre vie n'est plus juste pour vous, tant que vous demeurez là, soyez amour et lumière...

Lena, peux-tu nous raconter cette « légende », s'il te plaît.

Lena : Oui. D'ailleurs, lorsque j'accompagne en séance, un certain nombre de personnes visualisent un phœnix, lorsque je leur demande quel oiseau elles seraient si elles en étaient un.

Voici la légende[14]. Tous les cinq cents ans, le phœnix doit régénérer ses forces par le feu. Pour ce faire, il cherche un sommet isolé de tout. Il se fabrique un nid d'épices et d'herbes aromatiques, puis s'y niche. Alors, ses plumes prennent feu et embrasent le nid. Sa combustion dure trois jours et ne laisse qu'un tas de cendres

14. Le mythe vient d'Égypte, de la cité d'Héliopolis. Voir en annexe.

chaudes. De ces restes, jaillit le nouveau phœnix. À ses pouvoirs, s'ajoute celui de lire dans le cœur des humains et de déceler tous ceux dont les intentions ne sont pas justes.

Cela me parle au plus profond de moi. C'est vraiment ce que nous vivons actuellement et collectivement. Nous gagnons à rejoindre notre temple intérieur, et pour ce faire, des espaces naturels préservés, pour renaître sereinement de nos cendres.

Pastor: C'est très juste. Ce n'est ni dans le bruit ni dans l'agitation que vous allez muer. Ce moment est sacré et on se doit de le considérer ainsi. Il s'agit de tout mettre en œuvre pour que cette naissance se passe dans un haut lieu vibratoire. Si vous en ressentez la nécessité, retirez-vous pour accoucher de vous-même. Cela devrait également être le cas lors du moment du grand passage. L'humain est capable de ressentir l'approche de sa propre « mort ». Il est important alors qu'il mette en ordre ses affaires, sur un plan matériel concret, mais surtout sur le plan de son intériorité. Il s'agit de lâcher ses colères, d'exprimer ce que l'on n'a pas pu dire, de manifester à ceux que l'on aime cet amour, de dire à ceux qu'on a blessés qu'on n'a pas pu « faire mieux »... Ensuite, il s'agit de se « retirer du monde », dans un lieu vibratoire puissant si possible, et de se préparer au retour à la maison...

Collectif: Revenons maintenant aux manifestations physiques. Vous pouvez avoir la sensation que votre conscience est comme délocalisée, un peu comme si une partie de vous n'était plus là. C'est le cas finalement, et vous pouvez ainsi considérer différemment ce que vous qualifiez de « réalité » ! Cela peut vous donner la sensation d'être comme égaré dans un « no man's land », où vous ne pouvez plus vous accrocher à rien.

D'ailleurs, regardez au niveau collectif : vous ne pouvez plus vous réconforter en confiant les rênes et votre pouvoir à quelques-uns... Vous ne pouvez plus qu'être vous-même, incarner qui vous êtes, manifester votre propre présence, votre puissance singulière.

Votre corps est comme engourdi, pour certains tétanisé ou scindé. Outre la fatigue extrême, qui alterne avec une énergie débordante, vous pouvez ressentir une sorte de pression au niveau de vos oreilles et de votre crâne. Vos rêves, qui n'étaient jusque-là que des nettoyages de votre inconscient, sont aujourd'hui autres. Ils vous guident vers cette meilleure version de vous-même.

Comprenez que le ressenti lié à ces changements vibratoires est fortement amplifié par votre propre état émotionnel. Comme nous l'avons expliqué dans *L'Envol vers soi,* vous êtes dans une sorte de centrifugeuse électromagnétique.

Pastor: Une essoreuse à être humain ! Ce que vous ressentez peut ressembler à la sensation que vous pouvez avoir dans ce que vous appelez « les attractions à sensation fortes ». Le grand huit, par exemple !

Vous pouvez avoir l'impression d'être perdu, de ne plus vous « reconnaître ». Cela peut aussi ressembler à un « moteur en surchauffe » !

Collectif: Ce sont en général les premières manifestations que vous ressentez. Elles vous « engramment » d'une énergie vibratoire plus élevée. Cela vous pousse à aller questionner vos schémas obsolètes, vos croyances d'un autre temps. Simplement pour vous en libérer.

Pastor: C'est un peu comme lorsque vous avez trop mangé. Vous faites une sorte d'indigestion de vieilleries !

Collectif: Si votre « mode de vie » est encore très lié à ce monde de dualité, qui vous presse, vous contraint et vous oppresse, vous ressentirez ces « symptômes » de manière encore plus forte.

Pastor: Comment pourriez-vous remplir de vin nouveau une bouteille pleine de vinaigre ? Et si vous ne faites pas le vide de tous ces schémas devenus obsolètes, la bouteille risque juste... d'exploser !

Collectif: De même, la nuit noire de l'âme[15], ce que vous appelez ici « la dépression », est actuellement largement répandue au sein de votre humanité, et cela davantage encore depuis ce que vous qualifiez d'« évènements sanitaires ». Il s'agit simplement d'un processus d'élimination de toutes vos énergies denses, assez sombres même. Vous pouvez avoir l'impression que vous ne « vous en sortirez jamais ». Souvenez-vous, la pensée est créatrice. Il s'agit juste d'un signal de votre âme. Cette dernière vous indique que vos manifestations incarnées ne sont pas encore en adéquation avec ce que vous aviez prévu pour vous.

Enfin, lorsque vous commencez à ascensionner, vous pouvez avoir la sensation que le monde extérieur est devenu « fou », que l'humain est laid et tortueux. Le chaos annonce un nouveau monde de paix, la noirceur alimente la lumière, le flux danse avec le reflux...

Plutôt que de vous questionner sur ce qui vous entoure, allumez vos « feux intérieurs » et rayonnez !

---

15. Ce point a été développé dans *L'Envol vers soi.*

Au lieu de vous laisser entraîner une fois de plus dans la dualité, dans laquelle il y a « les gentils » et les « méchants », allez dire bonjour à votre ego. Aimez-le et dites-lui qu'il peut s'estomper maintenant... L'ascension consiste aussi à un lâcher-prise, surtout concernant ce que vous ne maîtrisez pas. Elle appelle à vous concentrer sur qui vous êtes vraiment. Sur ce point-là, vous êtes aux commandes. Nous le répétons, les manifestations sociétales sont le reflet du niveau de conscience du plus grand nombre...

Pastor: Ascensionner, c'est laisser s'en aller un à un tous les attachements... Que ceux-ci soient matériels ou humains.

Lena: L'ascension, c'est aussi trouver « la voie du milieu ». C'est se poser cette question : « Comment puis-je me positionner en étant juste avec moi-même, sans alimenter l'énergie de ce qui s'en va ? »

Collectif: Tout à fait. Lorsque vous aurez réussi à le faire, vous connaîtrez un état de vacuité, vous serez dans « votre conscience d'êtreté ». Vous ne serez plus affecté par quoi que ce soit. Vous recevrez ce qui est juste pour vous, tout simplement.

Vous allez sans doute voir de plus en plus d'humains plongés dans des états de peur ou d'hystérie. Cela est lié au fait que l'ego, se dissolvant sous l'effet de cette puissante lumière, déclenche un vent de panique. Il résiste !

Comme nous l'avons dit, certains auront l'impression que c'est « la fin du monde », car le petit univers qu'ils se sont construit vole en éclat, que ce soit du fait d'« évènements climatiques » comme vous dites, personnels, ou sociétaux.

Simplement, ces fonctionnements, ces possessions, ces attachements ne sont plus utiles dans le monde où vous allez ! Vous connaissez des phénomènes de « petites morts ».

D'ailleurs, pour ceux qui ont connu ce que vous qualifiez « mort imminente[16] », cela y ressemble un peu. Si vous vous crispez, si vous ne faites pas confiance, si vous vous focalisez sur le fait que vous ne vous souvenez pas de cet univers-là, le processus va être plus compliqué.

Pastor : Certains auront besoin de manger plus, avec des sensations « d'être en hypoglycémie », ou d'avoir envie de consommer beaucoup de protéines. Cela est lié au fait que votre corps est sursollicité par ces énergies. Restez néanmoins aux commandes !

La prise de poids que vous constatez, ou le ventre gonflé, peut ressembler à une sorte de protection inconsciente. C'est un peu comme si vous vous préserviez du monde extérieur. C'est également comme si « vous vous lestiez » par peur de ce que vous ressentez. Cet allègement de votre être peut, de manière inconsciente, vous faire peur. Vous n'allez pas disparaître !

Enfin, certes il s'agit d'être ancré durant cette période particulière. Toutefois, vous n'êtes pas obligé de vous plomber au sol !

Pour ce qui est de votre cœur, étant aux premières loges, puisqu'il s'agit pour ce chakra de s'ouvrir totalement, il peut « vous donner du fil à retordre », comme vous dites. Simplement, ce centre s'adapte lui aussi à cette nouvelle fréquence, tellement plus élevée. Vous pouvez avoir des palpitations, vous sentir oppressé.

16. Ou NDE : Near Death Experience.

Notez également que dès que vous avez des pensées, ou prononcez des mots denses vibratoirement, le phénomène s'accentue.

Lena: Comme le dit justement Nassim Haramein[17], « Tout ce que vous faites, tout changement local dans l'univers, provoque des changements dans le reste de l'univers. Chaque action provoque une réaction partout dans l'univers. L'univers est un réseau interconnecté à tous niveaux, à travers toutes les échelles, de la plus petite à la plus grande. »

Collectif: C'est un fait. Actuellement, vos yeux, eux aussi, s'ajustent. Vous êtes amenés à voir avec les yeux de l'âme.

Votre sommeil sera lui aussi perturbé, avec des réveils réguliers entre 2 et 4 heures du matin de vos heures terrestres. Au fur et à mesure que vous vous élèverez vibratoirement, vous vous réveillerez vers 5 heures. Certains de vous ont simplement besoin de réintégrer leur corps de chair. Vous voyagez beaucoup la nuit, au sein de la multidimensionnalité. Cela peut être éprouvant pour le corps. Les ajustements vibratoires sont plus puissants durant vos nuits, car vous lâchez prise.

Vous pouvez également avoir les yeux qui se ferment en plein jour, la lumière vous éblouissant.

---

17. Nassim Haramein a mené des recherches sur la géométrie fondamentale de l'hyperespace pendant une grande partie de sa vie, ce qui l'a mené à étudier des domaines aussi variés que la physique quantique, la biologie, la chimie, l'anthropologie et les civilisations anciennes. En 2004, il a fondé la Resonance Science Fondation, et en 2014 la Resonance Academy. Un long métrage, *l'Univers connecté (The Connected Universe)*, sorti en 2016, a été produit à partir de ses découvertes.

Il s'agit simplement de mises à jour, qui peuvent vous inviter à une sieste à ce moment-là, ou à dormir un peu durant la journée.

Les vertiges, pertes d'équilibre, sont liés à votre entrée dans des dimensions vibratoires supérieures. Alors que vous vous connectez à vos corps de lumière, vous commencez à pénétrer dans ces dimensions. C'est un mouvement d'oscillation, qui peut vous donner la sensation de tournoyer, d'où ces ressentis.

Pastor: Vous pouvez également avoir des douleurs dans tout le corps, comme si vous aviez été « roué de coups ». Vos corps connaissent une telle transformation que cela génère une fatigue régulière. Vous êtes en train de perdre votre densité, de subir une restructuration radicale.

C'est aussi pour cela que vous pouvez avoir l'impression d'avoir « des trous de mémoire », ou même la sensation de ne plus pouvoir vous exprimer. Cela est lié aux allers-retours que vous faites encore entre les dimensions, ce qui vous « déconnecte ».

Vous pouvez même ne plus pouvoir du tout parler, car vous êtes simplement incapables d'accéder à quoi que ce soit. Une partie de vous est ici, une autre est ailleurs. Et parfois, vous êtes entre les deux !

De plus, comme les dimensions vibratoires supérieures sont multidimensionnelles, la seule chose qui existe est le moment présent. De ce fait, vous pouvez connaître des moments durant lesquels vous ne vous souvenez plus « du passé », voire de ce que vous venez de vivre. Lorsque vous êtes entre deux mondes, un pied sur une rive, l'autre sur l'autre, tout peut sembler se mélanger.

Prenez conscience que vous créez votre réalité à chaque instant, en l'étalonnant sur vos croyances, vos pensées. Tout ce sur quoi vous ne vous concentrez pas n'existe pas... À chaque moment, vous pouvez accéder à tout ce que vous souhaitez expérimenter, il suffit d'en avoir l'intention.

Sachez qu'une « grande partie de vous se situe hors de votre corps physique ». Cela explique pourquoi celui-ci est le dernier à se mettre à jour. « Votre autre partie » est déjà dans des dimensions vibratoires plus élevées. Cela peut donner la sensation d'être hors de votre corps.

Pour le moment, vous avez encore besoin, pour un grand nombre d'entre vous, d'habiter celui-ci. Car si vous êtes hors corps par fuite, vous ne serez ni ici ni ailleurs.

Collectif: Un autre point est important à mentionner ici. Votre sensibilité au bruit en général, votre ressenti quand vous voyez une foule, votre réaction à certaines voix humaines, sont exacerbés. Cela peut vous fatiguer ou vous énerver. Respectez ce besoin de solitude. Nous reviendrons après sur la solitude.

Vous pouvez aujourd'hui « vous mettre à l'écart » si vous en ressentez le besoin.

Eh bien oui, s'extraire de la masse émotionnelle ambiante peut être vital. Contentez-vous de suivre votre cœur. À terme, il ne s'agit pas de vous couper des autres, mais de danser avec eux, sans jamais déléguer votre puissance.

Pastor: Certains d'entre vous, qui commencent à avoir des perceptions extrasensorielles, vont avoir la sensation de « devenir fous », comme vous dites. Simplement, vos barrières disparaissant, vous commencez à expérimenter tous vos sens, qui ne se limitent pas à vos cinq sens physiques.

Si vous avez l'impression de ne « rien avoir envie de faire », c'est simplement parce que vous êtes en train de vous réaligner vibratoirement. Je ne parle pas de ceux qui ont une tendance naturelle à la procrastination. De plus, dans la multidimensionnalité, le « faire » n'existe plus puisque vous « êtes » tout simplement.

Enfin, si d'un seul coup, vous avez envie de tout changer dans votre vie, cela signifie sans doute que vous vous alignez avec ce que vous aviez prévu pour vous dans cette incarnation. Il ne s'agit ni d'être dans une précipitation « émotionnelle », ni dans un refoulement instantané, car il serait lié à votre mental. Celui-ci n'aime pas beaucoup le changement !

Collectif: Vos « pleines lunes » sont d'ailleurs de plus en plus puissantes. En effet, à chaque « nouvelle » ou « pleine lune », un aspect de vous qui mérite d'être réaligné refait surface, pour que vous puissiez retrouver un peu plus encore de conscience, et vous harmoniser avec qui vous êtes vraiment.

Pastor: C'est un peu comme si vous mouriez, puis renaissiez encore et encore. Cela peut être fatigant. En effet, les puissantes énergies entrantes conduisent les dossiers les plus lourds à remonter à la surface, sans répit. Une fois un nœud défait, on vous présente le suivant !

Collectif: Il s'agit de vous libérer sans relâche de vos vieux schémas. Ils embolisent votre énergie, fatiguent désormais votre corps.

Pastor: C'est comme si vous intégriez physiquement la transformation, qui s'est déjà produite au niveau de vos corps astral et mental.

Collectif: En ce qui concerne votre Terre, elle est en totale mutation. Vos cieux sont à eux seuls des spectacles, les éruptions solaires sont quasiment continues, le noyau interne de votre planète est tellement compressé que de nombreux tremblements de terre surviennent. Les lignes magnétiques se déforment, ou se rompent à l'approche du système Némésis/Nibiru. La calotte glaciaire de la Terre fond, les feux de forêt s'intensifient et se multiplient. À terme, vous réussirez à voir au-delà de votre ciel.

La chaleur de votre atmosphère croît rapidement, les tornades, cyclones et ouragans se multiplient. Tout devient extrême, n'est-ce pas ?

Pastor: Nibiru est le jumeau de votre soleil. Ce dernier réchauffe la planète de son rayonnement à infrarouge. Cela entraîne un effet micro-ondes !

Tout ce qui n'est plus juste se modifie puissamment. La vitesse de migration de ce que vous appelez le pôle Nord[18] s'accélère considérablement depuis quelques-uns de vos mois. L'axe de votre Terre se redresse. Les forces de lumière, ce serait le mot terrestre le plus approchant, redressent la courbe de l'espace-temps.

---

18. Le Nord magnétique se déplace en ce moment à une vitesse de 55 kilomètres par an et cela s'accélère depuis mars 2021. Ce pôle se déplace actuellement à la vitesse de 5,09 miles par mois (soit un peu plus de 8 kilomètres). Au 17 janvier 2022, nous serions à 62 miles (environ 100 km) de la barre des 40 degrés, ce qui peut créer des évènements météorologiques chaotiques majeurs. Voir note en annexe.

Les évènements de nature atmosphérique, géophysique, climatique, tellurique s'accompagnent d'une bascule inéluctable du pôle magnétique[19] de la Terre. Cela conduit à des phénomènes de grande ampleur sur la Terre.

Vous vivez donc sur une Terre qui s'incline et qui « subit » une attraction particulière. Il s'agit d'un alignement qui se manifeste et se syntonise[20] avec le système Némésis. La Terre se trouve finalement entre votre Soleil et son jumeau, Nibiru. Cela entraîne des résonances magnétiques[21] importantes entre eux. Nous y reviendrons. L'alignement entre votre Soleil et le Soleil central, Alcyone[22], est proche.

Tous les soubresauts que manifeste votre Terre sont simplement la manifestation de son accouchement à cette nouvelle version d'elle-même. Lorsqu'elle en aura fini avec les contractions, elle s'arrêtera dans sa rotation et vivra son retournement !

Finalement, chacun ira où il est attendu, vibratoirement parlant.

---

19. Au 19 septembre 2021, l'excursion du pôle Nord magnétique se poursuit en s'approchant de la Russie, et en s'éloignant du Canada. Au cours du mois précédent, la tendance de 5 miles par mois a été maintenue. Son emplacement était alors proche de franchir la ligne nord du dossard méso Atlantica qui est une zone sismique volcanique.

20. En physique : s'accorder sur la même longueur d'onde (oscillations de même fréquence). En psychologie : mettre une personne en totale harmonie avec ses sentiments.

21. Le champ magnétique terrestre est généré principalement par le mouvement du fer liquide qui compose la majorité du noyau terrestre, à 3000 kilomètres sous la surface.

22. Le basculement des pôles est un glissement progressif. Il aura lieu à un moment précis, lorsque l'influence du Soleil central, Alcyone, sera dans un angle extrêmement précis avec les planètes de notre système solaire. Cela engendrera une modification importante des fonctionnements planétaires et un réagencement au niveau des orbites.

Le retournement est avant tout « intérieur » à chacun de vous. Il est lié à la forte influence de cette puissante énergie sur votre structure physique de troisième dimension. Cette dimension, au sein de laquelle vous vivez depuis de si nombreuses années est une dimension d'expérience. Elle est aussi une dimension qui freine l'entrée de la lumière... Nous y reviendrons lorsque nous évoquerons la transformation de votre structure physique carbonée.

Tout ce qui est extérieur, et auquel vous vous accrochez encore, n'existera plus dans cette nouvelle manifestation. Seul qui vous êtes vraiment demeurera sous une forme ou une autre. Le plus important pour vous aujourd'hui est de vous alléger pour pouvoir vivre cette expérience sans précédent. Les évènements climatiques et géophysiques de cette période de tribulation contribuent de manière indirecte à vous pousser à être en lien avec votre intériorité.

Regardez sans donner d'accroche à ce spectacle, souriez, reliez-vous à votre cœur, tout est juste, parfait, et chacun de vous est à sa juste place...

Allez mes amis, haut les cœurs ! Nous vous offrons des places au parterre, face à la scène, ne restez pas « en soute » ! En plus, le concert, c'est vous qui allez le jouer, chacun va faire résonner dans l'univers sa note cristalline.

Collectif: En effet, ce qui conduit un certain nombre d'entre vous à vivre dans le passé et la crainte de l'avenir, c'est la peur. La peur est le plus grand fléau de l'humanité. Comment pouvez-vous créer un monde d'amour et d'harmonie ? En guérissant vos blessures intérieures et collectives, en examinant une à une chacune de vos peurs. Des rituels peuvent vous y aider[23].

Pastor: Avant de revenir sur la peur, ce fléau tellement présent encore sur votre planète, que certains cherchent à raviver en cette période, écoutons le puissant message du collectif.

---

23. Ils font ici allusion à un oracle que j'élabore.

DEUXIÈME PAS DE DANSE

À vos marques, prêts, partez !

Lena : Vous allez entrer sur scène, faites taire votre mental. Tout est juste... parfait.

Collectif : Nous souhaiterions intervenir sur deux points. Le premier pour illustrer ce que vous vivez actuellement. Le second pour appeler l'équipe au sol[24], tous les volontaires, tous ceux qui souhaitent vivre dans un monde d'amour et de lumière, à se mobiliser de manière juste.

Vous vivez actuellement la période que vous avez qualifiée « d'apocalypse ». Nous allons en évoquer les différentes manifestations. Il s'agit d'une période de révélation, sur plusieurs niveaux, sur des plans vibratoires différents.

Il s'agit d'une époque marquée, vous l'aurez compris, par un changement de niveau vibratoire. Une transition « essence-ciel » dans l'histoire de votre humanité.

Cette période de révélation est là pour mettre en lumière ce qui a été caché, pour débrider ce qui a été annihilé

24. Le collectif et Pastor définissent ce qu'est l'équipe au sol dans *L'Envol vers soi.*

(cela passe en premier lieu par une importante mise à jour de votre ADN), pour vous rappeler qui vous êtes, pour vous propulser vers la manifestation de votre puissance intérieure.

Nous attarder en premier lieu sur ce qui se passe sur un plan sociétal serait entretenir encore votre mental. Ce dernier croit que la solution est extérieure, que vous avez besoin de confier votre pouvoir à d'autres.

Votre mental est votre meilleur ami et votre pire ennemi. Votre meilleur ami, car il vous a permis en d'autres temps, et encore aujourd'hui pour bon nombre d'entre vous, de vous protéger.

Si vous aviez pu lire, d'un seul coup d'œil, l'ensemble des scénarios de vos vies et leurs manifestations, vous auriez peut-être « perdu la tête », comme vous dites. Vous vous seriez entretués, en constatant quel rôle certains de vos proches ont joué, et comment ils se sont manifestés à votre égard. Vous ne saviez alors regarder qu'un film à la fois...

Aujourd'hui, vous devenez apte à lire et à décrypter plusieurs de vos vies simultanément, vous êtes appelés à regarder ce mental comme s'il était un enfant qui joue dans le jardin, à comprendre comment il alimente votre ego et vos peurs. Vous redevenez conscients, prêts à comprendre que vous pouvez simplement... sortir de ce film. Il n'est qu'une chimère.

Vous pouvez regarder « ce qui se joue », en vous, autour de vous, en étant capables de prendre de la hauteur. Et ce même si vous risquez dans un premier temps d'être dans une sorte de stupeur, et pour certains dans un état de sidération. Il est parfois difficile de comprendre que ceux à qui vous aviez confié une part de votre pouvoir vous ont « trahi ». Tout du moins c'est ainsi peut-être que vous le vivrez. Le sens est ailleurs. Nous appelons chacun à s'élever avant de réagir. Cela a trop souvent été l'inverse.

Vous vivez une époque de basculement individuel, collectif et sociétal, et chacun finalement joue un rôle parfait dans ce scénario, car ce film se situe à la lumière de la loi de « cause à effets ». Vous vivez ce que vous avez engendré, et en même temps tout est juste puisqu'il s'agit de laisser s'en aller cet ancien monde !

Cette évolution sera également « technologique » comme vous dites, mais elle est avant tout « intérieure ».

Vous avez alimenté une matrice au sein de laquelle la quête de soi était moindre, alors que la quête du profit, le besoin de reconnaissance, de « puissance sur », prédominaient. Vous avez nourri le personnage au point de devenir des marionnettes. Ces dernières ont fini par perdre le sens de la pièce de théâtre qu'elles jouaient. Et lorsque les révélations arrivent, vous vous rendez compte que tout ce que vous aviez construit, en voulant contrôler, posséder, était vain. Vous comprenez que vos croyances étaient chimères, que ceux que vous reconnaissiez en valeur se manifestent « en usurpateurs », vous vous effondrez. Comprenez que l'unique manière d'en finir avec votre « mal de vivre » est de changer de niveau de conscience...

Le personnage s'est simplement enfermé dans sa propre prison. Il a relégué sa nature même (qui est « spirituelle », comme vous diriez), au fond du placard. Vous avez appris à fonctionner en mentalisant tout. Votre communication est vide d'énergies pures, vos échanges sont factices.

Comme cela n'est pas votre nature, vous en souffrez, vous vous demandez quel est le sens de ce « mauvais film ».

Aujourd'hui, tout ce qui n'est plus juste vole en éclat, que cela soit dans vos vies personnelles ou sur un plan sociétal. Tout doit remonter pour être « nettoyé ». Vos poubelles, vos égouts ne peuvent plus contenir tout cela. Votre cave et votre grenier appellent à être désencombrés. Il faut que tout cela soit mis en lumière, transmuté !

À votre échelle terrestre, l'apocalypse, c'est justement cela. C'est le moment où tout ce qui n'est plus juste vole en éclat, où tout ce qui est caché, même si vous appuyez fort sur le couvercle, doit devenir visible.

Cette période est en cours. Elle s'installe avec puissance. Un fort vent vibratoire soulève les pages du cahier, vous ramène là où le bât blesse... Il y a peut-être des moments douloureux, des pics d'adrénaline, des descentes au fond du gouffre. Tout cela est salvateur. Il y a aussi des instants de grâce. C'est durant ceux-ci que vous ressentez qui vous êtes vraiment, où vous entrevoyez l'immense beauté de ce qui s'en vient. La phase ascensionnelle actuelle est plus que fulgurante.

La période de révélation va durer quelques-unes de vos années. Il est difficile de préciser combien de temps. Cela dépend également de votre capacité collective à évoluer vibratoirement. Il n'est pas possible d'indiquer précisément la manière dont cela se manifestera. Tout cela est à la fois lié aux énergies que vous alimentez, et « au plan du créateur ».

Quoi qu'il en soit, nous vous rappelons que le moment présent est le seul qui importe, le seul sur lequel vous pouvez « agir ». En ce moment, votre Terre est totalement enrobée dans un brouillard épais, gris sombre, et il faut s'élever bien au-dessus pour qu'il disparaisse. Ce dernier est lié aux égrégores[25] que vous alimentez. Vous avez le choix quant à la manière dont vous réagissez à ce qui est.

Pastor: Lorsqu'un acte violent est commis à un endroit de la Terre, cette énergie négative se répercute sur le secteur géographique, puis sur toute la Terre. L'inverse est le cas lorsqu'il s'agit d'un acte positif. Comme vos pensées sont des ondes et émettent un champ vibratoire, donc une énergie, elles influent sur tout ce qui est. Pourquoi pensez-vous que votre Terre « souffre » ? Elle est simplement en proie à toutes vos pensées négatives, qui peuvent être très dévastatrices.

Lena: L'absence d'harmonie intérieure, ou sur un plan collectif, mène nécessairement au chaos.

Collectif: C'est un fait. La peur, la dualité et la division sont parmi les énergies les plus lourdes. Devant ce qui se manifeste ou est dit, vous aurez peut-être des difficultés à discerner ce qui est juste de ce qui ne l'est pas. Le seul baromètre fiable est celui de votre cœur, de cette partie supérieure de vous-même. À quoi bon commenter, analyser. Cela ne fait qu'alimenter le mental et renforcer le scénario de ce « mauvais » film. Ayez la posture de l'aigle. Il observe et plonge juste au bon moment.

Pastor: Les réactions humaines de type violence, protestation, mécontentement, ne sont que le reflet de

25. Un égrégore est une forme pensée alimentée par un type d'énergie particulier. Chacune de nos pensées, chacun de nos mots, alimentent un égrégore particulier : par exemple, d'amour, de paix, ou au contraire de colère, de peur. Nous sommes donc une fois de plus responsables de ce que nous produisons.

l'impuissance dans laquelle vous vous sentez encore. Elles font partie de cette dimension de dualité et de densité. Il s'agit au contraire de transmuter ces énergies, d'ouvrir votre cœur, de regarder la lumière sans vous en détourner.

Les trompettes commencent à sonner actuellement. Elles le font en premier lieu à travers les éléments, qui se manifestent fortement. La matière de ce monde est transformée, transmutée, façonnée par ces nouvelles énergies. L'univers se pare de couleurs magnifiques, puissantes. Les fréquences sonores s'invitent dans le bal.

Votre nouveau ciel vous invite à comprendre que la nouvelle Terre est en cours d'installation...

Collectif: En plus du changement de comportement des animaux, des messages transmis par les oiseaux, lesquels sont des êtres particulièrement actifs en cette période, et juste avant que les trompettes retentissent sur l'ensemble de votre Terre, vous aurez des manifestations personnelles particulières. Vous vous sentirez comme « entre deux mondes », un peu comme si votre conscience flottait. Cela est un véritable appel à rejoindre cette lumière, et peut durer quelques-unes de vos heures, comme un de vos jours. Vous aurez la sensation que la multidimensionnalité recouvre ce que vous pensiez être « la réalité ». À cet instant-là, vous saurez que l'appel des trompettes approche.

Lorsque « les trompettes » retentiront de manière continue, sur l'ensemble de votre Terre, l'intégralité de ce que vous nommez « la connaissance » disparaîtra, pour laisser place à la manifestation de l'être. Comme nous l'avons déjà dit, il ne s'agit pas d'apprendre, de « se former » encore et encore. Il n'y a qu'un petit pas entre former et formater...

Chacun de vous détient de manière innée le fruit des expériences de ses existences. C'est bien cela qu'il s'agit de manifester aujourd'hui, sous forme de votre plus beau chef-d'œuvre. Vous avez simplement à être dans l'énergie du cœur.

Ces bruits de trompettes sont déjà là. Ils seront de plus en plus présents. Ils vont être accompagnés de signes célestes, qui seront tellement puissants qu'ils créeront une sorte de choc vibratoire, une « prise » de conscience.

Il y a conjointement une augmentation des sons, des vibrations sonores, à l'extérieur mais aussi à l'intérieur de vous. Ces énergies vibratoires sont la manifestation de la résonance entre votre système solaire, l'ensemble des consciences, et le Tout, le cœur d'éternité.

Certains d'entre vous perçoivent déjà cette sensation de ne plus être ici. Vous détectez ensuite le chant de votre âme, ce qui peut entraîner des sensations de modifications de votre audition. Elles peuvent faire penser à de l'hyperacousie, à de la surdité, à une forme d'acouphènes. Vous semblerez ne plus entendre les mots tels qu'ils sont prononcés. Pourtant, vous les aurez entendus. Toutefois, ils ne seront plus décodés de la même manière par votre cerveau. Vous deviendrez alors plus sensibles aux syllabes, plutôt qu'aux mots. Vous percevrez peu à peu les ultrasons[26] et les infrasons. Cela

26. L'oreille humaine est en général capable d'entendre des sons à partir de fréquences de l'ordre de 20 hertz jusqu'à 17 000 hertz (pour un adulte), 20 000 pour un enfant. Au-dessous de 20 hertz, notre cerveau n'était pas capable de reconstruire un son. C'est ce qu'on appelle les infrasons. À l'inverse, au-delà de 20 000 hertz, les sons étaient inaudibles pour l'humain. Nous les appelons les ultrasons. De nombreux animaux entendent les ultrasons. Les dauphins sont les animaux qui entendent actuellement les fréquences les plus élevées, soit jusqu'à 200 000 hertz.

correspond à l'éveil de vos sens spirituels. Ceux-ci modifient la façon dont votre cerveau comprend le son.

Pastor: Alors, si dans une conversation vous percevez uniquement des syllabes, sans pouvoir les relier à des mots, il s'agit simplement de la mise en marche de ce processus. Les perceptions de votre corps se modifient également. Vous pourrez sentir comme des courants d'air au niveau de votre tête, avoir l'impression d'être touché, sentir des mouvements à l'intérieur de votre corps et de votre tête, des vibrations. Toutes ces modifications sont une modification de ce que nous pourrions appeler « la conscience ordinaire ».

Collectif: Alors que votre ADN est puissamment encodé, vos constantes biologiques, que ce soit au niveau de votre sang ou de tous vos organes, sont remaniées.

Enfin, vous constaterez des modifications de ce que vous appelez votre personnalité. Pour nous, il s'agit de la manière dont vous vous manifestez. Vous vivrez des moments de vacuité, un peu comme si vous étiez entre deux mondes. Il s'agira simplement de les accepter en donnant la possibilité à votre corps de se reposer.

Lorsque ces bruits de trompette apparaîtront simultanément sur l'ensemble de votre Terre, un grand silence interviendra. Vous serez capables d'entrer en communication avec différents plans vibratoires, qui deviendront visibles pour vos yeux. C'est à ce moment-là que vous serez syntonisés avec ces autres plans, avec ces êtres en manifestation.

Ce qui a été révélé au sein de ce que vous qualifiez d'apocalypse selon saint Jean[27], et aussi via les messages

---

27. *L'apocalypse selon saint Jean*, ou *Le Livre de la révélation*, est le dernier livre du Nouveau Testament de la Bible.

transmis par les archanges, illustre ce propos. Il s'agit simplement du réveil de « votre êtreté », de votre multidimensionnalité, de votre impermanence.

Lorsque vous entendrez ces fréquences sur l'ensemble de votre Terre, il s'agira simplement de vous relier pleinement à l'énergie de votre cœur, de la laisser prendre tout l'espace en celui-ci. Cela, afin de rompre le dernier fil qui vous reliait à cet ancien monde factice.

Encore une fois, il nous est impossible de préciser à quel moment ces sons seront perçus simultanément sur l'ensemble de votre planète. Pour le moment, ils se manifestent « localement ». Pour qu'ils déclenchent cet évènement cosmique, ce point de bascule, il faut qu'ils soient présents sur tout votre globe au même moment.

Pendant cette période transitoire, qui est déjà en cours, vous vivrez chacun des transformations intérieures profondes, avec des paliers vibratoires. Cela se manifestera à un rythme différent en fonction de votre énergie vibratoire et de votre foi. Pour nous, la foi pourrait s'illustrer par cette jolie phrase, déjà citée dans *L'Envol vers soi* : « Que ta volonté soit faite et non la mienne[28]. »

Les peurs, les questionnements et les doutes vous quitteront. Ce que vous appelez « l'histoire » éphémère de votre humanité s'effacera simultanément de vos consciences.

Au moment où les trompettes se manifesteront, et c'est déjà le moment pour un certain nombre d'entre vous, vous entendrez : « Es-tu prêt à tout "perdre", à tout lâcher, à laisser s'en aller ceux que tu aimes, si tel est leur chemin ?

28. *Évangile selon saint Luc,* 22:42

Es-tu prêt à retrouver ton essence même ? » Telle est la question qui vous est posée aujourd'hui...

Lorsque les trompettes résonneront sur l'ensemble de votre Terre, votre mental s'éteindra subitement. Vous ne pourrez que lâcher prise. Notamment relativement à tout ce que vous avez vécu, expérimenté. Tout cela maintient encore votre conscience emprisonnée.

Aujourd'hui, vous êtes entraînés dans une sorte de danse effrénée, qui vous enseigne quel est votre pas, quel est votre style, quelle est votre place.

Quasiment un pour cent de votre humanité est en chemin vers l'envol vers soi ! Parmi ce « pour cent », une grande partie fait partie de l'équipe au sol, des volontaires venus par amour accompagner cette Terre dans sa mutation.

Aussi, il est urgent que chacune de ces personnes se libère de ses fardeaux, se souvienne de la mission choisie pour cette incarnation, la manifeste : l'équipe au sol en particulier, car elle est le vecteur de ce changement.

Si un certain nombre de ses membres sont encore égarés, les autres assurent, en plus de leur propre mission, celle de ceux qui sont encore « défaillants », car le moment du passage approche. Les membres de l'équipe au sol sont reliés les uns aux autres par un filament énergétique très fin et lumineux. Ils forment une ronde, un réseau vibratoire. Si une des fréquences est absente, si une des lumières est éteinte, alors le réseau fonctionne en mode dégradé. Or, si ce réseau lumineux marche à pleine puissance, il permettra à votre Terre et ceux qu'elle porte de faire ce passage de manière moins chaotique, moins longue...

Relisez ces mots, car ils sont vraiment très importants en cette période. Il s'agit de rapidement « retrouver vos esprits », de reprendre votre place.

Certains membres de l'équipe au sol, dont la fréquence est élevée, qui ont œuvré encore et encore durant de nombreuses existences, sont revenus alors qu'ils pouvaient s'en dispenser, par pur amour. Tandis qu'ils expérimentent dans leur corps de chair et sont souvent sursollicités en cette période, ils œuvrent sur plusieurs autres niveaux vibratoires, dans des « fonctions » différentes, particulièrement importantes.

Pastor: Lena, pourrais-tu ici nous transmettre une image que tu as reçue pendant ton sommeil ? Cela sera un intermède agréable.

Lena: Avec plaisir. J'étais aux commandes d'un vaisseau-mère qui subitement rasait le sol et redécollait, en appareillant un vaisseau-fille, qui risquait de s'écraser. Vous m'avez donné quelques jours plus tard le « sens » de cette image. Je devais ici former une sorte d'aspiration. J'aspirais la vibration du cœur de la Terre pour permettre son élévation et accroître la fréquence de ceux qu'elles portent. Je nettoyais également ainsi des scories, des égrégores.

Enfin, en tant que « commandant » de vaisseau-mère, je « veille » sur un certain nombre de « vaisseaux-filles », que cela soit sur une autre dimension, et aussi en tant qu'être incarné. J'accompagne des personnes (vaisseaux-filles). Certaines pourront alors pleinement rayonner qui elles sont et collaborer au réveil d'autres êtres. Je le fais également au sein de ma famille d'accueil sur Terre (famille de sang). Sur ce vaisseau, sur lequel je me manifeste en tant que commandant de bord, mon origine est arcturienne. Sur un autre, en tant que Vénusienne, je suis un GPS. Vous aborderez ce point plus avant, n'est-ce pas ?

Collectif: Oui, nous y reviendrons. Merci Lena, tes nuits sont bien occupées à des missions très variées, d'ailleurs.

Revenons à l'équipe au sol. Tous ces membres doivent pouvoir répondre présent au moment où « l'apocalypse » battra son plein, ce qui est proche. Ils sont ceux qui tiendront le mât, accueilleront ceux qui seront totalement perdus, hagards, car ils ne comprendront pas ce qui se passe, et verront peut-être ce qu'ils considéraient comme l'œuvre de leur vie réduite à néant. Ils comprendront que ce monde factice, qu'ils avaient souvent patiemment construit, disparaît en fumée.

Chacun de vous, chers amis de l'équipe au sol, devez être « sur la case qui est vôtre » sur l'échiquier, car vous allez accueillir des files de personnes, chacun en les accompagnant avec votre particularité.

Lena: C'est pour cette raison que lors de la plupart des séances que je mets en œuvre, je reçois le message suivant : « Il ne s'agit plus de chercher à graver une spécialité sur votre carte de visite. Pendant l'époque de transition, certains auront encore besoin d'avoir "une porte d'entrée". Elle est la formation initiale qu'ils ont suivie ou leur particularité. Mais finalement il s'agit simplement d'être la synthèse de l'ensemble de vos aptitudes, au sein de l'ensemble de vos existences ».

Pastor: Oui, et c'est déjà ce que tu incarnes. Les personnes qui t'arrivent, que nous t'envoyons, ne viennent pas chercher une méthode, mais l'accompagnement que tu mets en œuvre.

D'ailleurs, vous avez chacun une tonalité, une fibre différente. La tienne est aujourd'hui d'être une puissante « décristallisatrice », une puissante « réencodeuse », une puissante « facilitatrice », une puissante « passeuse de lumière ». Tu es aussi un « vecteur », une « potentialisatrice » et une « initiatrice ».

Finalement tu es « *channel* », « sourcière », « transmettrice », une force qui permet ce pont entre Terre, Ciel et les autres dimensions. Tu joues sur les fréquences, tu marches sur un fil, comme un funambule connecté aux étoiles.

Tu es en tête de file, chère Lena. Tu sauras envoyer ceux qui seront déjà « passés entre tes mains vibratoires », vers ceux qui poursuivront l'accompagnement. Quelques-uns d'entre vous sont là pour œuvrer également de cette manière.

Tu opères à cœur ouvert, puis tu orientes pour les soins postopératoires ! Tu effectues des « curetages vibratoires », tu « désincrustes » les blocages !

Collectif: Ah ah... Très juste, cher Pastor. Toi aussi, tu es unique ! Lena, ce que tu es importe peu, car ce qui est « essence-ciel », c'est ce que tu permets. Néanmoins, le dire l'ancre un peu plus encore. Il en est de même pour chacun de vous.

Lena: Oui, je ne me soucie pas de qui je suis. Je suis et voilà. Vous dites vous-même que ce qui est juste est simple et léger.

Collectif: Certes. Personne ne peut vous « enseigner », vous « guérir ». Ces êtres qui accompagnent réveillent simplement ce qui était endormi, bien verrouillé dans une malle, au fond de votre cave.

D'autres membres de l'équipe au sol seront là pour être des forces tranquilles, des pères bienveillants qui écoutent. Des êtres qui prêtent leur épaule avec amour à ceux qui seront dans la stupeur ou la peine. Chacune de vos œuvres est singulière. Il y en a autant que de graines d'étoiles. Soyez, chers frères et sœurs, soyez !

Pastor : Pour introduire le troisième pas de danse, qui va suivre, Lena, pourrais-tu offrir à nos amis, un extrait de ce magnifique texte vers lequel nous t'orientons ? Nous tenons à dire que certaines de ces lignes pourraient aujourd'hui être écrites un peu différemment. L'époque est autre. Encore une fois, imprégnez-vous du sens, sachez en retirer la substantifique moelle.

Lena : Avec joie. Un écrit très actuel et puissant.

SI[29]

[...]
Si tu peux rester digne en étant populaire,
Si tu peux rester peuple en conseillant les rois,
Et si tu peux aimer tous tes amis en frère,
Sans qu'aucun d'eux soit tout pour toi ;

Si tu sais méditer, observer et connaître
Sans jamais devenir sceptique ou destructeur ;

29. Kipling a écrit ce poème à l'attention de son unique fils, John, âgé alors de 13 ans en 1910. Ce dernier meurt lors de son premier assaut, durant l'attaque de Chalk Pit Wood à la bataille de Loos en 1915. Son corps ne fut pas retrouvé. Jusqu'à sa mort en 1936, Rudyard Kipling procéda à des fouilles dans la région pour retrouver les preuves de la mort, ou la dépouille de son fils. Il inventa l'inscription qui figure sur la tombe des soldats inconnus britanniques : « Known unto God » (Connu seul de Dieu). En 1991, la tombe du lieutenant John Kipling fut enfin identifiée de manière concluante.

Rêver, mais sans laisser ton rêve être ton maître,
Penser sans n'être qu'un penseur ;

[...]
Tu seras un Homme, mon fils !

TROISIÈME PAS DE DANSE

La peur, le plus grand fléau de l'humanité

Lena: Si vous avez le trac, posez-vous cette question. Pourquoi aurais-je peur de « rater » ? Pourquoi devrais-je être conforme à ce qu'on attend de moi, ou à ce que je crois qu'on attend de moi ? Je suis ainsi. Tout est juste.

Collectif: La peur... Quel mot étrange vu de là où nous nous trouvons ! Peur d'être soi, pour ne pas décevoir un autre, peur d'aimer pour ne pas souffrir, peur de la différence car l'autre est un miroir.

Ce qui vous empêche d'être pleinement heureux et sereins, c'est la peur. Principalement la peur de perdre ce qui est connu. Cela génère « l'attachement », qui est finalement une dépendance envers les objets, les possessions. C'est vouloir avoir « le pouvoir sur » les situations et les personnes.

La croyance que vous êtes irremplaçables et que rien ne peut fonctionner sans votre présence, qui se manifeste par le contrôle, et qui cache la peur « de perdre », est une de vos prisons mentales. Elle vous empêche d'accepter ce qui est, de lâcher prise. Elle vous éloigne de votre « pleine conscience ». Car, si vous êtes conscients, vous allez comprendre que c'est vous qui générez ce que vous vivez.

Lena : Finalement, nous sommes aussi venus sur cette planète pour nous autoguérir. Et nous appelons à nous les expériences qui nous y conduiront. Un panel d'informations, de points à parfaire, de « potes-en-ciel » est stocké au sein de notre ADN. Cela nous conduit justement vers les expériences que nous devons « nettoyer », puis transmuter. Guérir, c'est se libérer de l'illusion de la peur. Cela est simple, pour peu que l'ego ne crée pas une série d'élucubrations qui nous fourvoient. Il nous distrait de notre véritable mission en nous faisant croire, par exemple, que nous sommes venus sauver et guérir les autres.

Collectif: Oh que oui ! De nombreux humains pensent être en mission sur Terre, en binôme avec une autre personne ou un collectif. Alors, ils souhaitent entrer dans la vie de la personne pour la sauver, au lieu de comprendre que seul chacun de vous détient la clé de son évolution. Chaque relation est une opportunité de guérir. Chaque personne que vous rencontrez est un miroir. Osez vous regarder dedans, acceptez de regarder même ce qui vous dérange. Laissez briller la lumière sur les zones d'ombre. Lâchez la peur...

Pastor : Lorsque vous comprendrez ceci, au lieu d'avoir peur, vous allez être dans une intention claire de ce que vous souhaitez manifester.

Collectif: Vous vivez encore comme des animaux traqués. En existant de cette manière, vous devenez des proies parfaites pour ceux qui ont un intérêt personnel à ce que vous restiez dociles.

Pastor: Lorsque vous nourrissez des fréquences « de peur », surtout en cette période, cela génère un mécanisme vibratoire. Celui-ci va vous pousser à être confrontés, puis à libérer ces mêmes peurs. Aujourd'hui, tout cela se manifeste dans l'immédiateté. C'est-à-dire que vous allez sans doute voir se présenter très rapidement le scénario que vous avez redouté, afin d'en venir à bout.

Car ces peurs, vous les confondez avec qui vous êtes. Alors, vous devenez ces peurs ! Cela engendre souvent une grande souffrance. Vous n'êtes pas sur Terre pour souffrir, mais pour rayonner l'amour et être dans la joie. Actuellement, un certain nombre de souvenirs anciens « très sombres » remontent à la surface, que ce soit sur le plan individuel ou collectif. C'est « normal », puisque vous nettoyez les « fonds de tiroirs » pour passer à autre chose ! Nous y reviendrons un peu plus avant.

Les mémoires qui « refont surface » sont souvent en lien avec la trahison, l'abandon, la jalousie, etc. Dans ces vies où vous avez abandonné, ou avez été abandonnés par un parent, un amoureux, une amoureuse. Ces mémoires générationnelles également, qui peuvent activer en vous, sans que « vous ne compreniez pourquoi », la jalousie, la comparaison entre les êtres, la dualité. Toujours la dualité.

Ce sont ces vies, au sein desquelles le terme « trahison » résonne très fort, trahison souvent de la part d'êtres en qui vous aviez « toute confiance ».

Il s'agit aujourd'hui de laisser s'en aller tout cela. Pour retrouver simplement quoi ? La confiance en qui vous êtes, l'amour pour qui vous êtes.

Collectif: Gaia, et avec elle ceux qu'elle porte, sort actuellement d'un long cycle où la division, la dualité faisaient loi. Il vous est aujourd'hui demandé de quitter « vos œillères », de « retrouver vos esprits ».

Il s'agit de cesser de nourrir le manque, et donc d'abandonner la course vers le « toujours plus », le « toujours mieux ». Car, à chaque fois que vous êtes dans ces énergies-là, vous créez vous-même des failles énergétiques à l'intérieur de vous. Vous alimentez cet égrégore. Vous renforcez ce processus de ricochet. Il n'est qu'un cycle d'abandon, de trahison, de désamour envers vous-même et les autres.

Vous êtes aux commandes et tout part... de vous !

Pastor : Cessez d'avoir peur que votre amoureux parte au bras d'une autre personne, car peut-être est-ce sa route, votre route... Aujourd'hui nous le répétons, vous ne pouvez plus vous mentir à vous-même, pas plus qu'aux autres.

Cessez de vous comparer, de vous jalouser. Vous alimentez ainsi ceux qui vous « mènent à la baguette ». Pourquoi voulez-vous toujours être différent de qui vous êtes ? Vous avez choisi la couleur de vos cheveux, etc. Pourtant, et c'est une spécialité de l'humain, si je suis brun, je veux être blond, si j'ai les cheveux raides, je les veux bouclés, et inversement. Je suis « trop » grand, petit, vieux, moche. Vous avez peur de vivre et en même temps de mourir. Stop, cela vous fatigue et crée un égrégore qui n'est que confusion et désamour.

Collectif : C'est au contraire en remerciant chaque jour, en étant dans la gratitude du cœur, en comprenant que vous êtes ici souverains, en comprenant que c'est par l'amour de vous-même que tout devient possible, que vous sortirez de la peur ! Vibrez l'amour ! Et laissez partir ce et ceux qui ne sont plus faits pour être sur votre chemin. Il est « grand temps », comme vous dites.

Car aujourd'hui, ce que certains ont décidé d'appeler « une pandémie » met au grand jour ceci : un bon nombre d'entre vous a tellement peur de mourir qu'ils s'empêchent ou oublient de vivre.

Pastor: Peur de manger pour ne pas grossir, peur de manquer, peur de mourir, peur de se dire, peur d'être ici, peur, peur, peur...

Collectif: En agitant la peur, on alimente la dualité. Comprenez, chères lumières, « diviser pour mieux régner », cela vous parle-t-il ? Comment est-ce encore possible ? Depuis des siècles, des êtres lumineux sont venus encore et encore porter la même parole, sous maintes formes. Pourtant, vous manifestez encore cette attitude viscérale de protection ou de fuite ?

Lena: Une des chansons de celui qui s'est appelé Georges Brassens[30] m'arrive en vous écoutant, cher collectif. Toute son œuvre était un message puissant, n'est-ce pas ?

Collectif: Oui, et il y a tellement d'autres artistes qui, chacun à leur manière, portent la même parole. Chers amis, certes, vous pouvez être nés quelque part, mais avant tout, vous êtes des « créatures divines ». Les seules limites que vous rencontrez sont celles que vous vous mettez.

La racine de la peur vient du fait que vous considérez encore la mort comme une épreuve, alors qu'elle n'est qu'un passage. Il est vrai que dès que vous êtes conçus, vous risquez de mourir. Au lieu d'être apeurés par cela, vivez chaque

30. Georges Brassens (1921-1981). Il s'agit de *La Ballade des gens qui sont nés quelque part.*

instant pleinement, en conscience, vivez comme si ce jour était le dernier! Poussons cette crainte à l'extrême.

Si vous saviez que vous alliez mourir ce soir, que feriez-vous? Supporteriez-vous d'être « muselés »? Et puis, mourir n'est qu'un changement d'état...

Finalement, pourquoi s'arc-bouter à vouloir demeurer sur ce plan? Acceptez plutôt d'y vivre pleinement. Vous êtes, quoi qu'il en soit, en transit ici. Vous avez accepté d'y jouer une pièce de théâtre, que vous avez contractualisée dans les grandes lignes avec vos guides, avec tous les acteurs de celle-ci, avant de venir. Ce scénario n'est pas « gravé dans le marbre ». Tout, dans l'absolu, est modifiable, ajustable, pour peu que cela serve votre élévation vibratoire.

Ensuite, vous avez peur de souffrir. Et en ayant peur de souffrir, vous souffrez déjà. Vous vous perdez ainsi dans les méandres de votre inconscient, qui vous dirige comme « un automate télécommandé ».

Comprenez ceci. Aujourd'hui, il ne s'agit plus de souffrir, mais de vivre une vie de plénitude et d'amour, dans la joie et le partage!

Pourquoi vous faire penser que la souffrance est « obligatoire » sur Terre, si ce n'est pour que vous renonciez à vos rêves... Pourquoi cela? Un peuple qui n'a plus de rêve est un peuple captif.

Pastor: C'est LA vie, c'est l'époque et tralala! Il y a les gentils et les méchants, ceux qui obéissent sagement et les vilains réfractaires, ceux qui sont « utiles », et les « inutiles ». Ceux qui coûtent cher à « la société » comme vous dites. Eh oui, cela va jusque-là.

Collectif: En vous dirigeant habilement à vous « monter les uns contre les autres », vous faites tout seuls « le travail de sape » nécessaire pour que ce mauvais film puisse continuer.

Nous vous invitons à aller voir ce que vos psychologues définissent comme étant « la perversion narcissique ». Nous dirions : séduction, « mise sur un piédestal » (en utilisant le besoin d'amour et de reconnaissance de l'autre), puis dévalorisation, isolement en séparant des autres (donc diviser pour mieux régner). CQFD. Cela rime avec mensonge, absence d'empathie réelle.

Il y a les bons citoyens et les méchants, n'est-ce pas ?

Prenons de la hauteur, vibratoire, bien entendu. Vous êtes chacun des êtres uniques, venus expérimenter l'amour. La peur est l'opposé de l'amour : elle rime avec dualité, division, se protéger des autres, qui deviennent alors « menaçants ».

Comment soigner mes peurs, nous direz-vous ? Voici une phrase clé, que nous soufflons encore et encore à travers Lena : « Le quoi et le comment, c'est notre affaire, la vôtre, c'est d'avoir une intention claire de ce que vous souhaitez expérimenter sur Terre. » Méditez sur ces mots, car voici une clé vibratoire puissante.

Pastor : Pour avoir une intention claire de ce que vous souhaitez expérimenter, il est nécessaire d'avoir le souhait de vider vos sacs à dos. Vous délester de tout ce qui ne vous appartient pas, où n'est plus juste pour vous. Car tant que vous n'avez pas fait un vrai grand ménage de votre cave et de votre grenier, vous restez le personnage qui s'agite ou que l'on agite !

Collectif : Comment vider vos sacs à dos ? En déposant à terre chacune des petites boîtes qu'il contient. Regardez bien les étiquettes : alors cela, c'est à papa, à maman, à un aïeul. Ça, c'est ce que l'on m'a dit à l'école, ou dans n'importe quel lieu d'enseignement.

De grâce, vous êtes nés sur une planète de libre arbitre, utilisez-le ! Il y a aussi ce qui vient de vos autres vies, voire existences, et qui a laissé des nœuds vibratoires. Nous y reviendrons lorsque nous aborderons les « multi-existences ». Posez chaque jour une petite boîte sur le bord du chemin, demandez à qui elle appartient. Ensuite, ayez l'intention que son contenu soit simplement « transmuté en lumière ». Il ne s'agit pas de rendre ce contenu à son destinataire. À quoi bon le charger ? Rappelez-vous ce qu'est la véritable compassion. Nous l'avons assez largement expliqué dans *L'Envol vers soi*.

Pastor : J'entends résonner la question suivante : « Mais quand se finit ce travail ? » Jamais, mon frère, jusqu'à ton dernier souffle ! Mais plus tu videras ton sac à dos, plus ta vie deviendra fluide. Lorsque ce que tu considères comme une « épreuve » viendra, tu la vivras sereinement. Ainsi, un coup de vent ne te mettra plus à terre.

Collectif : Certes. De plus, en cette période vibratoire de plus en plus puissante, tout peut s'alléger vraiment très rapidement. Ce que vous mettiez récemment une de vos années à régler peut l'être en une semaine, voire un jour, une heure...

QUATRIÈME PAS DE DANSE

Revenons un peu sur la notion de karma

Lena: Tu es sur scène, reconnecte-toi à tes existences, à toutes les dimensions où tu œuvres, ici et ailleurs. Le simple fait d'y penser t'y donne accès.

Que j'ai chaud, cher collectif. Vous me propulsez à des niveaux vibratoires tels que mon corps met quelques secondes à s'adapter.

Collectif: Oui, chère Lena, laisse être. Tu peux aussi faire quelques pas de danse si tu le souhaites. Respire. Tu connais ces états.

Pastor: Le karma ? Vous parlez souvent encore du karma en l'envisageant avec « une vision 3D[31] », avec les lunettes de la dualité. Nous avons abordé ce point dans *L'Envol vers soi.* Nous allons le décliner ici différemment.

Le karma n'est pas la compensation sous la contrainte d'un acte qui n'aurait pas été judicieux ou juste. Simplement, votre fibre est amour et lumière. Lorsque dans une vie,

---

31. De la troisième dimension. Pour rappel : 3D : État de conscience Alpha : 7,8 à 10 Hz. 4D : Bêta : 12 à 30 Hz. 5D : Gamma : 40 à 100 Hz.

vous avez posé un acte qui vous a semblé inadapté, voire cruel, vous avez à cœur de veiller à parfaire votre attitude, à la rectifier d'une manière ou d'une autre.

Ainsi, il est même assez fréquent que vous vous infligiez « une sorte de punition », en provoquant des mises en situation douloureuses pour vous. Parfois même, vous le faites encore et encore, sur une ou plusieurs vies, alors même que vos guides, eux, vous crient que tout cela est réglé, vous invitant à passer rapidement à autre chose.

Comme vous venez de le dire, le karma n'est en aucun cas ceci : « Je n'ai pas été gentil dans une autre vie, j'ai même été très méchant, alors je vais me punir et réparer. »

J'évoquerai ici cette notion au regard de la seule vie que vous expérimentez en ce moment. Nous élargirons plus tard le raisonnement.

Vous êtes amour. De ce fait, vous avez l'intention de manifester la plus belle version de vous-même. Si, au cours d'une existence, vous avez posé des actes peu justes envers vous-même ou d'autres, vous allez proposer à vos guides d'incarnation de choisir un scénario vous permettant de parfaire ces points. Ce n'est pas l'univers, Dieu ou quiconque qui vous poussent à vous « bonifier » encore et encore. C'est votre partie supérieure.

Enfin, lorsque la vie devient trop compliquée et que cela dure, certains humains pensent « qu'on leur a jeté un sort ». L'extérieur, toujours l'extérieur... C'est très rare qu'il y ait quelque chose qui vienne d'ailleurs. Bien plus souvent, c'est vous-même qui tournez dans la roue, comme le fait le hamster dans sa cage. Vous vous jetez continuellement des sorts à vous-même !

Pastor, merci pour ces éclaircissements. Vous êtes naturellement protégés contre toute intrusion étrangère qui pourrait vous porter atteinte vibratoirement. C'est le rôle de votre corps énergétique. Personne ne peut le pénétrer, excepté la peur, des croyances et ce que vous qualifiez de « magie noire ». Ces dernières peuvent provoquer une sorte d'auto-empoisonnement dû à une forme d'autosuggestion, qui engendre un déséquilibre du corps énergétique et donc une disharmonie dans le corps physique.

Pastor: Certes, certaines entités peuvent s'accrocher à vous et se nourrir de votre énergie. Toutefois il est important d'être dans la mesure. Certaines personnes se sentent intéressantes du fait qu'elles seraient sous l'emprise d'entités peu lumineuses. Ces croyances sont largement alimentées par des films ou certains êtres qui se disent thérapeutes nettoyant le corps de ces entités. Cela ne fait qu'accroître le poison mental.

Collectif: Si vous modifiez votre manière de voir le monde, de penser, vous changerez votre réalité. Pourquoi programmer votre mental à vous amener à « vivre un cauchemar » lorsque vous pourriez simplement être heureux.

Pastor: Parfois, sortir de la prison dans laquelle on s'est construit « sa petite vie » fait peur, car à l'extérieur il y a l'inconnu.

Aujourd'hui, vous videz les fonds de tiroirs, vous récurez les fonds de casseroles bien accrochés! C'est pour cela qu'il est parfois nécessaire d'aller voir ces vies où vous avez expérimenté un évènement extrêmement traumatique. Cela en étant accompagné par une personne connectée. Si ce praticien a une structure énergétique particulière, il pourra plus aisément vous permettre de détricoter les nœuds vibratoires. Car il œuvrera sur les différents plans de conscience où ces derniers se trouvent. Nous y reviendrons.

Collectif: Oui, c'est tout à fait cela. Pour nous, le karma est simplement ce qui frappe à la porte pour être guéri. Il s'agit d'identifier les priorités à l'instant « T ».

Lena: En effet, lors des canalisations, par exemple, je perçois trois ou quatre thématiques, souvent récurrentes, en résonance forte avec la vie actuelle de la personne. Elles refont surface pour être apaisées.

Il peut s'agir, par exemple, d'une relation à fluidifier avec un parent, d'une problématique d'abandon sous différentes formes, notamment en tant que bébé ou enfant. Cela peut être une difficulté à vivre un amour partagé depuis plusieurs vies, des blessures liées à une mort violente, qui a comme bloqué vibratoirement, tétanisé la personne.

En effet, tant que ce choc violent n'a pas été contacté, connecté, tant qu'il n'est pas remonté à la conscience, il reste actif comme une sorte de virus vibratoire. Il agit comme une pierre qui ferait des ricochets sur l'eau. Toutefois, le faire remonter à la conscience est insuffisant. Il s'agit d'aller à l'endroit vibratoire où se trouve l'impact, pour le désamorcer.

De même, si dans une vie, un acte a été posé de manière peu juste, il est important d'aller le revisiter pour comprendre la raison de cette attitude. L'objectif est que la personne finisse par se « pardonner » cette sortie de route... C'est ainsi que, pas à pas, nous retrouvons chacun notre liberté d'agir et notre libre arbitre. Il s'agit du chemin vers le retour à la conscience.

Collectif: Lena met le terme « pardon » entre guillemets, car cette notion, telle que vous la concevez encore souvent, est peu juste. Il s'agit plutôt d'arriver à être dans un état de neutralité vis-à-vis de ce que vous avez vécu. Pour ce faire, comprendre ce qui s'est passé, à la lumière de vos différentes existences, est intéressant.

Lena: Au sein d'une incarnation, le chemin peut comme « se sectionner » du fait d'un évènement traumatique. La personne perd « un morceau d'elle », un « peu de son âme ». Il s'agit alors de reconnecter minutieusement toutes les sensations positives qui existaient avant ce moment-là, en ressentant chaque sensation olfactive, visuelle, auditive, kinesthésique. Cela doit être très précis. C'est une forme de recouvrement d'âme.

Il est intéressant de comprendre que même lorsqu'au sein d'une incarnation la personne est comme figée du fait d'un évènement douloureux, sur d'autres dimensions vibratoires, elle a continué son chemin. Cela permet de les recontacter pour reconnecter la vie qui est « en arrêt sur image ».

De même, questionner le générationnel, cela que les personnes soient encore vivantes ou décédées, en visualisant le pourquoi des actes posés par chacun, à la lumière de cette vie-ci et de plusieurs autres, permet d'alléger le poids qui embolise la vie présente de chacun.

D'ailleurs, vous dites souvent ceci en séances. L'humain se fourvoie en jugeant. Pour comprendre l'attitude d'une personne, il faudrait *a minima* être en mesure de consulter, de décrypter les « neuf films » du cycle d'existences au sein duquel il évolue.

Collectif: Oh que oui ! Juger est une perte de temps et d'énergie. L'« essence-ciel » aujourd'hui est ailleurs...

Vous traversez une période où le chaos semble régner autour de vous, où vous pouvez vous sentir emprisonnés, bâillonnés, interdits. Il s'agit en premier lieu d'aller défaire à l'intérieur tout ce qui vous rend captif. Tout ce qui vous empêche d'être vous-même.

Pensez-vous que si chacun de vous se réveille dans sa jolie et juste puissance, il soit encore possible de vous diriger à la baguette ?

Revenons quelques instants à ce phénomène que vos dirigeants appellent aujourd'hui « une pandémie ». Pourquoi ce virus[32] réactive-t-il à ce point des peurs chez une partie de l'humanité. Cela au point de vous plonger dans une sorte d'hystérie collective ?

Pas de côté... Un virus qui agite une grande partie de votre monde...

Lena: Vous êtes sur la piste, concentrez-vous sur l'expression de votre être, manifestez la plus jolie des danses. Ne regardez ni les « juges » ni les spectateurs. Ce qu'ils pensent les concerne. Ils parlent seulement... d'eux-mêmes.

Pastor: Lena, nous allons te demander, pour introduire ce point, de nous décrire l'image que nous te montrons maintenant.

Lena: Oui... Que cela est triste. Je vois la Terre entourée d'un halo très gris, qui devient de plus en plus dense. J'entends que c'est la résultante de l'état vibratoire collectif humain actuel. Notamment du fait de ce qui se passe sur

---

32. Il s'agit du Coronavirus (Covid-19).

Terre en ce moment. Une de mes guides « personnelles » me dit que certains souhaitent absolument contrôler l'humanité et la maintenir captive. La réaction de cette dernière à ces évènements ne fait qu'obscurcir le voile. Plutôt que de se poser les questions justes, me dit-elle, une partie court chercher une protection à l'extérieur, l'autre est dans la réaction.

Toujours la réaction, me dit-elle... Quand l'humanité comprendra-t-elle que si un nombre important de personnes se met en méditation, se relie à la lumière, la fait descendre sur Terre, cela balaiera d'un revers de manche tout « ce gris » tellement sombre. Au lieu de cela, encore et encore des mots, encore et encore action/réaction, encore et encore réagir, au lieu de plonger dans son intériorité...

On me montre une humanité « en recueillement ». Cela crée un halo de lumière, qui descend individuellement dans le cœur de chacun. Tous s'unissent de cœur à cœur. C'est très beau, émouvant...

Collectif: Vous êtes arrivés à un point de non-retour. Prenez chacun votre responsabilité, mettez genoux à terre. Cessez de vous concentrer sur votre nombril, vos « j'ai droit à », ma liberté, c'est injuste...

Croyez-vous que la liberté soit extérieure à vous ? Vous êtes vos propres geôliers. Ce qui est crucial aujourd'hui, c'est de cesser de regarder à l'extérieur ce qui se passe, de réagir. Car vous vous mentez à vous-même. Allez plutôt voir ce qui se passe à l'intérieur de vous. Mettez de l'ordre dans votre intériorité, revoyez vos priorités.

La liberté n'est pas quelque chose que l'on gagne ou que l'on perd. La liberté est votre état naturel. Vous êtes chacun venu comprendre cela. Tant que vous vous concentrerez sur votre nombril, vos loisirs, votre confort, ce monde restera dans la dualité. Certains sont prêts à renoncer à qui ils sont pour ne pas perdre une miette de leurs petites habitudes. Et comme cela n'est pas possible, comme la Terre est en route vers une nouvelle dimension, un vent puissant va souffler sur votre Terre. Vous allez vivre une période très mouvementée, ou plutôt vous allez la qualifier ainsi. Elle le sera d'autant plus, que vous lui donnerez prise en alimentant par des réactions.

Recueillement, recentrage, alignement, douceur, amour, lumière. Balayez votre temple au lieu de voir si la cour du voisin est propre.

Aujourd'hui, chacun de vous est fortement poussé à « vider », à s'alléger. La grille cristalline[33] terrestre se déleste également de tout ce qui devient trop lourd. Certes, il y a des manifestations terrestres climatiques (éruptions volcaniques, inondations, tremblements de terre)... Il y a également des « nettoyages » moins visibles qui s'opèrent.

Pastor: Vous êtes poussés à contribuer à cet allègement, en nettoyant, notamment individuellement, les périodes de guerre que l'humanité a traversée. Ce que nous entendons par « individuellement », ce sont les vies où vous avez connu « la guerre ». Et lorsque vous vous allégez de ces évènements collectifs, vous permettez à de nombreux êtres incarnés, ou « en transit », de s'en affranchir. Vous vous libérez également vibratoirement

33. Cette notion sera définie un peu plus loin. Elle a été plus amplement développée dans *L'Envol vers soi.*

de tous les évènements collectifs traumatiques, durant lesquels un certain nombre d'êtres ont quitté ce plan, souvent brutalement.

Comprenez ceci. Ces êtres sont souvent partis « sans réaliser » vraiment ce qui leur arrivait ou dans des états de sidération. Aussi, ils ne sont pas bien « montés » comme vous dites. Une partie d'eux est restée figée sur la scène. Ainsi, ils la revivront en boucle jusqu'à ce qu'ils s'en extraient, ou qu'on leur propose de s'en libérer. Ils peuvent se trouver prisonniers de leur émotion passée : colère, douleur, effroi...

En effet, vos existences se déroulant simultanément sur des lignes vibratoires différentes, si vous êtes « coincés sur une », « mal montés », vous ne pouvez pas pleinement incarner celle que vous vivez.

Par « mal monté », j'entends si vous êtes restés dans « un entre-deux », du fait d'un évènement que vous avez vécu douloureusement. Dans ce cas, vous ne pouvez pas aller sur le plan de conscience sur lequel vous êtes attendu. Ainsi, vous bloquez la présente incarnation.

Collectif: De même, une partie de ceux qui ont été des « bourreaux » étaient souvent des personnes (notamment pour ce qui concerne vos guerres) qui se sont trouvées enrôlées dans ces évènements. Cela sans avoir pu faire de choix, sans avoir pleinement compris ce qui se passait. Cela ne change rien aux actes commis, mais mérite d'être signalé.

Pastor: Que ce mot est lourd, « guerre »... Comme le dit le collectif, si vous êtes en état de sidération dans une de vos vies, vous l'êtes encore dans une certaine mesure, dans la présente incarnation... Saisissez-vous maintenant l'importance de faire place nette, d'œuvrer à vous libérer de ce qui n'a plus à vous envahir ?

Collectif: Sur un plan global, il n'y a finalement ni bourreaux ni victimes. Il y a seulement des êtres humains qui ne sont plus aux commandes et agissent en obéissant. Nous parlons ici notamment de ceux qui se sont trouvés sur les champs de bataille.

Néanmoins, vous avez toujours le choix d'accepter ou pas une situation, quelle qu'elle soit...

Venons-en à l'essentiel. Aujourd'hui, le scénario que l'on vous « repropose », le plat qu'on vous sert réchauffé et mal accommodé, en mettant en avant ce virus, n'est autre que le ricochet de ces périodes de guerre : notamment les deux guerres mondiales. Il s'agit de vous inciter à vous positionner. Allez-vous vous laisser emporter par une sorte de peur et d'hystérie collective, une autre forme de « fanatisme », d'intolérance, ou prendrez-vous de la hauteur, afin de cerner ce qui se cache derrière tout cela ?

Ce « on » qui remet le couvert, ce ne sont pas les plans supérieurs, mais votre partie supérieure à chacun. C'est aussi le collectif que vous formez, car ce dernier souhaite « faire mieux » que la fois précédente.

La guerre se déroule sous une autre forme... Vous remarquerez d'ailleurs que certains de vos dirigeants ont employé ce terme : « Nous sommes en guerre. » Qui est ce « nous » ? C'est ce « vous » à chacun qui a donné son pouvoir à des personnes, qui pensent et agissent à sa place. Et cela sous couvert de l'intérêt collectif. Comment peut-on servir l'intérêt collectif en étant dans une forme de discrimination ? Posez-vous sincèrement cette question ?

Pastor: Des artistes chantent *Le Chant des partisans*[34] ci et là, devant des édifices publics symboliques. Vous nettoyez en ce moment des pans entiers de l'« histoire humaine ». C'est aussi un test. Comment choisissez-vous individuellement et collectivement de passer ce cap ?

Collectif: En effet. Dans une époque « récente » de votre temps terrestre, en Europe, certaines personnes ont fait l'objet d'un génocide. Il y en a eu de nombreux au cours de votre histoire. Certains ont d'ailleurs encore cours sur votre Terre au moment où nous nous exprimons. Tout comme de nombreuses formes de chasse aux sorcières. Certains devaient porter un signe distinctif pour les différencier, pour les discriminer.

Présentées sur un fond de peur collective, un grand nombre de personnes encore insuffisamment « réveillées » vont plébisciter ce qui permet de différencier « le gentil » du « méchant ». Derrière cela, il y a la peur, le manque d'estime et d'amour de soi. Il s'agit de mécanismes archaïques, primaires.

Pastor: « Regarde, Monsieur, comme je suis gentil, je fais ce que tu dis. Alors, aime-moi. Tu sais, je suis fragile, protège-moi ». Le petit enfant reste « bloqué » quelque part. Il pleure...

---

34. *Le Chant des partisans* est un hymne de résistance française durant l'occupation de l'Allemagne nazie pendant la Deuxième Guerre mondiale. La musique initialement composée en 1941 sur un texte russe est l'œuvre de la française Anna Marly, ancienne émigrée russe qui, en 1940, avait quitté la France pour Londres. Le 17 mai 1943, la mélodie, sifflée, devient l'indicatif d'une émission de la France libre, diffusée par la BBC. Les paroles sont écrites le 30 mai 1943 par Joseph Kessel, également d'origine russe, et son neveu, Maurice Druon, qui venaient tous les deux de rejoindre les forces françaises libres.

Collectif: Vous savez, chers amis de la Terre, l'humain est foncièrement bon, même s'il est souvent « aveugle » encore. Une grande partie du « troupeau » pense bien faire en agissant ainsi.

Nous ne sommes pas ici pour lancer une polémique, ou être des « lanceurs d'alerte » cosmiques ! Simplement pour vous permettre de prendre de la hauteur, de « faire des parallèles » comme vous dites, puis de choisir votre direction en conscience.

Tout est fait actuellement pour que vous tourniez votre regard à l'extérieur. Or, il s'agit de l'orienter à l'intérieur de vous. Alors que l'énergie entrante est de plus en plus puissante, en vous faisant peur, ou vous détourne de « l'essence-ciel ».

Si vous vous laissez entraîner dans ce processus, votre canal sera comme « brouillé » par les parasites des nombreuses informations qui vous arrivent. Tout le monde s'agite dans un sens ou un autre.

Comprenez, chers amis de la Terre. Nous le répétons. Ce que vous voyez à l'extérieur n'est que le reflet de votre intériorité. La division qui s'installe à l'extérieur est synonyme de votre division intérieure. Elle vous montre que votre unité interne n'est pas encore réalisée. Ces mouvements divers et variés de votre société, et d'ailleurs toutes formes d'instabilité, vous invitent à vous aligner intérieurement, à vous recentrer, à expérimenter votre « présence je suis ».

Au lieu de vous focaliser sur ce qui se passe dehors, gardez le cap. Tout est fait pour que vous vous laissiez endormir par « le chant des sirènes ». Elles vous promettent le Graal immédiat, le sésame. Cela vous éloigne de ce qui est : une puissante ascension vibratoire qui vous propulse dans un monde d'amour et de lumière, qui, lui, n'est pas factice, pour peu que vous œuvriez à vous libérer de vos entraves. Elles sont avant tout intérieures. Nous le répéterons tant que cela sera nécessaire.

Certes, le réveil peut être douloureux. En effet, cette puissante vague « brassant le marécage », les effluves qui remontent sont quelque peu malodorants. Elles s'appellent douleurs physiques, nuits agitées, instabilité intérieure, émotions qui vous envahissent. Ces dernières peuvent être très contradictoires. Nous y reviendrons.

Pastor: Tout cela n'est qu'une mue, un accouchement. Alors, choisirez-vous de vivre pleinement cet accouchement ? Préférerez-vous anticiper ce que vous pensez être une douleur potentielle ? Vous considérerez-vous comme étant incapables de faire confiance à votre corps, en acceptant la péridurale ? Je ne dis pas ici qu'il faut s'infliger à tout prix une forme de souffrance. Néanmoins, il est important de comprendre que vous êtes des êtres puissants. Si vous vous sentez faibles et dans la peur, vous le serez.

Collectif: Tous vos anciens modes de « vous concevoir » et de « penser le monde » sont aujourd'hui obsolètes. Ils disparaissent peu à peu. Vous vivez une sorte de processus de deuil. Vous avez à faire le deuil de ce que vous aviez vous-même créé, ou reproduit. Deuil de l'image de ceux à qui vous avez confié votre pouvoir au sens large, deuil de l'adulte qui cherche l'amour à l'extérieur de lui-même, qui veut contrôler, etc. Comme nous l'avons dit, vous mourez à l'ancienne version de vous-même. Le phénix renaîtra de ses cendres. Plus vous vous accrocherez à l'image de qui vous êtes, au fait que c'est l'extérieur qui protégera, plus vous serez en difficulté en cette période.

Tout votre univers personnel peut « s'effondrer » en une de vos secondes.

Vous pouvez perdre un travail, un compagnon, une compagne, un enfant, une maison, des vacances, de l'épargne à la banque. Si vous criez à l'injustice, vous vous perdrez encore davantage...

Pastor : Ce n'est pas le changement qui est difficile, mais la résistance à celui-ci. Ce qui vous paralyse encore, c'est la peur, et surtout celle de ce que vous appelez l'inconnu ! Et comme rien n'est finalement « gravé dans le marbre », il est urgent de comprendre que vous créez vos vies et que lorsque l'heure aura sonné, vous rejoindrez la maison. D'ailleurs, comment avoir peur de « l'Un-connu » ?!

Vous apprenez ceci en cette période. La seule torche à votre disposition est votre lumière intérieure : l'amour que vous attendez, il s'agit de le trouver en vous. Vous comprenez qu'il s'agit de mourir à cet ancien personnage, pour renaître à qui vous êtes vraiment.

Collectif : Nous le répétons, nous ne souhaitons ni faire peur ni susciter des discussions sans fin, dans lesquelles on ne fait que s'emmêler. Cela serait une grande et inutile perte d'énergie. Simplement, nous tentons, avec amour, de vous sortir d'un brouillard épais et aveuglant.

Enfin, pour ceux qui font partie de l'équipe au sol, et qui sont venus en cette période uniquement par amour (alors qu'un certain nombre d'entre eux n'étaient pas obligés de se réincarner), nous sommes tellement dans la gratitude à votre égard. Car il faut beaucoup de « courage » pour réussir à être dans la compassion. Surtout lorsque le collectif risque de vous faire vivre des moments totalement étrangers à qui vous êtes. Et cela, alors même que depuis un certain nombre d'existences, vous avez déjà été discriminés, abîmés, tués pour certains.

Nous le répétons, ne lâchez pas vos intentions, gardez votre cap, tissez des réseaux de lumière, des lieux physiques où vous pouvez vous entraider, collaborer. Créez des « oasis vibratoires », rayonnez, affirmez votre puissance. Laissez partir ceux qui s'éloignent de vous, quand bien même ils feraient partie de vos proches. « Détachement humain », voici un autre mot-clé de cette période d'ascension...

Vous êtes des « grands », soyez en conscients, cessez de douter, reliez-vous à votre cœur, à vos yeux de l'âme.

Soyez à la fois lucides et conscients. Vous avez tous revêtu un habit de chair. Toutefois, votre origine stellaire est multiple. Tandis que certains souhaitent que la lumière, l'unité, l'amour s'installent enfin sur Terre, d'autres sortent « l'artillerie lourde » pour vous brider, vous maintenir captifs juste au moment où votre ADN est en train de s'éveiller totalement, pour permettre de reconnecter vos potentialités illimitées.

Nous ne savons pas aujourd'hui ce que vous allez faire de votre libre arbitre. Plutôt que de se poser cette question, il est plus pertinent de vous demander sur quelle ligne vibratoire vous souhaitez interagir, sur quelle ligne de temps vous souhaitez vivre.

Le collectif humain gagnerait néanmoins à se réveiller de toute urgence afin de choisir une ligne de temps d'unité, de joie, de paix. Concentrez-vous sur ces énergies-là. Et si un certain nombre d'âmes dorment encore, que les âmes éveillées se réunissent, créent des réseaux vibratoires, se connectent pour tirer ce monde vers celui qui s'installe déjà.

Vous pouvez vraiment écrire un autre scénario. Ceci simplement en élevant collectivement votre niveau vibratoire.

Chacun de vous, là où il se trouve, dans ce qu'il appelle « sa vie », doit aujourd'hui décider de vraiment prendre sa juste place, afin de contribuer à cette œuvre collective. Elle consiste à manifester cette « nouvelle Terre ».

Affirmez qui vous êtes. Faites-nous confiance, car nous sommes présents à vos côtés. Vivez en manifestant pleinement qui vous êtes, soyez fermes et non pas agressifs. Entourez-vous d'une jolie lumière blanche/dorée. Le plus important finalement, c'est la manière dont vous pensez, c'est le niveau vibratoire sur lequel vous « réfléchissez » et vous vous manifestez.

Restez dans une énergie d'amour et de gratitude. Si des blessures individuelles et/ou collectives resurgissent, vous paraissant être, comme vous dites, « négatives », prenez de la hauteur. Et vous constaterez alors que celles-ci sont arrivées au moment juste pour vous faire évoluer vibratoirement.

L'essence-ciel est de vivre en conscience, en ayant une intention claire de ce que vous souhaitez expérimenter, de faire des choix, de vous positionner en étant pleinement et authentiquement vous-même.

Pastor: À la lecture de ces lignes, depuis le début de cette causerie, pensez-vous encore que l'important aujourd'hui est de partir en vacances, d'avoir des loisirs comme vous dites, au sens où vous l'entendez ?

Je souhaiterais, Lena, que tu cites ici les paroles de ce grand être[35], relativement aux vacances. Merci...

35. Il s'agit d'Omraam Mikhaël Aïvanhov.

Lena: « La majorité des gens attendent les vacances pour se reposer. Mais en réalité, ils reviennent de ces vacances souvent avachis, parce qu'ils ont dépensé toutes leurs énergies physiques et psychiques dans la paresse, ou bien des occupations inutiles ou avilissantes. Pour bien utiliser ses vacances, il faudrait les consacrer au travail spirituel. Quand on a passé plusieurs mois de l'année dans des travaux fatigants et des obligations de toutes sortes, le meilleur repos est le travail spirituel : prier, méditer, se purifier, vivre dans la paix, admirer la main du créateur dans toute la nature, occuper ses pensées à des sujets divins.

Ne croyez pas que je sois étroit et fanatique au point de vouloir priver les humains de tous les plaisirs de la vie. Au contraire, je veux leur montrer un chemin, les engager dans une voie où ils auront encore plus de plaisirs. La véritable vie spirituelle est tellement riche de joies et de plaisirs qu'on ne peut même pas les énumérer. Or, c'est de tout cela que la plupart des gens se privent en se contentant de quelques plaisirs physiques, sous prétexte qu'ils sont en vacances et ont besoin de s'amuser. »

Collectif: Et depuis ces paroles, « de l'eau a coulé sous les ponts », comme vous dites. Aujourd'hui, et nous l'avions déjà évoqué dans *L'Envol vers soi,* vous arrivez au point clé, à un moment de bascule vibratoire. Croyez-vous encore que votre vie, telle que de nombreux humains la considèrent encore, ait un sens ?

Pastor: Travailler, être en vacances, posséder une maison et mettre un grillage autour avec un joli interphone, avoir un joli chien, bien tondre sa pelouse, avoir un « conjoint », et le tour est joué ! Vous êtes amenés à « être », à vous mettre au service de ce nouveau monde. Et tout le reste importe peu. S'accrocher à de vieilles reliques, à des fonctionnements archaïques, à une société qui survalorise la consommation, qui décide qui va consommer et comment, cela est juste. Il n'y a pas de mots...

Collectif: Terminons sur une note plus légère. Vous avez la sensation que ce virus vous a empêché d'être en relation les uns avec les autres. Pourtant, certains d'entre vous vivaient déjà « virtuellement », avant son apparition. En effet, de nombreuses personnes sont de plus en plus déconnectées, « humainement parlant », les unes des autres, alors que justement elles pensent être « hyperconnectées », du fait de leurs relations virtuelles (SMS, chat en tout genre, etc.) Que constatez-vous ? Des personnes se rassemblent dans la rue et dansent, jouent de la musique. Des médecins se positionnent et réunissent de nombreuses personnes autour d'une prise de conscience. Des initiatives nouvelles fleurissent çà et là. Il s'agit aujourd'hui d'envisager que ce que vous appelez « votre organisme », nous dirions « votre temple », est tout à fait équipé pour gérer ce qu'il peut traverser en vivant sur Terre. Cessez de vous voir comme des victimes, passez sur le versant « acteur ». Acteurs de votre vie, acteurs de vos choix, acteurs de votre santé !

Pour conclure, nous dirons simplement que ce que vous cherchez encore à transmuter en cette période, c'est la peur. Et cette fois-ci, il s'agit de vous en défaire. Vous êtes en route vers d'autres dimensions, au sein desquelles la dualité n'existe pas. La peur est le virus de votre mental ! Au lieu de vous « montrer du doigt » les uns les autres, au lieu d'agir en mode « viscéral », transmutez la peur en lumière par l'Amour. L'amour est la reconnaissance de qui vous êtes...

Regardez, observez chaque peur qui resurgit, allez voir quelle est sa source, remerciez-la de vous avoir fait croître, puis laissez-la s'envoler. Accueillez en votre cœur cette peur, rassurez l'enfant intérieur, dites-lui que vous êtes là pour lui.

Cette époque est une porte vers un monde nouveau, soyez créatifs, inventez ce nouveau monde. Ne le créez surtout pas à partir de vos principes et usages terrestres. Innovez ! Ne vous laissez pas ensevelir sous le poids de toutes les énergies basses qui vous font perdre la raison. L'heure est aux choix conscients.

Il s'agit de déterminer la ligne vibratoire, la ligne de temps, diriez-vous, que vous souhaitez expérimenter. Descendez dans votre temple intérieur et reconnectez qui vous êtes. Si tout semble s'effondrer autour de vous, c'est que vous êtes appelés vers une meilleure version de vous-même...

Si chacun de vous garde le cap, le regard fixé sur son intention d'être amour et lumière, et lâche ainsi la peur de perdre son « ancienne » vie, tout est possible.

Vous êtes aux commandes, dans un monde de libre arbitre. Ne perdez pas la tête sous l'effet de la peur, de la colère ou du désespoir. Agissez, prenez chacun votre place, manifestez la plus belle expression de votre être.

Vous muez tous sous l'effet de ces puissantes énergies entrantes. Vous accrocher à l'ancien, à votre vie comme vous dites, est une perte d'énergie tout aussi insensée que penser pouvoir lutter contre un puissant tsunami.

Chacun doit aujourd'hui se recentrer sur sa mission, celle qu'il a choisie en venant sur Terre. Si un certain nombre de pièces du puzzle ne sont pas à leur place, cela favorise le chaos. Si vous donnez votre pouvoir par peur, si vous n'osez plus balayer tout ce qui n'est plus juste pour vous, vous êtes comme « inactivés ».

L'heure n'est plus à la polémique, au discours, mais au choix imminent d'être de ce nouveau monde. Chacun détient sa propre clé. Prenez de la hauteur, prenez part à ce qui vient, plutôt que de commenter et de nourrir énergétiquement ce qui s'en va... L'heure a sonné, à vos marques, prêts, partez ! Ce qui est déjà là ne peut être stoppé. Nous vous accompagnons dans ce passage vibratoire puissant.

Pastor : Il ne s'agit plus de faire un discours sur ce qui se passe autour de vous, sur qui vous « êtes » ni sur ce que vous faites. Soyez simplement constamment en accord avec votre « être profond ». Manifestez-vous en conséquence. Vos plus belles expériences sont celles où vous êtes vraiment vous-même. Chercher à l'extérieur l'amour, des sensations fortes, des solutions, un réconfort, est devenu vain. Vous devez comprendre que l'acteur, c'est vous. Vous êtes le réalisateur, le metteur en scène et le scénariste !

Collectif : Prenez des temps de reliance avec vous-même, au calme, loin de l'agitation extérieure.

Lena : Cela devient presque vital en ce moment. « Plus tu deviens silencieux, plus tu entends[36] »...

Pastor : Lena, tu viens de donner ici une clé vibratoire puissante. Nous consacrerons plus loin un pas de danse à quelques clés « essence-ciel » à intégrer dans « votre boîte à outils », dont l'importance du silence...

---

36. Lao Tseu.

Collectif: Attardons-nous pour terminer quelques instants sur la « mal a dit ». Que se cache-t-il derrière ? Nous vous proposons d'envisager ceci. Il se cache l'interdiction d'être qui vous êtes, de manifester ce que vous souhaitez dans votre cœur. Pour guérir, il faut finalement être apte à « désobéir » aux diktats familiaux, aux injonctions manifestées ou non, d'un compagnon, d'une compagne, de la « société » comme vous dites. Désobéir à un ordre implicite. Et pour ce faire, il s'agit d'en finir avec la peur de l'enfant intérieur, la peur de... ne pas être aimé. Encore et toujours !

Cette peur génère un manque de conscience, la conscience d'être qui vous êtes vraiment. Vous croyez que l'autre va vous aimer, vous protéger si vous faites ce qu'il attend de vous. Il n'en est rien. L'autre exigera de plus en plus. Si vous persistez, vous donnerez votre pouvoir et bien plus, votre essence, votre beauté intérieure. Et peu à peu, « vous tomberez malade », comme vous dites.

C'est à la fois une conséquence et un moyen d'essayer de sortir du piège. Certains en vont jusqu'à mourir, ne voyant que cette issue pour se libérer. La santé ne peut être présente que si vous êtes juste et authentique avec vous-même. Pour être qui vous êtes vraiment, il faut ôter des couches et des couches, qui sont ce que vous n'êtes pas !

Pastor: Il n'y a pas de plus beau moment que celui où l'on est soi, dans l'amour de soi...

Collectif: Envisagez ceci. Si une partie de votre humanité contracte une « mal a dit », ne serait-ce pas tout simplement « la désalignite » ? Le désalignement constant avec lequel vous êtes, l'inertie et l'obstination à ne pas être !

Cela par peur, par blessure et faute d'éveil. Il y a un « tiraillement », un écartèlement entre ce vers quoi vous êtes appelés, qui vous infuse chaque jour du fait de cette puissante lumière entrante, et votre conscience collective. Cette dernière est prisonnière de « l'avoir et du faire », donc de ce que vous appelez « le matérialisme ». Il s'agit d'un puissant prédateur.

Cet écartèlement est avant tout intérieur et individuel. Vous êtes tiraillés entre qui vous êtes et le besoin de correspondre encore à des attentes. Cela car vous êtes ensevelis sous des blessures parfois lointaines. Vous êtes appelés à être des phœnix, et vous vous mettez en même temps « des boulets aux pieds ». Souvenez-vous, tout conflit interne est susceptible de provoquer des malaises, des accidents, des « mal a dit »...

Pastor: Et si ce virus était là pour vous autoriser à être, à retrouver votre chemin, en affirmant votre nature profonde ? Méditez sur cela.

Collectif: Deux scénarios au moins se profilent. Malgré ce virus qui vient vous dire que « quelque chose ne tourne pas rond », un nombre insuffisant d'humains se réveillent, les autres préférant rester dans une sorte de « matrice matérialiste » quitte à perdre leur essence même. Et là, vous allez de manière collective vers une sorte de « transhumanisme[37] ».

Soit vous êtes suffisamment nombreux « à rêver », à manifester un autre champ des possibles, en prenant

37. Il s'agit d'une idéologie selon laquelle l'homme serait une machine biologique, et qu'il serait donc légitime d'augmenter ses capacités physiques et mentales à l'aide de technologies intrusives, externes ou internes au corps humain.

conscience de votre véritable nature. Et là, vous créez un monde d'amour et de lumière !

Pastor : Vous avez à choisir entre votre connexion naturelle à votre âme, à votre esprit, qui sont les garants de votre liberté et de votre « êtreté » ou une connexion artificielle à une foultitude d'objets externes et internes à votre corps. Allez-vous vous diriger vers un monde au sein duquel « nul ne pourra acheter ou vendre sans la marque de la bête[38] ? »

Collectif : Il y aura sans doute autant de choix que de personnes incarnées, et autant de destinations également. Toutefois, tout ce qui n'est plus suffisamment élevé vibratoirement sera dissous d'une manière ou d'une autre, car cette puissante lumière est déjà là et ne fait qu'accentuer sa manifestation.

Plutôt que de perdre votre temps à chercher les intérêts de ceux qui préfèrent la première hypothèse, soyez amour, lumière, prenez votre place et manifestez la meilleure version de vous-même.

Pastor : Au sein de cet univers multidimensionnel, ce que vous considérez comme le futur est simplement le fruit de vos intentions présentes. Chaque pensée, chaque émotion a une énergie vibratoire particulière, qui génère ce que vous vivez et vivrez. Toutefois, tout est modulable et réajustable à chaque seconde.

Collectif : Nous en resterons là. Néanmoins, tout au long de cette œuvre, vous trouverez un éclairage sur ce que vous vivez actuellement. Cela dépasse largement vos soubresauts sociétaux. Veuillez juste le laisser infuser, si vous le souhaitez...

---

38. Il est fait ici référence à *l'Apocalypse de saint Jean.*

Pastor: Envisagez ceci. Une grande partie de votre humanité n'a pas encore compris qu'elle a une âme, une conscience, qui n'est pas dans son cerveau. Elle en est bien distincte. Elle ignore encore ses potentiels illimités. Ceux-ci vont bien au-delà de toutes vos inventions, de toutes vos technologies terrestres. Finalement, le choix est de donner les clés de votre maison de manière aveugle, ou de rester souverain. Mais, si vous refusez collectivement de prendre conscience de ce qui est aujourd'hui, vous allez, comme vous dites, « vous prendre un mur ». Cela en premier lieu de manière individuelle. Comment pouvez-vous, par peur, par besoin de reconnaissance, de pouvoir, renier votre véritable nature ? Aucun pouvoir n'est extérieur à vous ou ne s'achète.

Êtes-vous malades et menacés par un virus ? Souffrez-vous plutôt de votre incapacité, du déni à regarder en face « le futur » que l'on vous propose ? Il ne s'agit pas d'être en colère, puisque ce futur potentiel est la résultante de votre intention, de votre « courage » à être. Et ce, même si cela bouleverse toute votre vie. Vous connaissez l'expression « reculer pour mieux sauter », cela ne fonctionne pas, et ne fonctionnera jamais. Surtout en cette période. Car tout ce qui n'est pas juste est pulvérisé.

Certains humains seront abasourdis, « tomberont de haut » comme vous dites, lorsqu'ils constateront que la fiction qu'ils ont bâtie s'effondre. Restez centrés dans l'amour, regardez devant vous. Cela sans quitter votre destination GPS de cœur.

Souhaitez-vous manifester qui vous êtes vraiment, ou renoncer, et avoir une identité numérique ? Et, encore une fois, il n'y a ni gentils, ni méchants. Le collectif humain récoltera ce qu'il a semé.

Restez centrés, ne faites aucune projection. Arrêtez de parler pour ne rien dire, soyez ! Si vous vous attendez à des évènements négatifs, vous les attirez. Soyez *a minima* dans « une neutralité temporaire », tout en œuvrant à redevenir rapidement conscients. Entretenez la joie, une joie pure.

Il est urgent de vous réveiller, de vous consacrer à la seule chose importante aujourd'hui, « être » et manifester la plus belle version de vous-même. Et pour ce faire, choisir chaque matin et l'affirmer : « Je suis amour, je suis lumière ». Sans oublier de le manifester.

Collectif: Il s'agit finalement aujourd'hui de transcender, de transmuter le monde dans lequel vous vivez. Cela ne signifie pas nécessairement se retirer de celui-ci. Cela consiste plutôt à vous manifester sans chercher à améliorer l'image que l'on a de soi à travers le regard de l'autre.

Pastor: En d'autres termes, essayer de correspondre aux attentes de l'autre pour être reconnu ou aimé est vain.

Collectif: Il ne s'agit plus de renforcer l'image que vous avez de vous-même. Lorsque vous y serez parvenu, vous serez dans ce monde sans être de ce monde ! Vous aurez lâché tout besoin d'identification à ce qui vous entoure, tout besoin de reconnaissance.

Au-delà même de cela, il ne s'agit pas de vouloir être davantage accompli, de chercher à atteindre un état que vous jugez être « la perfection ». L'heure n'est même plus à vouloir être dans une forme de complétude, ou de plénitude. Car en faisant cela, vous êtes déjà projeté vers un hypothétique futur.

Pastor: Vous cherchez finalement le bonheur, mais vous vous trompez de placard. Ce n'est pas dans celui de la dualité que vous le trouverez ! Car ce dernier vous promet le bonheur, vous le vend même. Il vous laisse à penser que vous n'êtes jamais assez rapide, assez fort, assez riche, assez beau, assez puissant... Il vous fait croire que plus vous pouvez posséder, plus vous serez heureux.

Lorsque vous avez acheté, lorsque vous vous êtes conformé, lorsque vous avez renoncé, vous vous apercevez que vous n'êtes toujours pas plus heureux finalement. Le diktat véhiculé par l'ego est « cherche mais ne trouve pas[39] ».

Vous recherchez le Graal dans l'avenir, mais ce futur n'arrive jamais ! De ce fait-là, vous expérimentez la souffrance, qui vous permet de comprendre qu'il ne s'agit pas du bon placard.

Collectif: Les réponses, le chemin et la destination, c'est vous ! Vous vous êtes identifiés au monde factice que vous avez créé, ou auquel vous vous êtes conformés. Cela peut vous conduire à un désarroi profond. Vous comprenez que vous vous êtes identifiés au personnage, que vous n'êtes finalement pas.

Alors, tournerez-vous vers votre présence « je suis », pour retrouver la conscience ? Elle n'est pas cette conscience conditionnée que vous connaissiez. Cette dernière vous conduit à vous perdre dans les méandres du paysage que vous avez inventé. Puis, lorsque vous aurez trop souffert, lorsque vous aurez généré trop de douleur, vous lâcherez enfin prise. Vous connaîtrez une forme d'éveil, qui vous permettra de comprendre que celle-ci ne vous est plus nécessaire. Et vous serez alors dans la gratitude envers

39. Cette même phrase est d'ailleurs mentionnée dans *Un cours en miracles,* de Helen Schucman et William Thetford, Éditions Octave.

vous-même. Car si vous ne vous étiez pas perdu, si vous n'aviez pas « souffert », vous n'auriez peut-être pas « de sitôt » connu cet état.

Pastor: Aujourd'hui, le personnage n'a plus de raison d'être, vous n'êtes plus obligés de vous perdre, ni de souffrir. Vous pouvez vous éviter cela en vous « désidentifiant » du personnage, de la pièce de théâtre, en vous éloignant de ceux qui souhaitent vous faire jouer un rôle.

Collectif: Il n'y a plus de scénario à écrire, de pièce à jouer, de rôle à interpréter. Il s'agit simplement de faire étinceler la particule de lumière que vous êtes !

CINQUIÈME PAS DE DANSE

Qui sont les premiers de cordée ?

Lena : Si tu es un premier de cordée, lorsque tu seras sur la piste de danse, tu pourras avoir envie de lâcher prise, d'inventer un nouveau pas. Alors, fais-le ! Si, au contraire, tu as envie de refléter parfaitement le « mouvement » de la danse que tu exprimes, pose-toi simplement ces questions : est-ce que je me suradapte ? Si oui, pourquoi ?

Collectif : Lorsque vous revenez dans un corps physique en cette période d'ascension vibratoire, surtout si vous êtes stellaire, vous avez en général décidé de le faire par amour. Il s'agit d'un appel profond, qui vous pousse à venir favoriser ce passage, en contribuant au réveil d'un maximum de Terriens, pour que cette transition se fasse le plus en douceur possible.

En général, vous êtes assez perfectionnistes et vous décidez alors d'expérimenter, dès votre plus jeune âge, en choisissant une famille au sein de laquelle vous serez un premier de cordée. Souvent, ce seront des âmes plus jeunes, moins expérimentées. Certains sont des Stellaires qui ont eu peur, se sont soit coupés d'eux-mêmes, ou se sont suradaptés.

« Les centres de système » sont venus dire que d'autres manières d'être sont possibles. C'est pour cela qu'ils sont souvent rejetés dans leur famille, perçus comme « de vilains petits canards ».

Néanmoins, si le centre du système, le Soleil, n'est pas à sa juste place, les planètes autour ne peuvent pas graviter...

Nous insistons. Les « premiers de cordée » doivent prendre leur place actuellement. Sinon, c'est comme dans une entreprise, si la moitié du personnel est absente, l'autre compense !

Vous avez choisi ce scénario par amour. Arrivés sur Terre, vous pensez pouvoir faire « évoluer », comme vous dites, les autres membres du système, de la famille. Vous avez souvent oublié qu'il n'était pas possible de tirer, de pousser ou de changer qui que ce soit, même ceux que vous aimez très fort. Alors très rapidement, vous allez vous demander ce que vous faites dans cette famille-là.

Pastor: Les premiers de cordée sont souvent venus « alléger » leur arbre généalogique, l'illuminer. Vous venez le libérer des croyances enfermantes, des mémoires et stigmates liés aux traumatismes qui se répètent, et donc de tous les phénomènes redondants. Vous venez affirmer qu'il existe une autre voie...

Comprenez, mes amis, en termes d'évolution vibratoire, vous pouvez être dans un corps d'enfant et être « à l'université ». Vous pouvez aussi être une personne âgée et être « à la maternelle ». Un certain nombre d'« adultes » disent encore : « tu me dois le respect car je suis ton aîné »...

Cela n'a pas de sens. Chacun doit respecter l'autre, quel que soit son âge. J'irai même plus loin en disant que le respect, on le suscite par qui l'on est, par la manière dont on se manifeste. Il ne se doit pas.

C'est comme, pour les Français, comme vous dites, votre « emblème » : liberté, égalité, fraternité. La liberté est votre nature même. Égalité ? Vous êtes tous différents... Il ne s'agit pas de revendiquer l'égalité, mais plutôt de se rendre compte que vous êtes simplement « des parcelles du tout en voyage ». Vous êtes libres ET reliés. Fraternité ? Cela ne se décrète pas. C'est votre nature, retrouvez-la simplement !

Je suggère de méditer plutôt sur ces termes universels. Ils ne connaissent pas les frontières : « amour, unité, complémentarité, êtreté ».

Collectif: Merci Pastor pour ce complément fort juste. Donc vous arrivez dans une famille, souvent avec certains êtres que vous connaissez de plus ou moins longue date. En effet, vous réincarnez par groupe. Vous avez d'ailleurs pu jouer maints rôles les uns les autres : parent, enfant, frère, sœur, beaux-parents, etc.

Selon le scénario des autres vies, et la puissance du lien qui vous unit, vous allez plus ou moins souhaiter puissamment « venir au secours » de ces personnes. Et souvent, depuis très jeune, vous constaterez qu'elles ne le comprennent pas et vous « fracassent », justement car vous les dérangez. Elles ont peur de changer, n'ont pas envie de vous entendre. Peut-être même votre énergie les effraiera ou vous jalouseront-elles ? Et vous, le premier de cordée, vous allez vous demander pourquoi elles agissent ainsi, vous allez être déçus des adultes, vous allez souffrir de cette forme de rejet.

Comprenez que lorsque l'on endosse ce rôle, il s'agit d'un don pur... Alors oui, vous ne recevrez peut-être ni amour suffisant ni reconnaissance. Mais vous êtes des âmes qui sont « à l'université », comme le dit Pastor. Alors les exercices sont ceux de « l'université ».

De plus, il s'agit de vous souvenir de ceci. Vous devez vous aimer vous-même en premier lieu. Vous reconnaître vous-même. C'est bien vous qui devez être « fiers » de qui vous êtes !

Au sein de ce cycle d'existences, vous êtes venus manifester dans cette incarnation-ci votre plus belle œuvre. Et pour cela, il s'agit d'exprimer pleinement votre puissance, sans fausse modestie ni ego démesuré.

Nous répéterons encore et encore cette phrase clé, afin que vous puissiez finalement en saisir toute la portée vibratoire.

Voici un mantra que vous pourriez répéter encore et encore en cette période : « Je suis venu manifester pleinement qui je suis, je suis venu exprimer ma pleine puissance sans fausse modestie ni ego démesuré. Et qu'il en soit ainsi... »

Pastor : I am what I am[40]. À ce propos, je prie Lena de vous inviter à écouter cette belle chanson du même nom. Lisez ce joli texte. Lena, merci de mettre le texte en annexe.

Collectif : Pour revenir maintenant à notre propos, vous venez aussi expérimenter, « apprendre », comme vous dites, à incarner ce rôle de premier de cordée.

40. Je suis ce que je suis. La chanson évoquée par Pastor est de celles de la comédie musicale de Broadway, *La Cage aux folles*. Elle a été composée en 1983 par Jerry Herman, et a remporté un succès mondial reprise par Gloria Gaynor. Voir le texte en annexe.

Expérimenter l'amour « inconditionnel », comme vous dites, apprendre la compassion.

Si nous considérons ceci en prenant de la hauteur, nous dirions que l'important n'est pas que vous veniez faire « évoluer » ceux qui vous entourent, mais bien que vous rayonniez et œuvriez à « nettoyer » votre générationnel dans son ensemble.

Comment ? En prenant votre place, en comprenant quel rôle chacun a choisi de jouer et jusqu'à quel point il a réussi à le faire. Compassion, tel est le mot-clé. Compassion ne signifie pas pardonner. Pardonner ne veut rien dire du plan sur lequel nous nous trouvons.

« Compassion », c'est se rendre compte que l'autre a été un excellent enseignant pour vous, et surtout qu'il a fait ce qu'il a pu. Puis ne plus vous charger de sentiments réactionnels, tels la colère, la pitié, le rejet... Ces énergies vous emprisonnent encore davantage.

En choisissant cette place de centre de système, vous êtes venus prendre conscience que donner, c'est ne rien attendre en retour.

Pastor: Vous êtes également venus faire un grand coup de ménage vibratoire, afin que chacun des membres de votre lignée, que ce soit vos ascendants vivants ou décédés, autant que vos descendants nés ou à naître, soient en mesure de faire le choix de se libérer.

N'est-ce pas là un pur acte d'amour, d'une puissance infinie. Permettre à ceux qui, décédés, étaient « restés coincés », prisonniers de leurs douleurs, de leurs incompréhensions ou de leur remords. Leur donner la possibilité de faire le pas, de comprendre le sens de tout cela, de lâcher prise, pour enfin poursuivre leur route.

Et ainsi libérer leurs descendants des sacs à dos qui n'étaient pas les leurs. Prévenir la cristallisation sur un membre de la lignée particulièrement en résonance avec ce nœud vibratoire, avec cette thématique, du fait de ses différentes vies. Cela peut générer des scénarios très douloureux, si cela n'est pas fluidifié.

Collectif: Donc vous n'êtes pas venus porter à la place d'un autre membre de la famille, ou le tirer, mais bien pour prendre et assumer votre rôle. Celui d'une vieille âme, souvent stellaire, qui vient permettre l'allègement d'un groupe d'êtres, d'une lignée. Vu sous cet angle, cela vous donnera l'énergie de vous y mettre. Cela vous évitera également de vous perdre dans un acharnement improductif, de vous engluer dans des souffrances inutiles.

En libérant votre lignée, vous vous libérerez également.

Pastor: J'entends résonner: oui, mais comment? Cher collectif, me permettez-vous de répéter ce joli second mantra? Je l'affectionne tout particulièrement.

Collectif: Nous percevons ici ton impatience, cher Pastor. C'est attendrissant de voir qu'une si vieille âme, la tienne, qui ne s'est pas incarnée depuis si longtemps, a gardé l'impatience d'un enfant.

Pastor: Oui! L'idée est la suivante: ayez une intention claire pour vous-même, cessez d'envoyer des messages vibratoires contradictoires. Le pourquoi et le comment sont notre affaire, à nous les guides.

Elle peut se décliner ainsi: « J'ai l'intention de rencontrer l'homme, la femme "parfaite" pour moi. Merci l'univers d'entendre ce message et de mettre sur mon chemin les synchronicités qui me le permettront ». Pour cela, il est important que vous soyez vous-même prêts. J'entends par là, « alignés » avec qui vous êtes, en ayant comme seule intention le partage.

Nous reviendrons d'ailleurs sur ce point lorsque nous évoquerons la relation homme-femme. Vous pouvez d'ailleurs adapter ce mantra à tous les aspects de votre vie.

Collectif: Merci Pastor. Les premiers de cordée sont donc des centres du cercle, ces centres de système. S'ils font un pas vers eux-mêmes, ils permettent à tout le système de le faire. D'ailleurs, votre psychologie a repris cette notion différemment, tout comme le monde de ce que vous appelez « le travail »[41].

Pour le comment, nous allons néanmoins vous donner une clé. Il est souvent difficile de « nettoyer seul » son générationnel. Alors si cela vous facilite les choses, surtout lorsque les nœuds sont nombreux, faites-vous accompagner. Il existe de nombreuses approches qui le permettent.

Pastor: Oui, et lorsque les accompagnants sont des êtres faits d'une certaine fibre, ils permettent une réelle décristallisation vibratoire. Ce sont « des nettoyeurs à haute pression » ! Nous y reviendrons lorsque nous évoquerons la notion de multi-existences.

Collectif: Pour conclure, nous invitons par conséquent les premiers de cordée à prendre leur place, car tout s'accélère. Vous êtes balayés par un puissant vent vibratoire. Si vous anticipez, la rafale sera moins surprenante.

Pastor: Nous ne nous attarderons plus très longuement sur l'origine de la peur. Nous abordons dans ce recueil la position des Stellaires, des premiers de cordée qui, très

---

41. Le collectif fait ici référence à l'approche systémique en psychologie et à l'analyse stratégique des organisations.

vite après leur arrivée sur Terre, comprennent l'ampleur de la mission qu'ils ont acceptée. Néanmoins, plus vous la percevez en prenant de la hauteur, en lâchant prise, plus vous la mettez en œuvre de manière fluide. Ceci est d'ailleurs valable pour tout ce que vous expérimentez au cours de votre vie terrestre.

Collectif: Un autre facteur à l'origine de la peur de l'humain est une forme de mémoire inconsciente de ce qu'il a pu vivre de traumatique, ou « commettre ». Cela de manière peu juste. Cela souvent sous forme « d'abus de pouvoir ».

Une grande partie d'entre vous a expérimenté une mort violente, l'abandon, le rejet. Si vous n'avez pas revisité les évènements particulièrement traumatiques de ce type, un nœud vibratoire demeure sur une certaine « ligne de temps ».

Pastor: C'est un peu comme lorsque vos anciens « disques 33 tours » étaient rayés !

Collectif: Oui, l'image est juste et légère. Alors vous êtes encore dans la peur en arrivant dans cette incarnation. Souvenez-vous que chaque vie est comme une bande magnétique qui contient l'ensemble de ce que vous avez expérimenté. Lorsque vous passez de l'autre côté, vous laissez pour un temps cette bande en suspens dans l'éther. Et lorsque vous revenez, vous la récupérez.

Pastor: Eh oui, vous récupérez les dossiers là où ils en sont restés, et les casseroles brûlées non récurées !

Collectif: Ainsi, comme nous l'avons dit, si nous prenons l'exemple des guerres, ceux qui ont été violemment tués, ou ont tué, se trouvent comme figés après la mort. Ils revivent encore et encore le même mauvais film. Jusqu'à ce qu'ils acceptent d'être morts, et la manière dont cela est arrivé. Jusqu'à ce qu'ils comprennent quel était l'apprentissage dans cette vie-là, puis acceptent de lâcher prise et de s'en aller.

Ils transitionnent souvent en séjournant quelque temps au sein de « l'hôpital de l'invisible » (c'est une image, bien entendu), puis au sein du « jardin de la convalescence ».

Le temps qu'ils « récupèrent leurs esprits », régénèrent « leur éthérique ». Ensuite, ils vogueront sur le plan de conscience sur lequel ils sont attendus, pour poursuivre leur chemin.

Pastor: Merci Lena pour ce joli terme que tu nous as offert : « jardin de la convalescence ». Comprenez ceci, notre Lena n'est pas uniquement un récepteur, mais aussi « un émetteur ». Sa vieille âme converse avec nous !

Collectif: Oui et cela est fort plaisant. Lorsque vous œuvrez à libérer une vie au sein d'une période de ce type, il est fréquent que vous permettiez la libération de nombreuses âmes errantes[42].

Le phénomène est le même lorsque vous avez abusé de votre pouvoir, de votre puissance. Dans ce cas, vous avez à cœur de revenir encore et encore pour parfaire ce qui n'a pas été juste. Alors, vous vous créez des scénarios douloureux sans fin. Derrière cela, une forme de peur de ne pas être suffisamment « bons », pas assez dans l'amour.

Et lorsque vous revenez, vous craignez inconsciemment d'avoir « mis la barre un peu haut ».

---

42. C'est ce que j'accompagne et favorise lors des séances de libération énergétique et de reconnexion vibratoire.

Collectif: Cela fait des siècles et des siècles que l'humain se perd dans la violence, la sienne tout d'abord. Cela fait si longtemps que la peur, le manque d'amour, en premier lieu pour vous-même, vous dirige.

Cela a généré tellement de « carnages », de guerres... Aujourd'hui, vous êtes appelés à devenir adultes, à cesser de toute urgence ces comportements empreints de dualité. Vous devez vous alléger individuellement de toutes ces lourdeurs. Ainsi, vous permettrez à la grille cristalline de votre Terre de s'alléger. La grille cristalline enregistre toutes les réactions de l'humain aux évènements. C'est la mémoire de la Terre. Aujourd'hui, comme vous, elle doit se faire légère.

De même, vous avez individuellement et collectivement écrit et mis en scène depuis des siècles de nombreux films d'horreur. Il est de votre « devoir » aujourd'hui de les « décristalliser », de les transmuter en lumière.

Pastor: Comment ? Encore comment ? En en prenant conscience. En allant vider toutes ces poubelles énergétiques, comme nous venons de le voir.

Collectif: Nous allons ici peut-être susciter quelques réactions viscérales violentes. Néanmoins, notre propos ne se situe pas dans le registre vibratoire de la troisième dimension. En prenant de la hauteur, vous comprendrez qu'il ne s'agit ni de nier, ni d'oublier, ni de vouloir à tout prix se souvenir de ces périodes tragiques de l'humanité. Il s'agit de... les transcender, de les transmuter. Il faut également œuvrer individuellement à vous polir, à ascensionner vibratoirement, afin que vous n'ayez plus besoin de réécrire des films aussi peu lumineux.

L'humain est en mutation, sa fibre génétique même change. Il peut aujourd'hui passer une porte vibratoire d'une importance que vous ne soupçonnez même pas. Allez-vous continuer à être des chiens[43] attachés à leur laisse, et qui sans elle sont souvent perdus ? Au contraire, serez-vous des loups libres, impliqués dans la mise en œuvre de ce nouveau monde d'amour et de lumière ?

Pastor: Alors, resterez-vous en prise avec la peur de ce virus, et derrière lui de la mort, de la perte de vos habitudes ? Allez-vous poursuivre votre chemin en évoluant dans un marécage ? Ou accepterez-vous de vous élever au-dessus de tout cela ? Réussirez-vous « le test » proposé de nouveau aujourd'hui ? Cela individuellement et collectivement ? Les tests vous sont proposés, que cela soit sur un plan individuel ou collectif, tant que vous ne les avez pas dépassés.

Collectif: N'oubliez jamais que ce que vous appelez « le futur », vous le construisez en fonction de vos peurs, de vos pensées, via la teneur vibratoire de vos émotions. Et plus ces dernières sont élevées et subtiles, plus la résonance est puissante. Néanmoins, si vous émettez des réactions de peur, de colère, vous renforcez les évènements en cours.

Prenez de la hauteur. Quel est le programme derrière ce qui a été appelé « une pandémie » ? On vous propose aujourd'hui deux versions possibles de ce que vous appelez « l'avenir », deux scénarios différents. Chaque évènement qui survient dans votre vie individuelle ou collective peut être un tremplin vers un nouveau « monde » ou une des-

43. Le collectif fait ici un clin d'œil à la fable de Jean de La Fontaine *Le loup et le chien,* cinquième fable du livre 1, éditée pour la première fois en 1668. Il reprend également le parallèle métaphorique et initiatique avec le loup, évoqué en fin d'introduction.

cente dans le marécage… L'acteur, c'est vous, chacun de vous. Quel film souhaitez-vous jouer ?

Sachez dire non à ce que vous ne voulez pas. Cela sans vibrer la peur ni la violence. C'est la clé.

Vibrez la joie, manifestez « votre puissance je suis », rayonnez l'être souverain que vous êtes. Vibrez des projets solidaires, en coopération. Apprenez à devenir autonomes, à valoriser la nature au lieu de la détruire. Collaborez avec les animaux. Ils vous soutiennent en cette période. Ayez l'intention de rejoindre des projets innovants, d'en être à l'initiative, allez vous installer près de la nature si cela est propice. Et n'oubliez jamais, on ne voit bien qu'avec son cœur[44] et on ne crée pas « son avenir » avec son mental. On le projette et le manifeste avec son cœur…

Pastor : Choisissez-vous un futur où l'on vous prive de vos libertés au profit de pouvoirs économiques et financiers ? Préférez-vous un monde d'amour et de lumière ? La Terre, elle, a fait son choix, avec ou sans vous…

Collectif : Si vous réagissez (encore) sur le même mode que ceux qui vous imposent leurs choix, vous vous perdez.

Lena : Oui… Je pense ici à cette phrase d'Albert Einstein : « On ne peut résoudre un problème avec le même mode de pensée que celui qui l'a généré ».

Collectif : C'est un fait. La conscience, c'est également la capacité à retrouver son libre arbitre et à le manifester. C'est vivre au sein du multivers[45], en étant apte à passer

44. « On ne voit bien qu'avec le cœur. L'essentiel est invisible pour les yeux. » *Le Petit Prince*. Antoine de Saint-Exupéry.

45. Le multivers signifie ici l'ensemble des galaxies.

d'une ligne vibratoire à l'autre. C'est l'aptitude à choisir votre vie et à en changer...

Sortir de la peur, reprendre « votre vie en main », savoir que vous êtes puissants et surtout pas fragiles. Comprendre que vous êtes en capacité d'agir pour vous-mêmes, et par vous-mêmes. Vous n'avez pas besoin de validation, vous n'êtes pas obligés de vous soumettre à ce qui n'est pas en accord avec votre cœur. Vous êtes tout sauf... impuissants.

Car cette « guerre » est bien plus sournoise que les précédentes.

Et comme systématiquement, nous, les êtres de l'invisible, nous vous invitons à saisir cette jolie occasion. En profiter pour comprendre que vous êtes désormais suffisamment « grands » pour cheminer à la lueur de votre lumière intérieure. Ce « phénomène » actuel vous donne le temps, et vous permet même, de faire un arrêt sur image. Profitez-en pour réajuster votre trajectoire personnelle et collective. Choisissez d'en finir avec le collier et la laisse...

Collectif: Néanmoins, le principe du libre arbitre demeure sur Terre et chacun choisira... Notre rôle est simplement de vous inviter à le faire en conscience. « Tout ce qui ne remonte pas en conscience revient sous forme de destin. » (Carl Gustav Jung)

Certains profitent de cette période pour « tirer leur révérence », car ils ne se sentent pas assez forts pour vivre cette période. Nous l'avons déjà évoqué. Ils poursuivront ailleurs, autrement.

SIXIÈME PAS DE DANSE

Plusieurs existences simultanées au sein d'un même cycle

Lena: Tandis que tu danses, je t'accompagne parfois. Je suis un funambule qui joue sur le fil de chacune de tes existences, facilitant le retour de la fluidité, pour que tu danses, en toute liberté, ta propre danse. Ils me montrent le chemin sur ce joli fil doré. Chaque être de l'équipe au sol participe à ce ballet sur toutes les « lignes de temps ».

Pastor: Merci Lena. Merci à chacun de vous d'oser être... Avant de commencer ce paragraphe essence-ciel, je souhaiterais que tu insères ici un texte particulièrement puissant et juste...

Lena: Le voici[46].

« Il existe un tunnel obscur dans la lumière
infinie. On l'appelle "temps".
Lorsqu'un humain entre dans ce tunnel,
on appelle cela "naître".

46. Ce texte est généralement attribué à Lao Tseu.

Lorsqu'un humain marche le long du
tunnel, on appelle cela "vivre".
Lorsqu'un humain sort du tunnel,
on appelle cela "mourir".
Considérer que vivre se réduit à évoluer le long
du tunnel obscur, cela s'appelle "illusion".
Faire des trous dans ce tunnel obscur,
cela s'appelle "science".
Savoir que la lumière est autour du
tunnel, cela s'appelle "foi".
Voir la lumière dans ce tunnel obscur,
cela s'appelle "amour".
Voir la lumière à travers ce tunnel
obscur, cela s'appelle "sagesse".
Éclairer le tunnel obscur de sa propre
lumière, cela s'appelle "sainteté".
Confondre la lumière et le tunnel obscur,
cela est au-delà des mots. »

Collectif: Merci pour cette jolie introduction... Nous allons évoquer maintenant un concept qui, pour de nombreux êtres présentement incarnés, est « novateur », comme vous dites.

Nous nommerons ce processus « multi-existences ». Il consiste à considérer que vous vivez jusqu'à neuf existences simultanément.

Pour pouvoir « comprendre » ceci, il faut préalablement considérer la notion de « temps » différemment de la façon dont vous la concevez encore souvent sur Terre. Nous avons consacré un long paragraphe à ce sujet dans *L'Envol vers soi*. Nous y reviendrons ici de manière synthétique, avec l'unique objectif de faciliter la compréhension.

Pour ce faire, il est nécessaire de différencier la notion d'« espace-temps », qui correspond encore à ce que la majorité sur Terre considère être « le temps », de la notion de « temps espace ». L'espace-temps est lié à un monde qui se situe en troisième dimension (et même en quatrième dimension[47]), un monde où règne la dualité, où le moteur est le « faire ». Ce temps-là repose sur des données que vous considérez comme « concrètes ». Il s'agit de réglementer, de contrôler, de segmenter. Les humains qui vivent ainsi ont besoin du temps. Car ils ont besoin d'un passé, d'un présent et d'un futur.

Pastor: Eh oui, c'est ainsi que la notion de temps apparaît. Elle est également liée à la manière dont vous vous percevez en tant qu'être. Vous entrez en relation avec ce qui vous entoure par vos sens physiques. Finalement, c'est votre corps physique qui vous permet d'entrer en contact avec ce et ceux qui vous entourent.

Collectif: En d'autres termes, l'« espace-temps » est cet univers où vous n'envisagez que votre partie incarnée. Le « temps-espace » est lié à la notion de multidimensionnalité. Il s'agit d'un univers quantique, non physique, constitué d'un « temps non fini ». Nous utilisons une image pour faciliter la compréhension. Au sein de cet espace, c'est la conscience qui permet d'expérimenter les différentes dimensions vibratoires. Il n'y a plus de dualité, plus de « faire ». Seul l'« être » existe. Il n'y a donc plus non plus de passé, de présent et de futur. Tout existe dans un éternel présent. Les possibilités sont illimitées...

47. Ces notions sont également précisées dans *L'Envol vers soi.*

Pastor: Si vous faites effondrer le temps, vous expérimenterez l'espace. *A contrario,* si vous faites effondrer l'espace, vous expérimenterez le temps. C'est l'histoire de cette période d'ascension vibratoire, et c'est bien ce choix que chacun de vous est en train de faire.

Collectif: En effet. Ainsi, si vous vous situez dans le « temps espace », vous pourrez aisément envisager que toutes vos existences se déroulent simultanément, dans un éternel présent, communiquent entre elles, et même « s'alimentent » les unes les autres.

Pastor: C'est de cette manière que notre Lena œuvre durant ses séances de nettoyage énergétique et de reconnexion vibratoire. Sa pratique est simplement quantique.

Collectif: Oui, sa structure énergétique à la fois fine et puissante permet une nouvelle connexion vibratoire.

Pastor: Le processus consiste à « désincruster les blocages en les faisant remonter à la conscience », en percevant le sens de ce qui a été vécu, en finissant par les remercier pour ce qu'ils vous ont appris. Puis il s'agit d'impulser une nouvelle fréquence, afin que la personne, remise sur son chemin, puisse fonctionner sans être « parasitée ». Les virus sont ôtés, tous les corps énergétiques sont réactivés, et encodés différemment. Comme le dit Lena : « Reset, mise à jour et intégration d'un logiciel plus puissant, tel est le processus ». C'est ainsi qu'elle intervient en qualité d'opératrice.

Collectif: Nous allons détailler un peu. Lorsque Lena « opère », car finalement, sur un autre plan, il s'agit d'une véritable opération vibratoire, c'est comme si elle décryptait un à neuf écrans de télévisions simultanément.

Chacun de ces écrans raconte l'histoire d'une vie, sur Terre ou ailleurs, et l'ensemble de ces neuf vies constituent un cycle d'existences. C'est comme si « la cellule souche » que vous êtes, qui est une partie du « Tout venu s'expérimenter », déclinait cette expérimentation en cycles de neuf vies. Chaque cycle comprend une intention générale, une sorte d'objectif de « travail », qui se manifeste différemment, et de manière complémentaire, durant ces neuf vies. Puis à l'issue du cycle, l'objectif change.

C'est pour cela que vous pouvez avoir vécu sur un certain nombre de « planètes », et en avoir conservé les caractéristiques. Néanmoins, dans cette vie-ci, vous êtes relié plus particulièrement à une à deux d'entre d'elles.

Au sein de ce cycle, deux à trois existences se déroulent sur des dimensions qui ne sont pas terrestres. Cela peut être un plan stellaire, l'intra-Terre, au sein du « petit peuple de la nature ».

Au sein de ce cycle de neuf existences, vous n'expérimentez pas à la fois des vies humaines et au sein d'autres règnes (animal, végétal). Il y a une sorte de « chronologie ». Dans un cycle, vous pourrez expérimenter des manifestations végétales, et peut-être commencer à vivre au sein du règne animal. Dans un autre, vous aurez des existences animales, sous forme d'animaux sauvages et domestiques, par exemple.

Pastor: Dans un autre cycle des vies humaines et stellaires, dans un autre des vies humaines, au sein du petit peuple de la nature et de l'intra-Terre. Cela donne une couleur particulière à la manière dont vous vous manifestez au sein de chacun d'eux.

Collectif: Au sein de chaque cycle, vous avez un point particulier à « garder dans votre conscience ». Il est comme un « axe de travail ». Vous le déclinerez ensuite au sein de vos différentes existences, sur les plans vibratoires sur lesquels vous vous manifesterez.

Pastor: Eh oui, comme vos « réunions » ont un ordre du jour, il y a des thématiques de cycle !

Lena: Prenons un exemple. Pour certaines personnes, il s'agit d'expérimenter comment équilibrer la polarité masculine et féminine à l'intérieur de soi. Ainsi, au sein du cycle, elles auront choisi des vies d'hommes en priorité, dans des époques où l'idée généralement véhiculée est que la femme est « faible et fragile », ou qu'elle ne peut pas manifester sa puissance. Sur une autre ligne de temps, dans une autre vie, ces personnes seront peut-être une femme « connectée », qui ose affirmer ce qu'elle ressent et le manifester. Peut-être aura-t-elle été malmenée ou même tuée de ce fait-là. Dans une autre, la personne se manifestera en choisissant de le peaufiner au sein d'un couple homosexuel. Ce ne sont que des exemples.

L'apprentissage est vaste. Il s'agit de comprendre en premier lieu que la femme est tout sauf fragile et impuissante. Elle a une puissance « féminine », qui peut se manifester pleinement.

Peut-être y aura-t-il une nuance à intégrer également. Dans la vie présente, ces personnes devront se rendre compte qu'elles n'ont pas choisi d'expérimenter de « mourir pour des idées », même « de mort lente »[48] ! Simplement se manifester, comme vous le dites « sans fausse modestie ni ego démesuré » et éviter de chercher à convaincre...

---

48. Il s'agit ici d'un clin d'œil en référence à la chanson de Georges Brassens, *Mourir pour des idées*, 1964.

Œuvrer dans sa caverne, rayonner sa lumière, ou s'épuiser à vouloir « faire évoluer » un collectif humain, qui n'est pas prêt à cela ? Quelle est la voix la plus juste ?

En tant qu'homme, il s'agira de percevoir comment être juste, comment manifester sa polarité féminine, sans avoir peur d'être jugé. Cela empêche en aucun cas d'être dans sa masculinité.

Dans certaines vies d'hommes, ces personnes auront souvent laissé derrière elles femmes et enfants, pour porter une parole ou mener à bien une mission, un engagement « professionnel », ou « moral ». Elles peuvent là aussi le faire au détriment de leur vie. L'apprentissage qui en résulte est de venir à bout d'un diktat : « le sens du devoir ». Il s'agit de questionner l'ego et la capacité à prendre de la hauteur.

Si ces hommes, dans cette incarnation, retrouvent la femme qu'ils ont « laissée derrière » sur cette ligne de temps là, ils sont susceptibles de chercher « à réparer ». Peut-être ne souhaiteront-ils pas avoir d'enfants pour éviter de risquer de « les abandonner » à nouveau. Ils se sentiront comme « coincés », n'osant pas se manifester pleinement dans le couple. D'ailleurs, la compagne sera, elle, souvent dans un cycle dont la thématique est : « comprendre que l'on n'a pas besoin d'un autre pour exister ». Elle enverra le signal : « Tu dois être toujours là pour moi, même si tu dois renoncer à toi-même... »

Tout cela est tellement merveilleux et subtil. Il faudrait un livre entier simplement sur cette thématique pour éviter de devoir « caricaturer »...

Pastor : Merci Lena pour ce joli jonglage entre plusieurs lignes vibratoires !

Collectif: Comme nous l'avons déjà exprimé dans *L'Envol vers soi*, l'objectif de chaque vie terrestre est d'expérimenter ce qu'est l'amour. Vous le déclinez ainsi en jouant différents rôles, dans les pièces de théâtre que sont vos vies. Ainsi, vous apprendrez ce qu'est aimer un enfant, un parent, un homme ou une femme, un animal, et plus largement ceux que vous appelez « les autres ». Nous dirions le Tout manifesté sous une autre forme !

À partir de cet objectif qui est commun à vous toutes et tous, vous allez choisir de le décliner de différentes manières, selon la tonalité de « la cellule souche » que vous êtes. C'est de là que viennent les familles d'âmes.

Si vous avez la fibre pour accompagner, soigner, canaliser, vous serez de la famille des passeurs. Vous chercherez à manifester et expérimenter l'amour en le déclinant à travers différentes manières de soigner, d'accompagner de guider. Cela au fil de chacune des vies du cycle. Vous venez expérimenter l'amour en stimulant les consciences. Et l'apprentissage de ce cycle consistera à comprendre comment accompagner sans ne plus se sacrifier, ni croire qu'il s'agit de porter, tirer, convaincre, faire changer. Il consistera également à guérir les blessures et traumatismes qui en résultent. (Que ce soit ceux liés à votre famille de naissance de chaque vie, de vos amoureux ou enfants, ou ceux subits du fait de votre fort désir de faire évoluer le monde.) Dans ce cas, vous pouvez avoir connu des morts violentes.

Pastor: À ce sujet, je voudrais donner ce petit message à l'attention des premiers de cordée, qui sont souvent des Stellaires. La densité de la Terre, même si cela tire à sa fin, est encore de basse fréquence. Cela peut être difficile et éprouvant à vivre pour vous. Parfois même, vous pouvez ne « plus en pouvoir ». Projetez-vous simplement une autre ligne de temps, sur le système stellaire qui est le vôtre.

Vous êtes tellement empathiques, tellement connectés, qu'il est nécessaire de vous poser régulièrement cette question : « Suis-je en train de vivre mon propre sentiment, celui d'autrui ou un sentiment émanant d'un égrégore ? » Vous le saurez rapidement avec un peu de pratique. Ceci est une clé puissante.

Comme l'a dit le collectif, vous êtes sur Terre, et intervenez dans une dimension où le karma existe encore. Vous pouvez néanmoins être simultanément en train d'expérimenter dans d'autres dimensions, au sein desquelles vous êtes des êtres éthérés, évoluant dans l'amour, la lumière et la joie. Intégrez votre « soi multidimensionnel », et vous atteindrez ainsi un état d'unité ! Concentrez-vous sur cela. Ainsi vous vous élèverez. Vivez selon votre cœur. Envoyez de l'amour à tous les règnes et à votre Terre-mère.

Il est d'ailleurs intéressant ici de rappeler que les familles d'âmes rassemblent certains guides, certains anges gardiens, certains maîtres ascensionnés, qui ont choisi d'œuvrer pour aider une famille particulière. Dans votre famille d'âmes, vous retrouvez des êtres qui ont la même fibre que vous.

Collectif: Chaque famille est là pour que ses membres œuvrent à se soutenir, à mutualiser, à « se faire la courte échelle ». Les guides et maîtres qui opèrent dans une famille ne sont pas les mêmes que ceux d'une autre famille.

Ainsi, si vous êtes de la famille des artisans, vous venez expérimenter comment l'amour se décline en joie créativité, beauté, harmonie. Vous viendrez expérimenter dans ce cycle comment on peut « être artiste », aimer le beau, en sachant être dans une forme de mesure, de sagesse, de modération, de « stabilité ». Vous vivrez des vies, plusieurs peut-être, où vous serez dans la démesure, dans l'excès. Dans d'autres, vous renoncerez à partager votre art et serez seul et dans le dénuement, pour enfin trouver « la voie du milieu ».

Ce que Lena permet est une mise en perspective vibratoire. Lorsque vous aurez atteint un degré vibratoire suffisamment puissant, vous pourrez le faire seul. L'ascension, c'est cela également.

Pastor: Alors Lena décidera peut-être, comme d'autres, de prendre de longues vacances loin de la Terre !

Lena: Eh oui. Il s'agit pour le moment de vivre ici et maintenant, n'est-ce pas ? Un pas après l'autre, un vol après l'autre...

Pastor: Notez, mes amis, que lorsque nous nous exprimons dans un langage humain, les concepts sont nécessairement comme « amoindris ». Ce que je veux dire ici, c'est qu'il est largement connoté de vos multiples représentations. Chacun interprète un mot à travers sa grille de lecture, avec ses propres lunettes. Ces lunettes sont teintées du conditionnement dont vous avez fait l'objet, de l'histoire de vos vies également. Par exemple, ici, lorsque le collectif parle de stabilité, il ne s'agit pas de la stabilité comme elle est encore considérée par votre société de troisième dimension. Stabilité rime pour elle avec adaptation sociale, conformité aux attentes de ceux qui dirigent et du plus grand nombre.

Stabilité, pour nous, rime avec alignement intérieur, manifestation harmonieuse et respectueuse de soi et des autres.

Il devient très difficile pour nous de nous exprimer au travers d'un langage humain. Il devient nécessaire de réhabiliter chaque mot en lui redonnant sa connotation spirituelle. En inventer d'autres et passer aussi à la télépathie ! Et au-delà à cet état de vacuité, de silence, « d'êtreté ».

Collectif: La télépathie est possible lorsque vous êtes passés d'un monde de dualité à un univers multidimensionnel. La notion de séparativité n'existe plus, car votre taux vibratoire est très rapide. Il n'y a plus de dissociations, mais l'unité. Vous ne « pensez » plus en mots, vous êtes ces mots.

Pastor: Le collectif, comme moi-même, nous pouvons nous exprimer au travers de Lena du fait de sa fibre vibratoire.

Vous percevez donc ici l'importance de l'élévation vibratoire, et de la « pureté », des « *channels* » au travers desquels les guides s'expriment.

Collectif: Merci Pastor pour cette précision de la plus haute importance. Poursuivons. Si vous venez expérimenter l'amour de manière à comprendre qu'aimer c'est aussi s'affirmer, prendre sa place, qu'un autre chemin est possible, vous ferez partie de la famille des bâtisseurs. Et vous déclinerez ceci au sein de vos différentes vies.

Si vous venez manifester l'amour en ayant la pure intention d'apporter à l'humanité des découvertes qui peuvent alléger leur vie, ou en transmettant des connaissances sous une forme particulière, vous ferez partie de la famille des visionnaires. Vous allez alors expérimenter, au fil des vies de ce cycle, l'importance de prendre la mesure concernant la manière dont vos découvertes, vos connaissances, vont être utilisées par l'humanité. En d'autres termes, ces éléments vont-ils conduire l'humanité à vivre « mieux » ou à s'autodétruire ?

Pastor : C'est comme si vous confiez un vaisseau spatial à un être qui en est à « la maternelle vibratoire ». Ce n'est en aucun cas un jugement mais un constat. À ce propos, il s'agit de sortir de vos manières d'être, qui souvent passent de l'hypocrisie au jugement. Vous revêtez tous le même déguisement de chair, mais « l'habit ne fait pas le moine » ! Si on soulève le déguisement, on découvre des manifestations très différentes, des êtres d'origine et d'évolution tellement hétéroclites. Parfois même, on peut être vraiment surpris. C'est juste un fait. Il s'agit de considérer justement qui vous êtes, où vous en êtes, de vous aimer et donc de ne plus vous juger. Cesser également de « faire la victime ». Alors en avant, « et maintenant, on danse » !

Vous êtes appelés, poussés même, à entrer dans cette nouvelle danse. Chacun son pas, chacun son tempo. Simplement, dansez en étant connectés à votre être, en vous manifestant avec fluidité, légèreté, harmonieusement. Alors *baila, baila* [49] !

Comme vous l'avez compris, chaque vie est un moyen d'expérimenter une parcelle de l'objectif général sous un angle différent. Même si ces concepts sont plus amplement déclinés dans *L'Envol vers soi*, il me semble utile ici de repréciser brièvement la différence entre cerveau, âme, esprit, et « Moi supérieur », afin que vous perceviez justement la notion de multi-existences.

---

49. Dansez, dansez !

Je vais le décliner ici synthétiquement. Encore une fois, la mise en mots limite forcément le concept. L'esprit, c'est la cellule souche issue du Tout. C'est l'ensemble de toutes les énergies, informations, encodages, qui vous permettent de vous manifester en tant qu'âme incarnée. C'est la partie de vous qui est pure conscience. Elle est reliée aux autres consciences.

Ce que vous appelez « Moi supérieur », « subconscient », c'est la partie vibratoire qui transmet les infos de votre « présence je suis », de cette cellule souche, en la faisant arriver au niveau de la densité matérielle. Cette partie peut transmettre uniquement les informations que votre niveau de conscience permet.

L'âme est l'enveloppe chargée de votre vécu, au sein de chaque vie incarnée. C'est la bande magnétique qui enregistre votre vie, cette bande que vous visualisez lors de votre revue de vie, après la mort, souvent d'ailleurs en partant du moment de la mort jusqu'à la conception. Cette bande magnétique est donc un chapitre de votre livre, qui est archivé dans la bibliothèque akashique.

Ainsi, au sein de chaque vie, votre âme « enregistre » une bande, qui est la résultante de votre manifestation dans cette vie-là. Comme nous avons pu l'exprimer déjà, vous êtes ainsi scénariste (auteur), réalisateur et acteur de vos vies !

Vous décidez du scénario de chaque vie et vous le déclinez avec des acteurs que vous avez également choisis. Par conséquent, sur chacun des écrans de télévision, qui diffusent une vie terrestre, votre âme enregistre une bande magnétique.

Collectif: Et c'est là que les choses deviennent importantes à saisir...

Pastor: Roulements de tambour! Oui et pour deux raisons. La première, parce que si la bande est rendue saccadée par des parasites (traumatismes), vous réintégrez la bande dans l'état dans lequel elle est restée, dans la vie suivante. Et même plus, puisque ces traumatismes parasitent les acquis de cette vie. Ils sont comme un puissant voile. Ainsi, vous ne pouvez pas pleinement récupérer les acquis de cette vie-là...

Deuxièmement, et cela résulte du point précédent. Cette vie terrestre en période d'ascension est celle du cycle durant laquelle vous devez réaliser, manifester, incarner, votre plus beau chef-d'œuvre. Et pour ce faire, vous devez pouvoir aller chercher sur chacune des autres lignes vibratoires que sont ces vies, les acquis, les expériences vécues. Elles sont ce que nous appelons les « connaissances innées ». Et vous devez peaufiner, parfaire l'œuvre, potentialiser ces acquis...

Collectif: C'est pour cela que vous êtes propulsés vers vous-même aujourd'hui. Il est temps de signer votre plus belle œuvre, de changer de paradigme, d'univers.

Pastor: Comme nous l'avons dit, ceux qui accompagnent cette danse sur plusieurs lignes vibratoires doivent être aptes à naviguer au sein de ces « territoires »-là.

Il s'agit finalement d'aller ôter les traumatismes les plus handicapants de chacune des vies terrestres, de contacter et d'œuvrer simultanément au sein de chacun des films. Particulièrement ceux qui contiennent un enjeu d'évolution important au niveau de ce cycle d'existences, pour permettre de passer « un palier vibratoire » dans toutes les incarnations de ce cycle d'existences, puisqu'elles se déroulent simultanément.

Du morcellement, de la fragmentation, vous revenez vers l'unité.

Collectif: Terminons par le cerveau. Le cerveau est un organe de traitement des ondes sinusoïdales, un organe de liaison avec la banque de données universelles, au sein duquel le temps n'existe pas. Il n'est en aucun cas un organe de stockage. Nous l'avons développé dans *L'Envol vers soi.*

La banque de données universelles est simplement le champ de tous les possibles. Vous pouvez la connecter et vous y « alimenter » à souhait. Aujourd'hui, il ne s'agit plus d'apprendre, d'emmagasiner des connaissances, mais de connecter celles dont vous avez utilité, puis de vous en laisser imprégner.

Pastor: C'est un peu comme un dictionnaire vibratoire. Vous avez besoin de saisir, d'expérimenter une notion, vous la connectez simplement au sein de la banque de données universelles ! Vous pouvez également « apprendre » en posant un livre sous votre oreiller la nuit ! Tout cela est... vibratoire.

Lena: Certaines personnes me disent d'ailleurs qu'en laissant *L'Envol vers soi* à leur chevet, à côté de leur oreiller, elles en ressentent l'énergie, « les effets vibratoires ».

Pastor: Bien entendu, puisque ce livre est un ami cher, qui vous prend dans les bras, vous apporte amour et réconfort, éclaire le chemin. Il vous « infuse » de sa présence.

Collectif: Revenons à nos propos. Ainsi, plutôt que de vous fuir dans une « suractivité », une « surconsommation », un « surfaire », œuvrez plutôt à recontacter qui vous êtes. Apprenez à découvrir la tonalité de la « cellule souche » que vous êtes. Prenez conscience de la note que vous avez choisi de vibrer au sein de chacune de vos vies terrestres.

Plutôt que de penser que c'est en apprenant que vous allez vous retrouver, comprendre que c'est simplement en vous libérant de tout ce qui n'est pas à vous, de tout ce qui ne vous est plus utile...

Ensuite, allez reconnecter les acquis de vos autres vies, laissez-les « revivre » en vous, potentialisez-les !

Pastor : Vous comprenez *de facto* qu'il y a de la place pour chacun de vous sur Terre. De même, cela va sans dire, mais mérite d'être rappelé ici, on ne peut pas accaparer « les codes de l'autre » ! Vous êtes unique, votre « matériel génétique » est unique, votre encodage est unique... Et c'est ainsi que la Source s'expérimente.

Collectif : D'ailleurs, en cette période d'ascension, vous avez franchi la boucle du huit ! Vous êtes en bas du huit et en train de remonter. Le Tout s'est divisé en maintes cellules souches pour s'expérimenter. Il vous rappelle maintenant, en vous poussant à expérimenter l'unité jusqu'à ce que vous l'ayez tous rejoint.

Pastor : Tout cela est magique, n'est-ce pas ?

Chers amis, il s'agit aujourd'hui d'être conscients, d'être clairvoyants et d'envisager votre vie comme un chapitre d'un livre, comme un film qui se joue sur un de ces neuf écrans de télévision vibratoire. Vous êtes l'opérateur et votre Moi supérieur est le chef d'orchestre de toutes ces histoires.

SEPTIÈME PAS DE DANSE

Le Moi supérieur, un chef d'orchestre

Lena: Demande à cette partie de toi qui sait tout de toi quelles danses tu manifestes déjà sur d'autres plans d'existence. Puis crée ton propre style. Danse la vie, danse tes vies!

Collectif: Prenons un autre exemple. Imaginons que chacune de vos vies et existences au sein d'un cycle soit une partition jouée par un musicien (vous dans différents rôles selon vos vies). Le Moi supérieur est alors le chef d'orchestre. Ce chef d'orchestre est visionnaire. Il est cette partie qui sait tout de vous, se « souvient » de ce « vous manifesté » dans toutes vos vies, au sein de toutes vos existences.

Pastor: Eh bien, dans cette incarnation, il est l'aiguilleur du ciel qui fluidifie la circulation! C'est-à-dire que s'il risque d'y avoir un bouchon vibratoire, voire un crash, il va l'éviter. Ou alors, il vous met la tête sur le tableau de bord de l'avion et vous dit: « Tu l'as vue, maintenant, la destination? » Tout cela est juste... magique!

Collectif: Pastor, nous sommes ravis et à chaque fois émerveillés par ta tonalité vibratoire. En effet, si le Moi supérieur perçoit que vous prenez les chemins de traverse dans votre incarnation, pour rejoindre votre destination GPS (ce que vous aviez prévu d'expérimenter dans cette vie), il va potentialiser ce détour. Il va vous conduire à faire des expériences qui vous permettront soit d'avancer, de faire un saut vibratoire, soit de remédier à un acte peu juste posé dans une autre vie.

Pastor: Oui, il va vous permettre de réaccorder votre instrument...

Collectif: De même, le Moi supérieur va vous amener à aller chercher sur un des écrans de télévision, au sein d'un des films, ce qui vous fait défaut dans cette incarnation présente. Peu d'entre vous le perçoivent. Cela ne peut pas être possible au sein de cette troisième dimension.

Cela signifie que le Moi supérieur a une vue à 380 degrés, sur l'ensemble des vies de ce cycle. L'idée est que vous devenez suffisamment conscients et clairvoyants pour savoir naturellement aller chercher ce qui semble vous faire défaut, au sein des films où vous savez le manifester.

Lorsque nous disons « naturellement », cela signifie que si vous utilisez le mental, une forme de raisonnement logique, vous n'y parviendrez pas. Cela est vibratoire, de l'ordre de la conscience. Il suffit d'avoir une vision claire des points sur lesquels vous « pataugez », de demander à récupérer les acquis des autres vies vous permettant de sortir de l'ornière.

Par exemple, si dans cette vie-ci vous avez des difficultés à exprimer l'amour envers les enfants, allez chercher cette compétence dans une autre vie où vous avez su le faire. Si vous avez peur d'aimer un homme, une femme, allez visiter une vie où vous avez su le faire. Imprégnez-vous de cet encodage. Cela fonctionne pour tous les points et dans tous les domaines. Ce n'est en aucun cas chez un autre être humain que vous trouverez ce que vous pensez « ne pas avoir ».

Pastor: Vous pouvez même aller au-delà. Vous pouvez demander à consulter d'autres livres. Ainsi, vous pouvez percevoir la manière dont ces êtres ont réussi à manifester l'amour d'un enfant, d'un parent, d'un amoureux. Cela en « lisant » vibratoirement leur histoire. Il ne s'agit pas d'être intrusif ou dans l'idée de « prendre », juste de consulter, comme on consulte un ouvrage dans une bibliothèque. Ici, la bibliothèque n'est ni « papier » ni « virtuelle » mais vibratoire[50].

Collectif: Donc le Moi supérieur vous invite, vous met sur le chemin de chacune des vies qui peuvent vous permettre de passer le cap, de vaincre la ou les difficultés que vous rencontrez, en vous incitant à revisiter un autre des films que vous jouez.

Car tous ces films, encore une fois, se déroulent simultanément. Il n'y a que les costumes et le décor qui changent !

Cela nous conduit à revenir à la notion de multi-existences. Comme nous l'avons dit, vous avez eu des vies terrestres, vous avez eu également des existences sur d'autres plans. Il y en a tellement. Nous choisirons ici d'évoquer les mondes stellaires qui font partie de la fédération intergalactique de lumière. Celle-ci est d'ailleurs désignée sous différentes appellations sur votre Terre.

50. Il s'agit des annales akashiques. Ce processus a été décrit dans *L'Envol vers soi.*

Néanmoins, et juste pour le « fun » comme vous dites, Pastor, peux-tu juste dire une phrase sur ce que vous appelez « le petit peuple de la nature » ?

Pastor : Avec plaisir. Ce que le collectif souhaite que j'évoque ici est le fait suivant. Les êtres qui ont, au sein d'un cycle, une existence au sein de ce royaume-là ont souvent comme une sorte de « haut-le-cœur » face à l'humain. Il ne s'agit pas ici de l'ego. Simplement du fait qu'évoluant sur ce règne, ils perçoivent souvent une partie des humains comme « des êtres sans respect, qui viennent piétiner leur monde ». Ils disent même parfois que l'humain, du fait de ce qu'il mange, de ses miasmes de toute nature, sent mauvais ! Le petit peuple exhorte l'humain à cesser d'aller dans la nature en terrain conquis, sans s'essuyer les pieds sur le paillasson, sans demander l'autorisation d'entrer. Il explique que vous êtes bienvenus, mais si possible en silence...

Collectif: Eh oui... La nature n'est pas un terrain de jeu. Elle collabore avec vous, vous « nettoie », nourrit tous vos corps... Pouvez-vous enfin cesser de la maltraiter, de l'épuiser, de la bafouer ? La nature est votre mère et les animaux vos frères...

Nous allons maintenant nous adresser à ceux qui, sur un des neuf écrans de ce cycle présent, œuvrent sur une ou plusieurs dimensions stellaires.

HUITIÈME PAS DE DANSE

Ces êtres d'ailleurs venus s'incarner par amour

Lena: Lorsque tu danses, vole tout simplement, ressens ton corps comme ce lien entre Terre, ciel et les autres dimensions...

Collectif: De nombreux êtres se sentent « extraterrestres ». Cela n'est pas étonnant puisque la Terre est un lieu qui accueille des êtres venant de planètes et de galaxies diverses. Il s'agit aujourd'hui que « les graines d'étoiles » prennent conscience de leur origine, sans pour autant alimenter leur mental ou leur ego, qui brillera de cette différence !

Lena: En guise d'introduction, je souhaiterais partager un petit texte qui m'est arrivé un matin au réveil. Il est la résultante de mes expériences ici et ailleurs.

Collectif: Avec plaisir.

Lena: Une graine d'étoiles vient souvent sur Terre pour apprendre à s'aimer puis à aimer. Elle vient également manifester, rayonner sa lumière, et pour cela œuvre à la retrouver au sein de la vie incarnée des scénarios qu'elle a choisis.

Souvent, elle aura souhaité expérimenter les blessures d'abandon, de trahison pour enfin comprendre que l'amour ne dépend finalement de rien ni de personne. Il est, tout simplement.

Cet être connaîtra sans doute la peur, la peur d'être seul, la peur du vide, qu'elle peut ressentir d'autant plus fort, car elle vient d'un monde d'unité. Il finira par comprendre que « faire » ne remplacera jamais « être », qu'il n'est jamais seul, puisque entouré de sa famille de lumière.

Peut-être aura-t-il connu la violence, la manipulation, l'envie de repartir à la maison. Il expérimentera cela pour enfin ressentir la beauté de la vie.

Cette « graine d'étoile » cachera longtemps sa vulnérabilité, fermera peut-être son cœur un temps, de peur d'être encore blessée. Elle donnera peut-être même l'impression d'être systématiquement forte, « insensible », pour justement découvrir la puissance de sa sensibilité, de son intuition, de sa connexion avec tout ce qui est.

Peut-être encore aura-t-elle connu dans certaines vies le doute, le pragmatisme, le matérialisme, et même le cartésianisme. Cela de peur d'ouvrir le couvercle, de connecter ses blessures pour les transcender et renaître de ses cendres.

Elle aura au moins expérimenté une fois dans son cycle d'incarnation ce qu'est la traîtrise ou le mensonge, pour comprendre l'importance d'avoir la force d'oser se dire, s'affirmer et « être ».

Cet être aura traversé ses ombres, pour rayonner la lumière. Il aura accepté de vivre puis de s'être incarné. Il choisira alors de rayonner sa lumière de mille feux, de manifester ses talents. Il comprendra alors que cela a pour unique but de transmettre, de les partager, dans la lumière et l'amour. Ainsi, il fera partie de ceux qui soutiennent la naissance de ce nouveau monde...

Collectif: Merci, cela parlera à de nombreuses personnes...

Pastor: Lena, pourrais-tu maintenant transmettre, en préambule, le message que tu as reçu d'une de tes guides ? Merci.

Lena: « Depuis nombreuses de vos années, les humains sont comme des funambules, marchant sur un fil. Aujourd'hui, vous êtes à un micron de votre autodestruction.

Les êtres de la Confédération intergalactique de lumière vous ont aidé à préserver votre planète. Cela car elle a une position "géographique" stratégique dans cet univers, mais aussi bien au-delà.

En effet, cette petite planète est très importante. Elle est une planète école, mais elle offre aussi des ressources et des paysages magnifiques. Si votre Terre était détruite par votre inconséquence, tout votre univers, et même au-delà, en subirait les effets. C'est pour cette raison que nous n'interviendrons qu'en cas de "force majeure".

Néanmoins, nous rectifions constamment l'équilibre de votre Terre, partout où elle est en difficulté. Sans cela, les "catastrophes climatiques", comme vous dites, seraient bien plus présentes.

Comme nous l'avons déjà dit, nous ne pouvons pas intervenir davantage, sans accord de la Source. En revanche, nous œuvrons encore et encore à modérer l'égrégore de négativité en cours sur votre Terre. Pour ce faire, nous envoyons l'énergie inverse. Nous vous inondons d'amour.

Comprenez que "chez les êtres d'ailleurs", les énergies sont aussi diverses que chez l'humain...

Les endroits dont nous venons ne figurent pas tous sur vos cartes célestes. Et les noms que vous leur donnez ne sont souvent pas identifiables pour nous. Tout simplement car nous ne donnons aucun nom ! De la même manière, lorsque nous nous présentons à vous avec un prénom, cela est juste un ensemble de sons qui nous ressemblent. Cela afin que vous nous perceviez. Ces sons restent néanmoins approximatifs. Toutefois, chaque lettre est porteuse d'une énergie qui illustre, "résonne" une part de notre manifestation.

Comprenez enfin que votre âme et votre esprit ne dorment jamais. Votre âme, votre "Moi supérieur" s'ennuie pendant que votre corps se repose. C'est pour cela aussi qu'elle voyage parfois très loin de votre univers, sur un nombre important de dimensions. Vous êtes bien plus que ce que vous pensez... »

Pastor : Que cela est beau. Merci Lena. Merci chère sœur des étoiles. Partagerais-tu avec nous quelques noms de ces lieux vibratoires interstellaires ?

Lena : Oui, juste pour la vibration... Outre ceux qui sont largement connus, les voici : Aorèle, Soipis, Vuglia, Arkev, Lyna, Leya, Genaïa, Alixia, Cornalia, Nexia, constellation K6...

Collectif : Il y a tellement de mondes, tellement de mondes dans ces mondes... Nous vous prions de collaborer activement à cette œuvre cosmique, au sein de laquelle chacun de vous a une mission à réaliser, un « rôle à jouer », comme vous dites. En fait, il ne s'agit pas de « jouer un rôle » mais de manifester votre tonalité, votre couleur, au sein de cette œuvre cosmique.

Pastor: Nous allons te donner de nouveau la parole, Lena, afin que tu complètes ce que tu viens d'exprimer en partageant avec nous ton ressenti, lors de ton arrivée sur Terre.

Lena: Avec plaisir. Cela m'est remonté peu à peu à la conscience, au fur et à mesure que j'ôtais les voiles... Lorsque je dis «ils», il s'agit de ceux qui m'entouraient au sens large du terme, y compris les personnes que je pouvais croiser.

«C'était froid et quelque part, je ressentais déjà une forme de "densité". Je voulais leur dire quelque chose, mais mon corps ne suivait pas. Alors, je les regardai avec insistance, avec mes yeux de l'âme, tandis qu'ils me pensaient encore presque aveugle. Mon petit corps était comme une chenille, alors que moi j'étais déjà papillon. Lorsqu'ils s'approchaient trop près de mon visage, ou trop rapidement, cela me faisait peur. Je ne me souvenais plus des traits humains. Lorsqu'ils parlaient, mes oreilles bourdonnaient. J'ai eu rapidement des "otites", comme ils disent, car entendre tout ce vacarme, ces sons qui sortaient de leur bouche sans harmonie parfois, ne m'était pas supportable. Lorsqu'ils riaient, je pleurais. Ces sons, leur grande bouche ouverte, me tétanisaient. En même temps, j'étais curieuse de ce nouveau monde, et consciente d'une forme d'amour de leur part pour moi.

J'alternai les moments de grâce avec les atterrissages vibratoires "douloureux". Je sentais mes guides bien aimés si proches. En même temps, je les entendais me dire: "Nous allons bientôt te lâcher la main, mais nous t'envelopperons de nos ailes tout au long de ton chemin."

J'étais enthousiaste, pleine d'amour. Je me disais que j'allais les accompagner, attirer leur regard vers la lumière. Puis j'ai vite compris que ce serait moins simple que je le pensais. Devais-je rester chenille pour qu'ils m'aiment ? Le papillon avait déjà éclos et allait maintenant devoir oser monter, monter, le regard rivé sur le soleil et les autres dimensions. »

Pastor : Merci, joli papillon, vole, vole et ne te retourne pas...

Collectif : Ceux que vous appelez sur Terre les « hypersensibles » ou les « empathes » sont souvent des âmes vieilles, qui ont connu des existences terrestres et ailleurs, sur d'autres plans de conscience et/ou au sein d'autres règnes[51]. Ces êtres dotés d'une sensibilité toute particulière se demandent souvent ce qu'ils font ici, et pourquoi ils sont « arrivés » dans de telles familles. Ils se sentent être d'un « autre monde », différents. Ils ont souvent beaucoup de mal à accepter ce fonctionnement basé sur la dualité, encore actif sur votre Terre. Ils ressentent bien souvent un manque d'amour important, se sentent seuls. Leur objectif n'est pas l'« avoir » mais l'« être », l'éveil... Ils ont besoin de s'alimenter à l'énergie de la Source et de la manifester. Ils sont en quête d'une forme d'absolu, nostalgique d'un état qu'ils ont connu ailleurs, et dont ils sont constitués.

Ils souhaitent continuellement manifester, incarner cette énergie d'amour, que cela soit conscient ou pas. Ils sont souvent très exigeants avec eux-mêmes ! De ce fait, ils se perdent parfois dans des compromis, ou prennent les

51. À ce sujet, voir *L'Envol vers soi*, page 170-172.

chemins de traverse. Ils doivent simplement se souvenir qu'ils sont amour, lumière et unité. Ils ont simplement à le rayonner...

Pastor: Nous avons choisi ici de nous attarder sur ceux qui ont une origine stellaire. Néanmoins, il existe de grandes similitudes avec les êtres issus d'autres règnes ou dimensions. D'ailleurs, vous expérimentez tous, tôt ou tard, toutes ces manifestations.

Collectif: Lorsque vous avez une existence stellaire au sein d'un cycle d'existences, il est assez fréquent de retrouver des constantes dans les ressentis. La Terre est d'ailleurs un lieu particulier du multivers. En effet, de nombreux êtres provenant de planètes ou de galaxies différentes prennent un corps de chair le temps d'un instant.

Ces êtres venus d'ailleurs possèdent de grandes capacités. Ils ont souvent besoin d'apprendre à s'ancrer, à expérimenter pleinement leur existence humaine. Ils sont un peu comme ici et ailleurs en même temps.

Parfois, ils fuient cette réalité terrestre en vivant hors corps ou en se détournant d'une manière ou d'une autre, de leur dimension humaine, car il la considère comme un fardeau. Parfois, ils sont las, tristes ou désespérés de voir l'humanité s'emmêler encore et encore. Et en même temps, ils sont conscients que c'est improductif. Ils comprennent qu'ils ne peuvent qu'être dans la compassion. Ils savent que s'ils n'aiment pas la réalité qu'ils perçoivent, il suffit qu'ils changent leur manière de la considérer !

Méditez sur cela encore et encore. Il s'agit d'une puissante clé vibratoire pour traverser la période que vous vivez actuellement.

Pastor: Cela reste néanmoins difficile vibratoirement pour eux. Ils sont un peu comme des poissons qui vivent dans un aquarium. Un aquarium qui, en plus, contient très peu d'eau.

Collectif: Nous allons aborder maintenant une notion particulière. Cela simplement pour faciliter l'ouverture de vos consciences, la reconnexion à votre multidimensionnalité.

Nous souhaitons en premier lieu faire la distinction entre les humains qui sont des « hybrides », et ceux que nous qualifierions de « poussières d'étoiles ». Dans les deux cas, ces êtres ont une fréquence vibratoire initiale bien plus haute que le Terrien, que nous qualifierions, sans jugement, de « vibration moyenne ». La simple présence de ces êtres sur Terre favorise un accroissement de la fréquence vibratoire collective.

Ils ont une importante part d'ADN galactique, et l'empreinte des « souches » dont ils sont issus. Ainsi, un de leur guide peut occuper une place toute particulière dans leur vie.

Lena: Oui... Je ressens très fort ce point. En séance, j'ai reçu une personne dont la guide était d'origine sirienne et pléïadienne. Elle a expliqué à la consultante qu'elle avait été sa mère en Lémurie[52], lors de sa première incarnation terrestre. C'est tellement merveilleux de voir un être assister à sa propre création finalement. Il y a bien d'autres exemples.

Collectif: Oui, cela fait partie de ce processus de retour à la conscience que vous connaissez. Néanmoins, aujourd'hui,

52. La Lémurie est un continent englouti sous l'océan Indien qui serait le berceau de l'humanité.

vous devez vous manifester sans tarder. Prenez au plus vite votre place, exprimer votre pleine puissance. Si nous le répétons encore et encore, c'est que cela est devenu urgent.

Ces hybrides et les graines d'étoiles se sont incarnés à des endroits précis et justes, qui correspondent à des lieux particuliers, sur la grille cristalline de votre Terre.

Pastor: Un peu comme si chaque pièce d'un jeu d'échecs électromagnétique devait se positionner sur la juste case pour que l'ensemble puisse fonctionner en synergie.

Collectif: En effet. C'est un peu comme une ronde qui se forme. Chacun de ces êtres est relié par un filament électromagnétique d'une structure toute particulière. Et si chacun est dans sa puissance, comme nous l'avons déjà dit, « sans fausse modestie ni ego démesuré », la vibration produite permettra à la Terre de passer ce point de bascule sereinement. Plutôt que d'essayer de réveiller ceux qui souhaitent rester endormis, car cela est vain, occupez-vous donc d'activer votre lumière.

De nombreux Stellaires se sont momentanément égarés, croyant qu'ils étaient venus pour « sauver » un maximum d'êtres. Or, ils sont simplement là pour accueillir et permettre à ceux qui le souhaitent d'accoucher d'eux-mêmes. Et, plus que cela, ils sont venus pour rayonner leur lumière, manifester leur fréquence vibratoire particulière, exprimer leur amour.

Nous le répétons, il y a aujourd'hui urgence, le processus est lancé et l'accélération est en route. L'équipe au sol ne peut qu'être à son fonctionnement individuel et collectif optimal. Elle est le levier au sol qui permettra cette bascule !

Revenons maintenant à la différence entre hybrides et poussières d'étoiles.

Les hybrides sont des êtres génétiquement modifiés, qui sont issus d'un « croisement », d'un mélange entre plusieurs races. Ils sont « nés » d'une relation sexuelle, de l'insémination ou de la modification génétique du fœtus dans le ventre de leur mère. Nous ne faisons pas le choix de développer précisément ce point-là dans cet ouvrage[53]. Ils peuvent d'ailleurs se réveiller un matin, souvent dans leur jeune âge ou leur adolescence, avec une marque spécifique sur le corps. Ils ont assez souvent une constitution physique hyperlaxe, très flexible.

Les hybrides sont là pour dynamiser l'humanité dans son processus ascensionnel, au sens propre et figuré du terme, grâce à leurs énergies vibratoires élevées. Ils savent « utiliser » les codes galactiques, les énergies angéliques ou celles des élémentaux. Les enfants hybrides disposent déjà d'un ADN « renforcé, rehaussé ». Ils sont totalement équipés pour transmettre et initier le changement vibratoire. Ils sont des guérisseurs capables de transmuter en lumière l'énergie qui les entoure.

Il y a les « graines d'étoiles », qui sont des êtres dont l'âme, si nous pouvons dire ainsi, est d'origine extraterrestre. Ils peuvent s'incarner dans des êtres humains, mais aussi chez des animaux, voire au sein du règne végétal, comme vous l'appelez. Ils sont venus pour mettre en œuvre une mission spécifique sur votre Terre.

---

53. Sur cette thématique, Dolores Cannon, notamment, a apporté des éléments importants. Se reporter à son œuvre.

Dans les deux cas, ces êtres sont fondamentalement différents et le sentent dès leur plus jeune âge. Ils ont la capacité innée à communiquer avec leurs planètes d'origine. Pour eux, apprendre à vivre dans un corps humain est souvent difficile, et ce, même s'ils ont connu d'autres incarnations terrestres. Souvent, ils ont un groupe sanguin qui n'est pas celui de leur lignée.

Pastor: À propos de planètes, considérez plutôt des dimensions vibratoires. Car lorsque nous disons « planètes », vous figez le concept. Vous cherchez souvent un caillou avec des êtres dessus ! Notre langage peut paraître « dur ». L'heure n'est plus aux détours et aux « ronds de jambe ». Ménager vos ego n'est pas notre propos. Nous vous aimons trop pour cela !

Collectif: Certes... Ces êtres ont une manière de penser et de voir le monde très différente de l'humain en général. Leur ADN particulier leur permet de recevoir les informations des mondes de lumière, notamment des étoiles. Sans cela, ils auraient sans doute tout simplement « disjoncté ». Les connexions de leur cerveau n'auraient pas supporté le voltage qui leur est envoyé...

Ils ont tous des compétences particulières qui leur sont propres. Certains désincrustent les codes obsolètes et favorisent le nouvel encodage, certains soignent de maintes manières. D'autres dessinent des structures géométriques particulières, lesquelles contiennent des glyphes d'origine extraterrestre qui peuvent donner la sensation de se retrouver à bord d'un vaisseau extraterrestre. La liste est longue, aussi nombreuse qu'il y a d'hybrides et de graines d'étoiles.

Ils ressentent les choses de manière innée et s'en imprègnent. Ainsi, ils ne peuvent pas apprendre de la manière dont l'humain le fait généralement, et surtout pas en « apprenant par cœur » ! Drôle d'expression, d'ailleurs... Ils ne sont pas faits pour « ingurgiter » et « régurgiter » des informations, mais pour ressentir, s'imprégner et être. De ce fait, au sein de ce que vous appelez « l'école », malgré leurs compétences multiples, certains peuvent avoir besoin de fournir de nombreux efforts pour « rentrer dans le moule ». D'autres feront le minimum, et d'autres ne s'adapteront pas du tout.

Souvent, lorsqu'ils interagissent avec d'autres humains, ils ont l'impression de parler une autre langue. Cela les conduit de nouveau à accepter ce fait, leur différence...

Une partie des Stellaires arrivés sur Terre en cette période d'ascension est venue par choix. Cela signifie qu'ils n'étaient pas « obligés » de se réincarner. Ils ont fait le grand saut parce qu'à un moment donné ils ont ressenti un appel très fort. Certains ont eu la sensation que s'ils ne venaient pas « prêter main-forte », les Terriens auraient des difficultés à passer ce cap vibratoire actuel. Sur ce point, nous tenons à dire qu'il ne s'agit pas d'ego.

En effet, si les vieilles âmes[54], les âmes vieilles et les jeunes âmes n'étaient pas venues en cette période, il est fort probable que le chaos sur Terre se serait davantage installé, ou que les êtres qui n'ont pas intérêt à voir l'humanité se réveiller auraient une emprise bien plus forte sur elle.

Et comme ils ne font pas « les choses à moitié », comme vous dites, ils ont en général également choisi de naître

---

54. Vieille âme : âme qui a vécu de nombreuses incarnations terrestres. Âme vieille : âme qui a vécu maintes incarnations terrestres et des existences sur d'autres plans. Jeune âme : être qui n'a vécu aucune incarnation terrestre, ou pas plus de cinq en général, qui arrive d'autres plans, d'autres règnes.

dans des familles où il y a un certain nombre d'âmes jeunes[55], ou « d'êtres en difficulté de croissance intérieure » sur un plan ou un autre.

Ils sont venus les stimuler, les accompagner. Souvent, ils finissent par confondre, à leur arrivée, accompagner avec se sacrifier, porter avec renoncer à soi. Leurs guides les avertissent encore et encore, mais ils se sentent tellement dans l'amour que, souvent, ils n'entendent pas. Ils ne comprennent pas, malgré leur ancienneté d'âme, ce que représente le choix qu'ils ont fait. Il ne s'agit là encore pas d'ego à proprement parler, mais plutôt de « manque de mesure ».

Certains de ces êtres détectent finement les fréquences que chacun émet. Ils captent les pensées. Ainsi, ils perçoivent qui est chacun. Ils ressentent même les parties des êtres qu'eux-mêmes ne reconnaissent souvent pas.

Pastor : C'est pour cette raison que vous retrouvez souvent la même trame, dans la vie de nombreux Stellaires. Un des parents, voire les deux, qui rejette ou ne manifeste aucun amour, une famille souvent peu disposée à changer ses croyances, des frères et des sœurs pour tout ou partie très différents. Parfois, dans la famille, un être est venu en appui de celui qui a choisi d'être le premier de cordée, le centre du système. Si ce dernier ne se réveille pas, la relation peut être vécue de manière très « souffrante » par les deux personnes.

Puis comme ils ont souvent une sorte de côté « sauveur », ou « j'y vais en éclaireur », ils s'entourent d'un

55. Âme jeune : âme qui arrive de la Source ou a eu très peu d'incarnations terrestres et donc également peu ou aucune vie dans d'autres dimensions.

compagnon ou d'une compagne qui risque, d'une manière ou d'une autre, de les « fracasser ». Et parfois, une fois ne suffit pas, ils « remettent le couvert ». Ils vont donner jusqu'à s'oublier, se laisser spolier de toutes les manières possibles. Jusqu'à ce qu'enfin ils comprennent que ce n'était pas la mission !

Cela est souvent dû à un point que le collectif va maintenant évoquer.

Collectif: Au moment de « sauter » dans le ventre maternel, ce moment où l'on se retourne une dernière fois pour dire au revoir à ceux que l'on aime et que l'on laisse derrière soi, ces êtres aux multiples incarnations, souvent stellaires, ressentent parfois une grande tristesse, une forme d'angoisse. Comme, si subitement, ils comprenaient...

Pastor: Au moment où vous faites le saut, « les valises sont bouclées », avec leur contenu dedans. Cela signifie que vous ne pouvez plus modifier votre contrat d'incarnation, ni revenir en arrière. C'est un peu comme un saut en parachute. Vous faites le saut, nous sommes le parachute !

Nous y reviendrons dans la deuxième partie de ce texte.

Collectif: Parfois, vous êtes accompagnés pendant un court temps par un jumeau ou une jumelle. Vous savez, il s'agit de ces fœtus qui « s'éliminent naturellement », comme vous dites, durant les premières semaines de grossesse. Cet autre être vient accompagner par amour, pour « soutenir » et s'assurer que son jumeau va réussir à rester. Puis à un moment donné, il s'en va. Le contrat d'incarnation qui lie ces deux êtres prévoyait cela. Toutefois, le jumeau qui reste, « ne s'en souvient généralement pas ». Cela suscite alors une forme de grande détresse, un sentiment d'abandon, une sensation de vide, une grande peur, ou même une colère.

Alors même que vous connaissiez la teneur du contrat, vous éprouvez ce sentiment, qui peut vous suivre très longtemps, jusqu'à ce que vous ayez compris d'où il venait. Jusqu'au moment où vous prenez conscience que ce ressenti peut être remplacé par un autre ressenti. Notamment en manifestant un sentiment de réelle gratitude envers cet accompagnant de quelques jours, de quelques mois.

Ce jumeau peut d'ailleurs être retrouvé plus tard. C'est le cas si le contrat prévoit qu'il s'incarne dans un frère, une sœur, un enfant, un petit enfant... Parfois, il viendra pour être accompagné à son tour par l'autre jumeau, qui sera son parent ou son grand-parent.

S'il ne se réincarne pas dans la même période que son jumeau, il restera autour de lui pour le soutenir, pour veiller à ce qu'il aille jusqu'au bout de ce qu'il a prévu pour lui. Cela n'est qu'amour, il n'y a que l'amour...

Lena: Une situation un peu particulière peut survenir. Un jumeau peut s'accrocher à un être qui saute sans que cela soit prévu. Il s'agit finalement d'une « attitude opportuniste », car l'être qui se joint à l'autre n'était pas prévu dans le contrat d'incarnation, ni attendu par les parents, ni par l'autre jumeau. Le nouvel arrivant a simplement perçu que son jumeau est une vieille âme, qui pourra l'entraîner dans son sillage. Cela génère une relation compliquée dans l'incarnation. Que cela soit avec les parents, ou entre jumeaux. Parfois, l'un des parents se désintéresse totalement de cet arrivant-là. Et souvent, celui qui est attendu n'accepte pas du tout celui qui a plongé sans concertation. Néanmoins, l'autre jumeau a souvent attiré cette situation en étant dans une posture de « vouloir sauver le monde » ! Et les parents ont souvent à « apprendre » de cette situation...

Collectif: Merci Lena pour cet ajout fort à propos.

Pastor: Lorsque vous vous retrouvez seul dans ce milieu aquatique maternel, plus ou moins accueillant selon ce que vit émotionnellement votre propre mère, vous aurez peut-être envie que « le temps s'arrête », pour savourer ce passage dans cet univers « feutré ». Il ressemble de loin à ce que vous avez connu dans l'au-delà.

Vous pourrez au contraire souhaiter repartir et ferez même des mouvements physiques pour cela ! Surtout si votre mère est dans un sentiment de non-acceptation totale de votre venue. Dans ce cas, vous irez même parfois jusqu'à provoquer différents « problèmes » durant la grossesse ou l'accouchement, notamment des hémorragies. Vous n'aurez pas envie d'avoir la tête en bas, ou bougerez à la dernière minute pour freiner cette naissance. Vous aurez peut-être aussi trouvé le moyen de ne pas vous présenter « la tête en bas », ou de vous enrouler le cordon ombilical autour du cou, histoire de compliquer un peu les choses ! Et de vous souvenir ce qui reste « à nettoyer » d'une ou plusieurs autres vies.

Collectif: Puis, si vous avez réussi à rester, au moment de la naissance, vous allez peut-être ressentir une grande peur. Vous comprenez que les humains ne sont pas tous des « anges »... Cela vous touchera, vous attristera, voire peut-être vous effraiera.

Au moment où vos poumons se déplient, où l'air vous brûle à l'intérieur, où la lumière vous aveugle, au moment où, peut-être (et trop souvent encore), on vous arrachera de votre mère de maintes manières, sans ménagement parfois, vous serez « en état de choc ».

Cela peut marquer considérablement la suite de votre vie. C'est pour cela que revisiter sa grossesse et sa naissance est parfois fort utile !

Et puis, peut-être serez-vous accueillis par des bras aimants, ceux de vos parents ou des personnes qui sont là, ou pas...

Si c'est le cas, vous éprouverez un énorme besoin d'être contenu, enveloppé, rassuré, accueilli. Une manière de vous souhaiter la bienvenue !

Pastor : De grâce, n'oubliez jamais d'entourer d'amour ceux qui arrivent, de leur dire quelques mots d'accueil, de les remercier d'avoir osé être ici. Car, tandis que vos parents peuvent souvent être heureux de votre arrivée, vous êtes, vous, en deuil de ceux que vous avez laissés derrière vous ! Naître, c'est quitter la maison ; mourir, c'est la retrouver... Méditez sur cette phrase et vous comprendrez, ressentirez.

Ainsi, dire « Bienvenue sur Terre » en ajoutant le prénom du nouvel arrivant le légitimera dans son choix d'être ici, l'inscrira dans la communauté des humains.

Si cela n'a pas été fait à la naissance, vous pouvez y remédier à n'importe quel moment de la vie. Parents, accompagnants, saisissez ici l'importance de l'accueil. Si l'enfant n'est pas accueilli à la naissance, il est susceptible d'ancrer un message de type « Je n'en ai rien à faire d'être ici. Je ne sais pas pourquoi je suis là. »

Lena : Cela génère parfois une forme de dépendance affective, une impression de n'avoir aucune place. Je le constate souvent durant mes séances.

Collectif: Vous ressentez le froid extérieur, vous êtes agressé par ce qui vous entoure, surtout si votre naissance se situe dans un milieu que nous qualifierions de « boîtes à naissances ». Si vos parents ne sont pas en mesure de vous accueillir, la peur sera sans doute d'autant plus présente. Tandis que si les circonstances sont douces et bienveillantes, vous serez curieux, amusés de découvrir ce et ceux qui vous entourent. Heureux de voir leur visage ou de le deviner, de sentir leur odeur.

Pastor: Si vous n'êtes pas accueillis, vous allez renforcer un sentiment de solitude, ou développer une attitude guerrière du type : bon maintenant cela suffit, il faut y aller !

Lena: C'est pour cela que je propose chaque fois cette cérémonie d'accueil. Même de longues années après, ce temps particulier est important pour la personne. Il s'ensuit comme un grand soulagement, et souvent beaucoup d'émotion. Que nous soyons parents ou pas, ce petit moment peut être proposé, aux détours d'une conversation, de manière simple, à n'importe quel moment de la vie...

Collectif: À ce propos, il est utile d'ajouter que l'âme s'incarne en général vers trois mois et demi de grossesse, ce qui peut tout à fait être ressenti par sa maman. C'est ce moment à partir duquel s'installe une véritable communication « télépathique » entre la mère et l'enfant. Nous ne saurions d'ailleurs qu'encourager les mères à remplir un journal quotidien, retraçant les communications qui s'installent avec ce petit humain. Puis de le lui remettre le moment venu. C'est un magnifique cadeau...

Pastor: Venir sur Terre, même par amour et avec une intention d'aider ce monde à accoucher de lui-même, n'est pas si simple. Surtout lorsqu'on est un premier de cordée.

Collectif: Pour faire le lien avec notre « présentation des premiers de cordée », qui sont, comme nous l'avons dit, en majeure partie des êtres venus de dimensions vibratoires parallèles, nous souhaiterions ajouter ceci. Ces êtres-là sont des centres de système. Que ce soit au sein de leur famille, mais aussi au sein de leurs différentes activités. Si « le centre du système » ne prend pas sa place, l'ensemble du système dysfonctionne d'autant plus. Pour cela, il faut qu'ils puissent comprendre pourquoi ils ont choisi cette famille, qu'ils l'acceptent, sans pour autant accepter d'être maltraités.

Pastor: Ainsi, il s'agit aussi qu'ils acceptent pleinement l'incarnation au lieu de la fuir, plus ou moins continuellement et de manières multiples: addictions, non-volonté d'habiter son corps, donc manque de soin apporté à celui-ci, désir de repartir... Ils sont souvent sujet aux accidents et à toutes sortes de « mal a dit », dans la petite enfance (et parfois plus tard). Une partie d'eux ne souhaite pas rester ici.

La nuit, ils se consacrent en général pleinement à leur mission. Ainsi, certains Stellaires qui sont des capitaines de vaisseau-mère, ou de structures venant de leur planète d'origine, rejoignent ces lieux durant la nuit. Il se peut qu'à un moment donné, ils quittent leur corps pour se consacrer totalement à leur activité au sein de ces dimensions-là. N'oubliez pas, vous vivez vos existences simultanément. Néanmoins, il y a des moments où vous êtes plus totalement concentrés sur cette incarnation. Et d'autres où vous êtes appelés ailleurs.

Collectif: L'adaptation terrestre est d'autant plus difficile que leur structure physique, leur fibre est tellement fine. Certains développent de nombreuses allergies dès la naissance, voire ce que vous appelez des « maladies auto-immunes ».

En cette période particulière, les Stellaires peuvent être dans une certaine forme de « souffrance ». Il n'existe pas de mot terrestre juste pour décrire ce qu'ils ressentent. Lorsque nous disons « les Stellaires », nous entendons tous ceux qui ont une sensibilité tellement fine. Ils ressentent la moindre émotion chez l'autre, et perçoivent très finement les ressentis collectifs.

Pastor : En fait, ceux qui ont une vie stellaire, mais aussi au sein de l'intra-Terre, du « petit peuple de la nature » au sein du cycle, ou en ont eu régulièrement, ont le « souvenir » du monde d'où ils viennent. Ce monde de douceur, d'amour, d'unité et de sérénité, de plénitude, de silence...

Notons et répétons d'ailleurs ici que, lorsque nous parlons des Stellaires, nous évoquons ici uniquement ceux qui sont des êtres de lumière, qui viennent de planètes faisant partie de la Confédération intergalactique de lumière.

Plus ces êtres se reconnectent à qui ils sont, plus ils ressentent le moindre souffle disharmonieux autour d'eux. Imaginez ce que cela peut signifier de vivre actuellement sur Terre pour eux... Que ceux qui se reconnaissent ici veillent néanmoins à ne pas basculer dans l'ego ou la « victimite ». Restez centrés, alignés, s'il vous plaît.

Collectif : De même, et selon leur origine, cela est d'autant plus puissant, ils ont une constitution physique et énergétique très particulière, très fine. Cela nécessite souvent d'adapter leur manière de vivre, de faire des choix, surtout s'ils ne sont pas entourés de personnes « vibratoirement légères ».

Pastor: C'est un peu comme un verre en cristal, si on le bouscule ou le jette par terre, il ne résistera pas. Néanmoins, la sonorité de ce verre est magique... Pour les Stellaires, ils sont puissants, donc ne « se casseront pas ». Ils pourront néanmoins se sentir déconnectés, fatigués, las, s'ils ne sont pas dans un environnement qui leur correspond. Et ils ne peuvent plus se le permettre, nous le répétons. Nous insistons. L'heure n'est plus à argumenter, commenter, disserter, fuir ou « planer », mais à mettre en œuvre la mission que vous aviez choisie, ou acceptée (après échanges avec vos guides d'incarnation).

Collectif: Ainsi, même si les Stellaires sont en joie de voir les familles d'âmes qui se réunissent, même s'ils finissent par renouer avec eux-mêmes et acceptent d'être sur Terre, ils n'en demeurent pas moins qu'ils peuvent se sentir sursollicités en ce moment!

Pastor: Ils sont également « touchés » par ce que vivent leurs frères et sœurs humains. De ce fait, ils essaient toute leur vie de garder la distance nécessaire. C'est spécifique à la Terre. Ailleurs, il y a plus d'homogénéité entre les êtres d'une même planète, très peu de différences de niveaux vibratoires entre eux. Ici, les Stellaires, plus que les autres, doivent comprendre qu'aimer ne signifie ni tirer, ni porter, ni sauver... Nous insistons.

Collectif: Certes. De plus, comme chacun, ils reçoivent et « assimilent » cette lumière qui arrive. Ils sont puissamment encodés. Ils œuvrent, consciemment ou non, à favoriser « le nettoyage » des autres. Ils stimulent à longueur de journée la flamme de ceux qu'ils croisent, accompagnent, ou même ne connaissent pas. Ils nettoient constamment, « vibratoirement », les lieux. Ils aident à « monter » ceux qui, décédés, sont restés coincés !

Enfin, le collectif humain étant particulièrement envahi par la peur, dès que pointe une sorte de « crise » de quelque nature qu'elle soit, ils favorisent l'allègement de cet égrégore-là. Vaste mission, n'est-ce pas ? Ils s'y sont préparés en d'autres temps.

Pastor: Vous « oubliez », cher collectif, de donner une clé importante à nos chers frères et sœurs dont l'origine stellaire est très présente ! Peut-être est-ce parce que vous avez tellement besoin qu'ils soient opérationnels, « en ordre de marche », comme vous dites avec humour.

Collectif: Ou Pastor... Lorsque nous, les guides, les êtres de lumière, accompagnons ou sollicitons un hybride, une graine d'étoiles, un membre de l'équipe au sol, nous ne « voyons » que sa puissance. Nous oublions que son corps physique, même si sa structure change, le limite et se fatigue. Cela d'autant plus que, pour la première fois, une ascension collective associe l'âme et le corps. C'est pour cela que vous avez d'autant plus besoin de vous libérer, de transmuter tout ce qui vous alourdit. Vous vivez une mort, celle de votre forme que vous quittez dans les dimensions inférieures. Cela à mesure que vous laissez s'en aller les blessures, tout ce qui est toxique pour vous. La renaissance représente la montée vers les dimensions vibratoires supérieures, le retour à la conscience...

L'équipe au sol, tout du moins sa partie active, « activée » même, est sursollicitée en ce moment. Néanmoins, comme vous êtes sur une planète de libre arbitre, c'est aux êtres incarnés de dire stop lorsqu'ils ont besoin d'une pause ! Si vous avez besoin de bien vous reposer une nuit, sans être actifs, dites-le. Si vous êtes également sursollicités au sein de votre œuvre quotidienne, autorisez-vous des pauses et dites-le-nous. Il y a encore trop peu d'êtres suffisamment réveillés sur cette Terre, en cette période. Or, c'est le moment du grand passage. Alors, nous « utilisons » largement ceux qui sont véritablement au service de la lumière.

Plus ceux qui se reconnectent à eux-mêmes sont nombreux, « rallument leur flamme », rayonnent qui ils sont, plus ce sera confortable pour ceux qui ont répondu « présents » de suite. Vous êtes aux commandes, responsables de votre vie et de l'issue collective.

Pastor: Un être s'éveille, mille le font. Cette magie m'émeut tellement...

Collectif: L'heure n'est plus à la procrastination, « à la masturbation intellectuelle ». Cessez de toute urgence de « faire », soyez !

Pastor: Être stellaire, c'est un peu une tonalité d'âme au fil de toutes vos incarnations, un fil rouge. C'est votre origine, votre fibre...

Collectif: D'ailleurs, pour naître dans un corps humain, il est nécessaire qu'un des membres de la lignée, parent ou grand-parent souvent, soit un Stellaire. Nous parlons ici encore des Stellaires venus des mondes de lumière. En d'autres termes, vous avez un ADN « physique » et aussi un ADN « quantique ». L'ADN quantique est votre fibre d'âme. Vous ne pouvez pas passer à travers une lignée, si un de ces membres n'est pas un Stellaire. Néanmoins, il se peut tout à fait que cette personne n'ait pas réussi à le manifester, à être pleinement elle-même. Par peur de s'affirmer ou parce qu'elle a décidé de s'associer, dans un couple souvent, à un Stellaire d'une origine beaucoup moins lumineuse. Souvent par amour, pour accompagner ce dernier dans son choix d'activer son chakra du cœur.

Pastor: En effet, en cette période d'ascension, un certain nombre d'êtres stellaires, de nature différente, peuvent choisir de profiter de ce puissant courant vibratoire pour s'incarner avec un désir de devenir lumière. Il leur faut du courage, car ils ont parfois peur « des représailles » de ceux qui sont restés dans leur origine initiale. Cela, même si depuis quelque temps ils les laissent partir. Une fois sur Terre, ils sont parfois comme coupés en deux. Une partie est déterminée à intégrer ce chakra du cœur, tandis que l'autre n'y parvient pas. Dans ce cas, ils peuvent être toxiques. Notamment pour leur lignée, dans le sens où ils sont « jaloux » de ceux qui rayonnent lumière et amour. Ils les harponnent, vibratoirement parlant, les « vampirisent ».

Aussi, si le Stellaire « lumineux », qui est, par exemple, l'autre membre du couple, se laisse « manger », il finit par renoncer à manifester qui il est, et se trouve comme « absorbé », alors qu'il était venu simplement accompagner, par amour, un être en mutation. Cela fait également écho à des existences où ces deux êtres ont pu déjà être en contact, ici ou ailleurs. Et dans ce cas, certains ne réussissent pas à s'extraire de la relation et s'en vont de manière brutale. Ils trouvent un prétexte, telle une « mal a dit », un accident ou se suicident, comme vous dites. L'apprentissage était ailleurs, en particulier dans l'affirmation de soi, et la capacité à « poser des limites ».

Collectif: Vous avez tous un corps de chair, mais derrière ce « déguisement », il y a des êtres bien différents, aux origines multiples et avec des intentions différentes... Nous le répétons. Il s'agit simplement d'être dans le discernement et d'affirmer votre intention d'être amour et lumière, et tout ira bien.

En effet, lorsque vous côtoyez un être en mutation au sein de votre lignée, envoyez-lui énormément de lumière et un amour « inconditionnel ». C'est d'ailleurs la meilleure « protection ». Il décidera alors s'il souhaite s'arc-bouter à rester mi-ombre mi-lumière, ou passera le cap. Libre arbitre... Ne forcez rien. S'il ne choisit pas de passer cette porte, eh bien passez votre chemin. Restez à distance vibratoirement. Ne vous laissez surtout pas emporter dans des questions de conscience, comme vous dites ici.

Pastor: Ce que veut dire ici le collectif, c'est que s'il s'agit d'un « conjoint », rien ne vous oblige à rester. S'il s'agit d'un parent qui a besoin d'aide avec l'âge, ne vous sentez surtout pas obligés de « vous sacrifier » pour vous occuper de lui. Ne cédez pas au chantage affectif, ou au besoin de tenter, une dernière fois, d'obtenir l'amour qui ne vous a pas été donné. Accompagnez-le simplement à mettre en place ce qui est nécessaire pour qu'il puisse poursuivre sa vie en fonction de son état de santé. C'est suffisant.

Vous avez bien entendu votre libre arbitre d'expérimenter d'autres manières de « faire ». Néanmoins, une fois de plus, en cette période particulière, vous êtes venus expérimenter la conscience, la prise de hauteur et le « détachement humain ».

Nous sommes nécessairement obligés de caricaturer ici, car il y a autant de situations que d'êtres humains. Vous saurez être conscients, et dans le discernement. Néanmoins, il ne vous est jamais demandé de « vous sacrifier », rappelez-vous ceci. Au contraire, occupez-vous en premier lieu d'être vous-même, aimez-vous, respectez-vous, réaffirmez chaque jour votre souhait d'être amour et lumière ! Cela d'autant plus si vous côtoyez des êtres en mutation, qui tergiversent relativement à ce choix d'activer leur chakra du cœur.

Collectif: Vous le comprendrez, et cela va peut-être vous interpeller, vous pouvez être un Stellaire des mondes de lumière, et passer à travers un parent qui est de votre nature, et un autre qui est en mutation. Ne soyez pas dans le rejet, mais dans la conscience de ce qui est. Adoptez la posture juste selon ce qui se manifeste. Parfois, il est nécessaire de couper le lien énergétique, et/ou terrestre en s'éloignant. Néanmoins, n'ayez crainte en vous disant « je possède une partie d'ADN de mutant » ! Il s'agit plutôt d'en être conscient, pour se situer dans une attitude juste pour soi.

Pastor: Il était nécessaire de donner cette explication. Nous ne nous attarderons pas. Il est plus utile de parler de cette jolie lumière des mondes qui sont les nôtres.

Collectif: Oui, cher Pastor. Ni « faire l'autruche », ni se laisser emporter par une sorte de venin qui vous serait distillé dans les veines. Rayonnez votre lumière, affirmez-vous, soyez vous-même, lumineux, dans toute votre puissance étincelante.

Comme nous l'avons dit, la plupart des graines d'étoiles, comme une bonne partie des hybrides, sont très protégés. Ils ne peuvent changer d'état, mourir comme vous dites, que si leur mission est achevée ou qu'ils sont appelés à aller servir ailleurs. Ils sont sollicités sur plusieurs lignes vibratoires simultanément.

Pastor: Certes. Et s'ils doivent assumer une fonction à « temps plein », par exemple au sein du vaisseau où ils œuvrent jour et nuit, en même temps qu'ils expérimentent leur incarnation, ils peuvent être rappelés de l'autre côté du voile !

Certains sont occupés à recueillir des données ou informations relativement au défi que vous traversez actuellement. D'autres à regarder agir ceux que vous appelez « les hommes politiques ». Que ce mot est étonnant, vide de sens.

Il y a tellement de manières différentes d'œuvrer. Nous y reviendrons plus avant.

En tant qu'êtres incarnés, les hybrides et les graines d'étoiles sont là pour favoriser l'éveil des humains, de toutes les manières possibles.

Ces assistants de l'humanité se sont portés volontaires. Ils ont également été soigneusement choisis parmi ces mêmes volontaires, car ils ont montré de vie en vie leur capacité à remplir une telle mission.

Collectif: Ils montrent le chemin, et mettent en pratique le fait suivant. Pour être pleinement conscient et ne plus être prisonnier de votre propre corps, de votre psyché, de votre société, de votre planète, il s'agit de vivre sans peur, sans jugement, sans préjugé, sans jalousie ou convoitise. Puis de vous projeter hors de la matrice « enfermante » qui vous enserre.

La matrice, c'est cette troisième dimension physique, ce monde de dualité. Comprenez aujourd'hui que ce monde physique dans lequel de nombreuses personnes pensent encore vivre n'existe tout simplement pas. Il est une sorte d'hologramme qui vous permet de faire de multiples expériences. Vous ne pouvez pas changer « le monde de l'autre » mais vous pouvez, vous, « switcher » d'une ligne de temps à l'autre. Rien n'est une fatalité. La « troisième dimension » doit vous permettre de comprendre que le changement est possible, et surtout que vous en êtes l'acteur. Vous ne pourrez jamais rien « apprendre », expérimenter, si vous pensez que c'est aux autres de le faire à votre place, ou si vous les laissez vous dicter la voie.

Lorsque vous vous libérerez pleinement de vos peurs, de vos colères, lorsque vous ne vous considérerez plus comme des êtres impuissants et faibles, vous pourrez enfin ressentir de la compassion pour vous-mêmes. Alors, vous serez en mesure de comprendre ce qui leur a permis d'exister, et ne le reproduirez plus...

Les êtres des étoiles ont toujours l'impression d'être sur Terre pour une raison particulière, pour accomplir une mission spécifique. Lorsque cela est nécessaire, ils sont amenés à rencontrer d'autres êtres stellaires, qui peuvent les soutenir dans cette mission. D'une manière ou d'une autre, ils sont tous des « soignants » vibratoires, que ce soit de l'âme et/ou du corps.

Un « temps » arrivera où les êtres venus d'ailleurs auront achevé leur mission et n'accompagneront, voire n'assisteront plus les humains, dans leur processus d'ascension. L'objectif est que chacun navigue en recourant à sa propre puissance, grâce à sa propre lumière intérieure.

Pastor: Abordons maintenant quelques exemples de caractéristiques stellaires. Ils ont de multiples origines, mais une mission commune.

Collectif: Nous avions déjà parlé dans *L'Envol vers soi* des êtres des étoiles. Nous les évoquerons, ici encore différemment. Nous souhaiterions avant de commencer, préciser un point qui est encore peu abordé sur Terre.

Vous l'aurez compris, lorsque vous êtes incarné, il s'agit de faire des ponts constants entre vos vies terrestres et votre ou vos existences stellaires. Vous parlez assez souvent des annales akashiques, cette immense « bibliothèque » qui contient tous les chapitres de votre joli livre, chaque chapitre étant une vie incarnée.

Comme il existe des annales akashiques pour les vies terrestres, il en existe pour les vies stellaires. Celles-ci se situent dans un lieu très beau, une sorte de palais de cristal. Vous pouvez d'ailleurs voyager et aller dans ce lieu afin de recevoir un encodage particulier. Il se situe au cœur du palais. Nous ne parlons pas ici de chœur, mais bien du cœur, du centre vibratoire particulier de cet « édifice ». Cette sorte de cathédrale au sommet percé sert de puits de lumière immense. Lorsque vous vous placez à un endroit particulier de cet édifice, en son centre vibratoire, vous êtes « accordés ».

En ce palais vivent des « êtres » très « éveillés », qui ont une haute fréquence vibratoire. Un conseil s'y tient, qui œuvre et décide de quelle manière la Terre sera accompagnée.

Ouvrons donc le bal cosmique en évoquant les êtres de Vénus.

Pastor : Lena, comment perçois-tu les êtres de Vénus ? Tu en accueilles également dans tes séances. Merci à toi.

Lena : Merci, cher collectif. Voici ce qui m'est montré. Je connais Vénus, qui est une de mes origines. Je comprends d'ailleurs aujourd'hui à quel point elle est un « fil rouge » important pour moi dans cette incarnation.

Les Vénusiennes, car il y a une polarité féminine bien affirmée dans la manière dont elles se manifestent, m'apparaissent comme très grandes, élancées. Elles sont souvent revêtues d'un voile léger, transparent, blanc ou argenté. Elles sont enveloppées dans un halo de lumière rosée. Elles ont les cheveux longs et émanent une douceur incommensurable, inimaginable lorsque l'on est sur Terre. On se sent d'emblée totalement bouleversé. Elles ont des gestes très lents (comme si on décomposait nos gestes, au ralenti) et tellement gracieux. Une femme d'origine vénusienne donnera l'impression de « voler » lorsqu'elle se déplace. Elle se meut de manière aérienne, avec beaucoup de grâce.

Toutes les Vénusiennes disent être là pour amener l'amour sur Terre, la douceur qui est liée à cet amour. Ce dernier nous envahit, d'ailleurs dès qu'on les voit.

Elles peuvent apparaître avec une boule de cristal entre les mains, un cristal joliment façonné ou un diamant sur le chakra du cœur. Elles le nomment « Anahata » avec un accent « en vague » sur le « a ». Le « a » qui suit le « h ».

Il scintille et projette une lumière douce et puissante dans toutes les directions. Cette boule, ou ce cristal, est de taille assez grosse (comme si vous placiez vos mains de manière que les doigts d'une main rejoignent ceux de l'autre pour former un cercle).

Lorsque j'accompagne des Vénusiens en séance, je suis guidée vers des « rituels » particuliers. Cela permet à la personne qui est incarnée de se reconnecter à cette énergie, de la diffuser en tant qu'humain. C'est aussi le cas pour les êtres stellaires d'autres origines, les « rituels » sont juste différents. C'est tellement beau...

Pastor: Oui. Comme tu le dis Lena, tu manifestes actuellement grandement cette origine vénusienne. Tu es arrivée tellement imprégnée de cette énergie-là... Tu collabores d'ailleurs largement avec les Vénusiens.

Comprenez que vous êtes constamment immergés dans un certain nombre d'énergies. L'une d'entre elles peut, à un moment donné, être très présente dans votre vie.

Lena: Oui, je me sens emplie de cet amour et animée pour le diffuser largement. Chaque être ayant une origine vénusienne est appelé aujourd'hui à la raviver, pour la diffuser. Il s'agit d'arriver à aimer la beauté en chaque chose, puis de « vibrer » cette beauté.

Collectif: Certes, et il s'agit de ne pas « passer à côté ». Vous avez besoin, plus encore en cette période de cet amour, de cette douceur et d'harmonie.

Lorsque, dans ce cycle d'existences, vous avez une vie vénusienne, votre mission première est simple : rayonner cet amour, manifester cette lumière. Puis le décliner à votre guise dans votre vie terrestre. Encore une fois, il ne s'agit pas de « faire » mais « d'être »...

Vous avez en vous une énergie de soin, celle de la guérison par l'amour. À ce propos, vous n'êtes pas nécessairement tous de la famille des passeurs. Vous pouvez être de celle des artisans, mais aussi de celle des bâtisseurs ou des visionnaires. Tout dépend de la manière dont vous avez choisi de le décliner.

Pastor: Lorsqu'un Vénusien et une Vénusienne ont simultanément une ou plusieurs incarnations terrestres au sein de ce cycle, qu'ils ont à chaque fois l'impression d'atterrir dans « un film d'horreur », ils perçoivent la souffrance animale, humaine, la souffrance de la Terre. Ils sont au départ comme figés, dans une sorte d'état de choc. Il faut avoir beaucoup d'amour pour être stellaire et incarné... D'ailleurs, regarder des films « négatifs », « violents » est impossible pour eux. Toute forme d'agressivité et de négativité leur est étrangère.

Néanmoins, ils se laissent parfois malmener, à l'extrême parfois, dans une ou plusieurs incarnations. Ils ne sont qu'amour et cherchent à tout prix à retrouver la moindre étincelle de ce type chez autrui... Puis, finalement, parfois après maintes souffrances, ils comprennent enfin, et finissent par passer leur chemin.

Collectif: Lena, tu t'es récemment souvenue également de ton nom vénusien. Ces prénoms stellaires sont comme ceux des guides. Ils sont énergie. Et ce prénom correspond aux énergies de ton origine vénusienne tandis que Lena est la synthèse de qui tu es...

Il en est de même pour chacun d'entre vous. Vous avez un prénom dans cette incarnation qui contient vibratoirement les clés de votre contrat d'incarnation (les grandes lignes de celui-ci). Vous avez un prénom pour chaque vie et existence du cycle. Et lorsque vous vous réveillez à vous-même, vous percevez le prénom qui sera celui de la cellule souche, en voyage, que vous êtes !

Pastor: Avant de poursuivre, Lena, pourrais-tu nous citer, juste pour le plaisir, quelques prénoms stellaires, s'il te plaît ?

Lena: Oui, j'adore ces sonorités. Abi, Xiris, Trefka, Viona, Stella, Octavius, Oniria, Simius, Abel, Zoni, Vktor, Joori, Amthis, Eneo, Avanda, Mayanda, Miriona, Yatchi, Elecha, Alyzea, Siriela, Eiaeiel, Minela...

Pastor: Quelle belle musique. Cela me ravit.

Parlons maintenant un peu des Vénusiens. Les êtres incarnés en « hommes » sur Terre, qui ont une origine stellaire vénusienne, n'ont pas les mêmes repères que les « Terriens pure souche » comme vous diriez. Ainsi, ils peuvent être en recherche de la posture juste, notamment dans la relation père/fille. Ils peuvent voir une attirance particulière pour leur fille, surtout si elle est vénusienne. Cela les perturbe car, sur Terre, vous êtes encore emmêlés avec vos pulsions. Ils sont venus aussi se manifester en apprenant les repères terrestres. Aussi, ils peuvent avoir une sorte de difficulté à se positionner avec leur fille.

Lena, peux-tu les décrire ?

Lena: Ce sont de très jolis êtres, eux aussi vêtus de parures fines et transparentes, comme un voile. Il est en général bleuté mais comme un bleu translucide, mélangé à un rose léger. Ils ont les cheveux souvent mi-long. Lorsque les Vénusiens ont une polarité masculine dans cette incarnation, ils ont un côté féminin « marqué », même s'ils ne savent pas encore comment le manifester.

Collectif: Nous reviendrons plus avant sur ce qui se passe actuellement chez les hommes en général, car tu nous as sollicités, Lena, pour que nous leur consacrions un long paragraphe. En effet, la période les secoue beaucoup...

Dans cette incarnation présente, au sein de cette période d'ascension, le féminin et le masculin doivent nécessairement s'équilibrer en chacun, pour fusionner dans un équilibre et pour ensuite éventuellement s'exprimer au sein de ce que vous appelez « un couple ».

Nous souhaitons d'ailleurs préciser que lorsque nous évoquerons « le couple », nous préférerons le terme de « duo ».

Alors voilà, nous allons pour une fois parler un peu « crûment », comme vous dites. Ces hommes ont souvent des difficultés avec leur masculinité et ne savent pas trop comment composer « avec leurs parties génitales » ! S'ils ont eu peu d'incarnations terrestres, ils vont être divisés entre l'aspect pulsionnel, qui existe encore chez l'humain, et leur féminité masculine…

Ainsi, ils pourront parfois se laisser aller à des attitudes peu justes avec les femmes, ou alors être très gênés, par ces pulsions physiques, qu'ils jugent inadaptées. Ils aimeront regarder certaines femmes, car ils aiment la beauté, et en même temps ils seront gênés, comme si cela était indécent. Ils sont fascinés par tout ce qui est beau et harmonieux…

C'est le cas de nombreux hommes sur Terre, mais pour les Vénusiens, l'effet est encore plus marqué.

Pour qu'ils se réalisent dans un duo, il faudra qu'ils aillent explorer leur polarité masculine au sein de l'incarnation pour en comprendre toutes les facettes. Il sera également nécessaire qu'ils réussissent à exprimer leur féminité, sans être prisonniers du conditionnement archaïque terrestre. Ce dernier est tellement ancestral qu'il peut être inscrit dans vos gènes.

Pastor: Ce que nous souhaitons dire ici, c'est qu'un égrégore demeure encore. Il rassemble toutes les manifestations erronées du masculin archaïque. Enfin, l'ADN humain est engrammé par les mémoires lourdes de toute nature. Cela peut conduire certains êtres, « peu conscients », à manifester des actes qui ne sont pas justes. Lorsque nous parlons du masculin, il s'agit de cette polarité en chacun de vous. Cela signifie que certaines femmes, dont la polarité masculine est particulièrement active, et dont l'énergie vibratoire est « assez basse », peuvent également être dans cette forme-là de violence.

Ces êtres-là peuvent rechercher une compagne, un compagnon, qui saura les accompagner sur ce chemin, en étant simplement à l'écoute, sans attente particulière, totalement dans l'amour. Cet être devra se respecter et « dire non » lorsque cela est nécessaire. Il devra également savoir sur quel chemin il s'engage...

Aujourd'hui, dans tous les duos, chacun des membres devrait veiller à s'aimer lui-même, à être complet, à partager cette complétude avec l'autre. Nous ne répéterons jamais assez ce point en cette période. Il s'agit de comprendre que l'amour ne peut être entravé. La limite du corps, la limite de ce que vous vivez, ne peut empêcher l'amour de se manifester. Il est votre fibre. Alors laissez-le circuler en vous, autour de vous, partagez-le. C'est une source illimitée, c'est « La Source ».

Précisons également que les Vénusiens ne « vivent » pas uniquement sur Vénus, mais sur un plan dimensionnel supérieur, dans plusieurs systèmes stellaires.

Collectif: Pour reconnaître cette énergie vénusienne, qui est une « vibration » très particulière, nous pourrions dire que cela produit chez celui ou celle qui a cette origine une sorte de sensation familière.

Si elle devait ressembler à une couleur, ce serait comme un bleu translucide, un violet ou un rose particulier. Les personnes qui sont en connexion avec les énergies de Vénus sont des êtres qui aiment la fluidité, la légèreté. Ce sont des esthètes, qui recherchent « le beau » dans tout ce qui fait la vie, leur intérieur, les personnes, les lieux.

Ils voient la beauté en chaque chose. C'est d'ailleurs ce que chacun d'entre vous devrait percevoir : dans le chant d'un oiseau, un lever ou un coucher de soleil, un enfant, un animal, etc. Plus vous saurez vous émerveiller devant ce qui est plus vous serez apte à lire en vous-même et à vous aimer...

Certains Vénusiens sèment des énergies dans votre Terre, dans vous cours d'eau, afin qu'elles se diffusent et vous infusent. D'autres utilisent le son qui émane de leur être, pour être vecteur de la vibration, ajusteur.

Les Vénusiens sont venus manifester l'amour, la beauté, équilibrer et harmoniser le beau sur Terre. Ils transforment des friches en jardin zen !

Lena : Que c'est beau... Un Vénusien que j'ai accompagné est un « spécialiste du son ». Il émet un son qui permet d'alimenter la ronde formée par l'équipe au sol, et l'équilibre au niveau électromagnétique. Il envoie également des sons qui sont parfaitement « gérés ». Si ceux-ci heurtaient violemment la croûte terrestre, la Terre exploserait. Ceux émis produisent un halo de lumière, qui balaie la Terre et génère comme des gouttes de rosée qui sont accompagnées de fées... Lorsque j'ai vu ces images, j'étais dans un émerveillement indescriptible.

Pastor : Vénus, une de tes maisons, Lena... Pourriez-vous, cher collectif, nous parler un peu de type de soin vénusien que Lena met en œuvre dans ces séances ?

Collectif : Elle connaît ces soins puisqu'elle est vénusienne. Comme il y a des soins vénusiens, il y a des soins arcturiens, etc. Certains sont d'ailleurs très proches. Ce sont des « thérapies stellaires ». Là encore, faire taire le mental est un préliminaire « indice-pensable ».

À quoi bon savoir de quelle origine est le soin, si ce n'est pour dire : « Ah, bien, aujourd'hui j'ai reçu un soin vénusien et demain, un pléiadien ! » Ou « Moi je sais dispenser des soins vénusiens. » Tout cela n'a plus lieu d'être. Soyez et manifestez-vous tout simplement !

Nous ne sommes pas dans un de vos centres esthétiques proposant différentes sortes de massages ! Ce n'est pas un choix à la carte !

Nous dirons qu'il y a des soins stellaires. C'est suffisant, car nous ne souhaitons pas participer à la dualité, à la catégorisation, à une sorte de répertoire des praticiens stellaires !

Nous le répéterons encore et encore. Aujourd'hui, chaque être éveillé sur Terre est amené à mettre en chantier sa plus belle œuvre. Celle qui rayonne sa tonalité, sa fibre, celle qui résulte de tout ce qu'il expérimente, sur chaque ligne de temps de ce cycle-ci. Et même plus, ce qu'il a acquis des autres cycles, et qui est devenu une « connaissance innée ».

Aujourd'hui encore, comme nous l'avons dit, vos accompagnants terrestres ont besoin d'une carte de visite, qui est leur « porte d'entrée ». Car l'humain a besoin de mettre « une étiquette », d'être rassuré par une « formation de base » et, par extension, par un diplôme ! Tout cela n'a rien à voir avec la « compétence » de l'être qui vous accompagne. Ce qui importe, c'est la fibre de ce dernier, sa pureté d'âme, si nous pouvons nous exprimer ainsi. Car même si la carte de visite est une manière « d'être repéré et identifié », il est attendu aujourd'hui que chacun se manifeste dans sa spécificité, dans sa « tonalité ». Chacun de vous est unique et ne peut être le pâle reflet d'une formation.

Pastor: C'est pour cela que les formations dans le style de: « Devenez magnétiseur en trois jours! », et bien d'autres, nous font juste... sourire. Combien de praticiens fleurissent aujourd'hui? Certes, nous avons besoin de « rallumeurs de flamme ». Néanmoins, cela ne s'apprend pas. Cela résulte de vos expériences ici et ailleurs...

Votre mental a besoin de mettre des noms sur chaque chose, de définir chaque être. Ainsi, Lena reçoit encore souvent la question, qui est Pastor? Ou même, « Cela ne peut pas être Pastor, car son ton est comme-ci ou comme-ça ». Ah ah ah! Je suis une énergie, pas un produit labellisé!

Je me suis présenté en d'autres temps, et l'ai réaffirmé dans *L'Envol vers soi.* Je suis comme « une flamme ». Je ne souhaite pas que vous me visualisiez comme un vieil homme à la barbe blanche, et qu'on me confonde avec le père Noël, ah ah! J'aime l'humour. Il me plaît de tourner en dérision ce qui n'a plus lieu d'être car cela l'allège. Je suis une énergie, comme chacun de vous... Et cette énergie, même si elle a une tonalité qui lui est propre, peut se manifester librement, se décliner sous tellement de formes et de manifestations.

Quant au collectif, qui s'est présenté également dans *L'Envol vers soi,* la seule chose importante à savoir est qu'il est composé d'êtres de lumière. À quoi bon savoir s'il y a tel pourcentage de guides de lumière, tel de maîtres ascensionnés, tel de Stellaire, etc.

Collectif: Certes! Comme le dit Pastor, nous ne sommes pas « un produit de consommation », destiné à satisfaire le mental... Nous accompagnons l'humanité, car la période est d'une importance extrême. Nous nous manifestons ici, car le passage doit s'effectuer de manière juste, si possible en douceur.

Notre énergie est une vibration, que vous qualifieriez de « très puissante ». Lorsque nous intervenons à travers Lena, par exemple, même si sa structure énergétique nous facilite le « travail » car elle transforme du 3 000 volts en 220, cela n'est pas sans exigence pour son corps physique ! Elle doit savoir se reposer régulièrement.

Lena : Euh... En ce moment, « ce n'est pas gagné ». Mais vous me soutenez largement... Merci.

Pastor : La période est particulière et le point de bascule proche. Ceci explique cela, chère Lena. En effet, nous sommes là...

Collectif : Nous œuvrons avec des cartes quantiques, comme nous l'avons expliqué. Comme un certain nombre d'entre vous, Lena reçoit des sortes de symboles, que sa structure met en mots. À un moment donné, elle ne communiquera plus sous forme de mots. D'ailleurs, lors de son activité, c'est sa propre énergie qui intervient, bien plus que les mots qu'elle prononce.

Pastor : À ce propos, comprenez que l'équipe au sol, et en particulier les premiers de cordée, « les guides vibratoires de haute montagne », sont totalement au service. Soyez conscients de cela lorsqu'ils vous accompagnent. Ce don va bien au-delà de la séance et du prix qu'ils demanderont pour celle-ci. Ils ne sont pas des « distributeurs automatiques ». Je mets tant d'euros et toi tu agis ! Je peux te solliciter jour et nuit, te « surutiliser ». Ne vois-tu pas comme je vais mal... Non, non et non.

L'équipe au sol est là pour accompagner tous ceux qui sont prêts à plonger dans les abysses de leur être pour renaître. Cela va de pair avec une posture de respect de soi et de l'autre, d'amour et d'humilité...

Chacun de ces accompagnants a ses particularités. À ce propos, il faut simplement qu'ils demandent que nous leur envoyions « les personnes justes » pour eux... Tout se fera « comme par magie ».

Je viens de parler de « guides vibratoires de hautes montagnes ». Un premier de cordée est un expert des cimes. Il va guider sa cordée, l'« assurer » durant l'ascension. Un guide de haute montagne connaît parfaitement la carte du territoire, des territoires que sont les différentes lignes vibratoires. Il accompagne dans le cadre d'« un contrat ». Il permet à celui qui veut évoluer d'être guidé. Il œuvre de manière large. Cela va bien au-delà de sa pratique de « thérapeute » et du nombre de personnes reçues chaque jour...

Il se manifeste, nettoie, « soulage » jour et nuit... Et aujourd'hui, s'il sent que la « charge vibratoire » est trop importante, il peut orienter vers des premiers de cordée. Chacun d'eux a sa spécificité. Chacun accompagnera une cordée, puis une autre. Tout est juste...

Lena: Je viens juste de comprendre pourquoi je suis née en haute montagne! Il fallait que je m'imprègne de l'énergie des cimes, que j'apprenne la carte du territoire! C'est amusant.

Pastor: Eh oui. Tu as choisi de naître au sein des montagnes, là où l'énergie est puissante et pure.

Collectif: Ce petit intermède, qui amène une onde de légèreté, est fort utile, cher Pastor. Nous t'en remercions.

Comprenez bien que « les premiers de cordée », « les guides de haute montagne », et par extension l'équipe au sol, sont venus pour être « au service » de la lumière, et manifester ce que nous transmettons. C'est justement pour cela que nous la qualifions « d'équipe au sol ». Il s'agit d'un véritable engagement. Il résulte de nombreuses vies et existences. Nous vous prions ainsi de les solliciter avec respect. Il s'agit ni de les considérer comme des héros, ni comme des machines qui doivent être constamment au service de l'humain !

NEUVIÈME PAS DE DANSE

Intermède

Lena: Arrête-toi de danser quelques instants. Relie-toi à ceux qui, à chaque instant, te guident, te « soignent », t'entourent d'amour et de lumière.

Pastor: Revenons maintenant à « nos moutons » stellaires ! Aux soins stellaires plutôt. Les Stellaires sont très puissants, « pointus » diriez-vous, dans une forme de thérapie que vous pourriez qualifier de « pratique » vibratoire. Pour les Vénusiens, celle-ci est reliée à la beauté, à l'harmonie, à l'équilibre donc de tous vos corps. C'est un peu comme ce que décrit Lena lorsqu'elle accompagne certaines séances. Peux-tu le préciser Lena, s'il te plaît.

Lena: Je suis comme devant un ensemble d'écrans, comme des écrans de télévision, ou dans une tour de contrôle. Sur ces écrans sont projetés des moments de vies terrestres. Chacun met en scène une vie, qui fait partie du cycle d'incarnation actuel. Un ou plusieurs de ces écrans peuvent mettre en scène une vie stellaire, ou d'autres dimensions parallèles.

Mon rôle est de décrypter les messages qui me sont envoyés relativement à chacune de ces vies, de conduire la personne à visionner ce qui a créé un blocage. Il s'agit ensuite de l'accompagner à le laisser s'en aller, en en comprenant le sens. Ainsi, elle va pouvoir « récupérer » les acquis de cette vie-là, en n'étant plus entravée par les blocages venus d'ailleurs. Je « me déplace » sur plusieurs lignes vibratoires simultanément, et interviens souvent sur plusieurs de ces écrans en même temps. Car toutes les vies de ce cycle ont une résonance les unes sur les autres. Il y a des imbrications particulières, des nœuds qui sont en lien d'une vie sur l'autre.

Pastor: Tu es aussi une sorte d'opératrice électromagnéticienne, parfois une accoucheuse de l'âme, et aussi dans certains cas une « chirurgienne vibratoire » ! Tu décristallises et tu réencodes sur un programme vibratoire élevé et juste. Tout cela avec légèreté et amour.

Lena: Je me laisse guider, je me mets à l'écoute. Je suis le flux, le mouvement. À chaque séance, c'est différent. En ce sens, je vous rejoins. Il n'y a pas de méthode ni de protocole. Il s'agit de savoir naviguer au sein des différents mondes. Le chamane, les guérisseurs que je suis sur d'autres lignes vibratoires m'aident beaucoup. Cela me demande de « me polir » encore et encore, comme chacun de nous. Je vole, mais en étant bien ancrée à la Terre.

L'accompagnement se manifeste différemment pour chacun. Cela est toujours très juste. Merci à vous, chers êtres de lumière, de me guider, de m'accompagner dans cette œuvre. Chaque jour, j'ai l'impression d'être une sage-femme vibratoire. Chaque naissance est un moment intense, plein d'amour.

Collectif: Merci à toi pour ton engagement au service de la lumière. Merci, chère équipe au sol.

Lors des soins stellaires, un focus peut être fait sur un seul écran, qui projette un instant de votre vie présente, une situation qui vous a blessée. Cela peut être un moment plus joyeux, qu'il s'agit de raviver pour qu'il vous porte, vous conduise à manifester cette joie dans votre vie présente. Un peu comme par un phénomène de reproduction. Une sorte de ricochet positif.

Comprenez que c'est bien parce que chaque moment de votre vie s'est passé comme il s'est déroulé que vous êtes qui vous êtes aujourd'hui. Vous pouvez ensuite déprogrammer les effets « négatifs », les virus de cette scène et la rejouer différemment. Cela en étant accompagné par « un guide vibratoire de haute montagne », s'il y a « du lourd » comme vous diriez, ou sinon par un premier de cordée, pour aller guérir des parties particulières de votre être.

Par exemple, si vous avez des « souvenirs douloureux », vous pouvez « inactiver » les effets « toxiques, invalidants » en projetant une nouvelle version de l'évènement. Une version juste pour vous.

Vous allez être placés dans une position vibratoire qui va vous permettre « de vibrer » ce souvenir de manière « idéale ». Vous allez finalement le « corriger », le polir, le tailler comme un vêtement pour qu'il vous siée totalement...

Il s'agit de vous imprégner totalement de cette nouvelle sensation qui vous habite alors.

Pastor: En fait vous changez le souvenir de l'évènement, vous réécrivez différemment le scénario. Vous avez ainsi lâché le traumatisme lié à cet ancien souvenir. Cela permet un véritable rééquilibrage énergétique et vibratoire.

Collectif: Ce nouveau film que vous avez écrit, et que vous vivez au moment où vous faites cette expérience, n'est pas une projection qui prend la place de l'ancien souvenir. Il existe véritablement.

Finalement, lorsque vous raisonnez en vous situant dans la multidimensionnalité, vous comprenez que l'univers vous propose une multitude de choix. Vous pouvez mêler plusieurs scénarios. Mais au moment où vous « choisissez », vous faites finalement un choix unique, pas une dizaine en même temps.

Ces « soins » vous amènent simplement à comprendre que toutes les possibilités existent simultanément, et que vous pouvez choisir celle qui vous convient.

Si un scénario ne vous convient plus, vous pouvez en choisir un autre. Si vous choisissez un film, cela produira un effet particulier. Ainsi, vous serez ce choix. Si vous en choisissez un autre, vous serez cet autre choix, et cette autre personne...

Si, dans le premier choix, vous avez agi en fonction de vos « manques », vous devenez ces manques. En utilisant cet outil, vous pouvez ne plus être ces manques. Vous devenez une autre personne. Vous avez simplement choisi une autre ligne vibratoire, une dimension parallèle.

Pastor: Vous pouvez utiliser cet outil à votre guise. Votre « travail » ne vous convient plus. Alors, projetez sur cet écran l'image de vous-même en train de réaliser une œuvre qui vous épanouit pleinement. C'est comme si vous fusionniez vibratoirement avec cette image. Vous allez ressentir l'harmonie et l'équilibre. Cette « visualisation » permet un autre encodage vibratoire. Il produira « un autre vous ».

Voilà pourquoi la clé n'est pas dans « le faire », mais dans « l'être », nous le répéterons encore et encore. Elle est dans le ressenti.

Comprenez que lorsque vous réagissez aux choses, aux évènements (et vous le faites encore si souvent), vous êtes en train de connoter la scène. Votre réalité de l'instant présent n'a pourtant rien à voir avec la scène, elle a à voir avec votre ressenti, avec la manière de réagir à la scène.

Aujourd'hui, il s'agit de comprendre que vous êtes des êtres multidimensionnels. Cela vous permettra d'opter pour des réalités qui vous conviennent. Des scénarios qui vous permettent de manifester la meilleure version de vous-même.

Il ne s'agit plus de vous situer en « victimes », ou de vous punir sans cesse de ce que vous appelez « vos erreurs ». Comme nous venons de l'expliquer, vous pouvez tout à fait modifier ces scénarios. Vous êtes acteurs. La pratique vénusienne, et stellaire en général, est avant tout une pratique de l'âme. En effet, lorsque votre corps physique déclenche « une mal a dit », c'est qu'un déséquilibre existe au niveau vibratoire. Ce dysfonctionnement devient mental, puis se manifeste dans le corps physique.

Les énergies stellaires, au lieu de se focaliser sur la guérison du corps physique, vont veiller à « réharmoniser » les déséquilibres mentaux et émotionnels des différents corps subtils. Comprenez que ce sont vos corps subtils « invisibles » qui alimentent votre corps physique, et non l'inverse. Aussi, si vous les rééquilibrez, la maladie n'a pas le temps de descendre dans le corps physique.

Un certain nombre de praticiens terrestres sont déjà au service à travers une forme de pratique « énergétique ».

Chacun d'eux décline en fonction de « sa fibre », de ces connaissances innées (de ces autres vies et existences) et acquises (apprentissages et expériences de cette vie-ci). De nombreuses personnes n'accèdent pas encore à ce type de soins, du fait de leurs propres croyances ou conditionnements, parfois entretenus avec détermination, de peur de découvrir un nouveau monde qui risquerait de faire voler en éclat celui qu'elles se sont construit.

Collectif: Les « soins stellaires » vont au-delà de ceux généralement dispensés sur Terre en thérapie énergétique. Ils intègrent totalement la notion de multidimensionnalité. Ce sont ce que vous appelleriez des soins « quantiques ».

On n'agit pas sur les corps énergétiques de la personne en la situant dans cette vie-ci. On la remplace dans l'ensemble de ces vies et existences, de ce cycle d'incarnation, et souvent au-delà de celui-ci. Il s'agit de changer de ligne de temps, et même plus de jouer sur plusieurs lignes de temps à la fois.

Pastor: Imaginez un magnifique instrument à cordes. Il n'existe pas encore sur Terre. Chaque vie ou existence est une corde. Et vous devez accorder cet instrument de manière que chaque corde soit totalement débarrassée de toute impureté vibratoire. Puis vous allez harmoniser les cordes les unes avec les autres, ce qui revient à accorder l'instrument. Et votre « Moi supérieur » est le diapason qui permet cet accordage.

Nous, les guides, sommes simplement « des projecteurs de lumière pure », qui éclairent la scène. Nous sommes également « des garde-corps » au sens terrestre et vibratoire. Un garde-corps terrestre est une sorte de rambarde qui vous rappelle qu'au-delà d'elle, il y a un obstacle ou un abîme. Le garde-corps vibratoire, c'est nous !

Nous sommes là pour vous « piquer les fesses » de temps à autre, en vous disant : « Attention, tu approches à grands pas du précipice, vas-tu choisir de tomber ou modifies-tu ta trajectoire ? » Libre arbitre chers amis, libre arbitre...

Toutefois, si à un moment donné, vous ne comprenez toujours pas, les signes que nous vous enverrons seront de plus en plus puissants. Et si vous ne saisissez toujours pas, nous ne pourrons vous éviter la chute dans le précipice. Ce sera une... expérience comme une autre.

Collectif : C'est en ce sens que nous « prier » nous, Dieu ou des membres de votre famille ne sert à rien ! Nous ne pouvons pas modifier votre vie. Lorsque vous nous priez, c'est souvent que vous avez déjà un pied dans le gouffre. Alors, vous attendez que l'on vous attrape par la main. C'est une conception binaire, qui reflète un monde de dualité. Et cela n'est en rien une prière mais un appel au secours. Nous reviendrons plus avant sur la prière.

Il s'agit simplement de nous signifier clairement la nouvelle destination GPS (merci Lena pour cette image que tu nous as proposée) que vous souhaitez prendre, de l'affirmer. Le reste, le « quoi » et le « comment », c'est notre affaire ! Cela aussi nous le répéterons encore et encore.

Pastor : Prenons un exemple pour faciliter la compréhension. Peut-être deux bien différents pour encore mieux illustrer. Vous vous êtes mis dans une situation financière catastrophique. Par exemple, un proche, avec lequel vous étiez lié, vous a « pris » comme vous diriez tout votre argent, en « faisant des dettes ».

Et vous nous implorez : « Sortez-moi de ces dettes, il faut que je trouve de l'argent ». Nous ne pouvons rien faire pour vous si la demande est ainsi formulée.

Comme expliqué dans *L'Envol vers soi,* vous envoyez dans l'univers un message qui signifie « un manque ». Vous dites « manque », l'univers vous répondra par... « le manque ».

Enfin, si vous souhaitez sortir de là, il s'agit de nous dire plutôt : « J'ai compris que par manque d'amour et de respect pour moi-même, je me suis “associé” à une personne, qui vient justement me rappeler ceci. Je souhaite aujourd'hui être amour et abondance, m'aimer suffisamment pour choisir une voie qui me rende pleinement heureux, épanoui et me permette de rayonner qui je suis. Je remercie cette personne et la laisse s'en aller de ma vie. »

Là, vous avez cessé d'être une victime implorante, vous êtes devenu acteur et vous avez exprimé une intention claire. Nous nous occuperons de mettre sur le chemin des synchronicités, que vous pourrez appeler « chance », qui vous permettront de reprendre votre chemin.

Néanmoins, il faut que votre intention reste constamment claire, donc pas à demi-teinte. Sinon, cela ne marchera pas, vous ferez du sur-place.

Si vous vous dites à un moment donné : « Oui, mais je l'aime, je ne peux pas le quitter, qu'est-ce qu'il va devenir ? », nous ne pourrons rien faire.

Votre « job » à vous, c'est de faire le nécessaire dans la matière, afin que cette personne ne puisse plus vous entraîner dans le gouffre. Même si cela nécessite une forme de fermeté de votre part, c'est juste. Néanmoins, tâchez de le faire avec élégance et remerciez celui que vous preniez pour une sorte de « bourreau », car il vous a permis de comprendre cette « leçon ». Elle sera, une fois l'étape passée, véritablement acquise.

Autre exemple, vous avez déclenché une « mal a dit » assez sérieuse dans votre corps physique. Vous nous implorez de vous guérir. Nous ne pouvons rien faire si vous n'avez pas l'intention claire de remédier à ce qui vous a conduit là. Votre hygiène de vie, votre environnement, vos pensées régulièrement négatives, un manque d'amour et de respect pour vous, peut-être même une envie de ne plus être sur Terre...

Dans ce cas, d'autres facteurs entrent en jeu. Ce que vous avez inscrit pour vous dans votre contrat d'incarnation, par exemple. Si vous avez choisi « de mourir jeune », cela sera plus compliqué pour nous. Même si finalement, cela peut être aussi renégocié. Si cela sert positivement votre plan d'incarnation, cela peut être accepté et vous guérirez dans ce cas. Pour peu que vous ayez l'intention claire, et que vous vous y teniez, de modifier tout ce qui n'est plus juste pour vous. Nous disons bien : TOUT. Pas à pas, mais tout.

Peut-être aussi êtes-vous allé trop loin, et de ce fait votre corps est déjà trop épuisé. Et là, il sera éventuellement plus juste de vous laisser partir...

Collectif: Les guérisons miraculeuses ne sont qu'une conjonction vibratoire d'intentions et de circonstances. Si votre intention rejoint un alignement avec les termes de votre contrat d'incarnation, le passage d'une porte vibratoire qui est à passer à ce moment-là (avec un apprentissage important pour ce cycle de vies), tout est possible.

Nous ne sommes que des régulateurs, des modérateurs de fréquence... Nous ne sommes qu'amour. Nous veillons à ce que tout soit le plus juste possible pour vous, au souffle près, pour que vous puissiez retrouver la voix de l'amour et de l'unité. Amour de vous, unité à l'intérieur de vous (qui est le contraire d'un morcellement de votre être). Amour et unité en termes collectifs.

Pastor: C'est en ce sens que les soins stellaires sont précieux, et que Lena est une chamane/*channel.* Elle lit sur plusieurs écrans en même temps, vous accompagne pour détricoter les nœuds et vous conduit à un « recouvrement d'âme ».

Elle va chercher les parties de vous égarées, vous guide pour les réintégrer dans l'amour, afin que vous ne soyez plus morcelé. Amour, unité, conscience, si vous ne deviez œuvrer à manifester uniquement trois de vos mots, ce serait ceux-ci.

Collectif: Amour, unité, conscience, que ces mots sont beaux et chargés d'énergies cristallines. Ascensionner, c'est être amour, unité et conscience.

Prenez un instant, laissez-vous imprégner par ces mots et dites à voix haute : « Je suis amour, je suis unité, je suis conscience. » Voici un autre puissant mantra, à répéter sans modération.

Pastor: Merci pour cette belle prescription... Donc, si je résume, cher collectif, les énergies de Vénus, et plus généralement les « soins stellaires », permettent une « réharmonisation » des déséquilibres émotionnels et mentaux des corps subtils. Ils préviennent ainsi la maladie physique. Par le terme « mentaux », nous entendons créés par le mental, ce qui signifie engendrés par un mode de pensée « erroné » au sens propre du terme, peu juste.

Collectif: Comprenez bien que pour en bénéficier, il vous faut être prêts à changer de ligne de temps, c'est-à-dire disposés à sortir de vos croyances, et accepter de « redevenir conscients ».

Lorsque vous ressentez subitement que quelque chose a changé, c'est tout simplement que vous avez passé un portail. Simplement, vous avez accédé à une autre ligne de temps.

Finalement, vous pouvez « réécrire » tous les scénarios déjà vécus, afin qu'ils soient plus justes pour vous, que les effets néfastes et bloquants sur votre vie n'aient plus cours.

Néanmoins, comme nous l'avons dit, reprogrammer un souvenir ne va pas l'effacer. Le souvenir « idéal » ne se substitue pas à l'autre. Vous conservez les deux à l'intérieur de vous, mais l'ancien est comme mis en sommeil.

Nous ne disons pas désactivé, car si vous recommencez à engendrer de nouveaux scénarios du même type, par une forme de pensée réductrice ou négative, à terme cela va faire ricochet. Vous récupérerez alors, par effet boomerang, une grosse éclaboussure de cette flaque de boue. Et parmi la boue, il peut y avoir une goutte plus ou moins grosse qui correspond à ce souvenir-là. Vous êtes aux commandes, chers amis, des opérateurs célestes de votre propre vie.

Pastor: Eh oui, vous comprenez ainsi pourquoi il est « indice-pensable » de vous concentrer sur votre propre vie, au lieu de vous mêler si souvent de celles des autres. Chaque opérateur est constitué d'un encodage particulier. Celui-ci n'est pas cessible. Seul chacun de vous peut finalement activer et désactiver ses propres fonctionnements intérieurs.

Collectif: Pour aller un peu plus loin, précisons aussi ce processus en termes d'évènements « à venir », comme vous dites. Lorsque l'on vous fait visualiser la meilleure version d'une situation, que vous qualifieriez de « future », surtout s'il s'agit de l'issue de celle-ci, le risque consiste à rester dans le mental.

Certes, vous vous sentirez sans doute très bien au moment où vous le ferez, mais si cela est juste un discours mental, cela n'aura aucun effet. Il est préférable d'avoir une intention claire de ce que vous souhaitez vivre, de l'affiner chaque jour, de le ressentir dans chaque cellule de votre être, en veillant à ne pas émettre de messages contradictoires. Puis de nous confier cette intention. Saisissez-vous bien la différence ?

Pastor: Oui, je vais encore imager. C'est comme si vous montiez dans votre voiture. Vous imaginez votre destination, un superbe paysage, le plus beau au monde pour vous. Et puis, vous restez dans la voiture sans mettre le contact. Vous aurez peut-être vécu un magnifique moment, vous vous y serez sans doute même rendu vibratoirement parlant. Mais vous, en tant qu'être incarné, vous serez toujours devant chez vous, au volant de votre voiture… Il s'agit de savoir mettre le contact, d'oser le faire. Puis d'être clair sur votre feuille de route !

Collectif: C'est aussi pour cela que ceux qui s'astreignent chaque jour à faire des exercices de toute sorte, que ce soit même de la méditation ou des prières comme vous dites, peuvent se perdre. Car dès que quelque chose s'effectue par contrainte ou devient « une forme de toc », d'addiction, d'obligation mentale, cela n'a aucun effet.

La contrainte devient un conditionnement, qui peut même générer l'inverse de ce que vous souhaitez, voire en rajouter à votre asservissement ! Il s'agit de vous situer dans le cœur. C'est cet élan-là qui est créateur, générateur. Il vous permet d'aller au-delà de vous-même, dans tous les sens du terme.

Pastor: Restez d'éternels enfants, et des enfants conscients, qui ne sont pas « domestiqués ». Des enfants curieux, prêts à aller vers l'inconnu, à expérimenter.

« Heureux les simples d'esprit, le royaume des cieux leur est ouvert[56]. » Que cette citation puissante a été déformée. Simplement, ceux qui sont guidés par leur cœur et non par leur mental, par leurs conditionnements en tout genre, sont libres d'être. Ils accèdent donc plus aisément aux mondes subtils... Tout est si simple et tout a tellement été interprété de manière peu juste. Cette vague énergétique puissante qui est là aujourd'hui vous permet justement « de balayer d'un revers de manche » ce conditionnement une fois pour toutes. Haut les cœurs !

Collectif: Nous souhaitons attirer votre attention sur le point suivant. Bien entendu, en « réécrivant » la meilleure version d'un évènement « passé », il ne s'agit pas de manipuler une autre personne, de se venger de quelque manière que ce soit. Une version idéale l'est pour toutes les personnes concernées, puisqu'elle est amour.

Il ne s'agit pas non plus d'être dans le monde « des bisounours » comme vous dites. La meilleure version est celle

---

56. *Évangile selon saint Matthieu,* 5 : C 3.

qui est la plus juste pour chaque personne impliquée. Cela résulte de son chemin de vie, de toutes ses existences, et de ce qu'il ou elle avait prévu d'expérimenter dans cette vie-ci.

Pastor: Vous pouvez donc rééquilibrer des sentiments, des sensations, des ressentis pour que justement cela ne s'inscrive pas dans le corps physique. Votre corps est « l'éponge » de vos émotions. Comprenez bien que ce sont les énergies qui créent la forme et non l'inverse...

Les outils stellaires ne sont pas des baguettes magiques. Et les praticiens non plus.

Collectif: De nombreuses personnes en cette période souhaiteraient rencontrer une personne avec qui partager l'amour. Lorsque vous œuvrez à vous libérer de ce qui justement fait entrave à ce que vous appelez le bonheur, vous éclairez votre être intérieur, vous lui permettez de s'équilibrer avec qui il est vraiment. Lorsque vous ressentez cette plénitude, cette sensation d'être complet à vous-même, alors c'est à ce moment-là que par synchronicité, vous attirerez à vous une personne qui sera en harmonie avec elle-même. Un être qui ne cherchera donc pas à combler ses manques. Il sera également sur une fréquence vibratoire très proche de la vôtre. À ce moment-là, tout est possible. La relation sera juste merveilleuse.

Lena: C'est pour cela que je prends souvent cet exemple très imagé. Si la tonalité vibratoire choisie pour cette incarnation est le « la » et que vous vibrez « ré », vous attirerez à vous des personnes qui seront « ré ». Cela jusqu'à ce que vous vibriez « la ». Entre ré et la, il y a mi, fa et sol !

Pastor: Certes. Les soins stellaires sont des outils puissants de reconnexion à soi, des vecteurs de « nettoyage énergétique ». Comme d'ailleurs un certain nombre de vos soins énergétiques terrestres. Simplement, ces pratiques stellaires sont vraiment multidimensionnelles.

Collectif: Enfin, comprenez que lorsque vous allez « réécrire » le scénario différemment, programmer autrement cet épisode passé difficile, cela ne va pas annuler les apprentissages que cela avait permis. Cela tombe sous le sens, mais va mieux en le disant. Cela va au contraire compléter ces « apprentissages », car une partie de vous conserve l'enregistrement de l'autre histoire.

Pastor: Si chacun des êtres de cette planète arrivait à s'alléger de ses blessures, parvenait à remplacer les scénarios « catastrophes », les émotions et pensées négatives, par une version juste, lumineuse, sereine et pleine d'amour, il n'y aurait plus de massacres ni de chaos sur Terre.

Collectif: Il s'agit d'un long chemin intérieur que vous venez mettre en œuvre en vous incarnant. Il s'agit de s'aligner avec son ressenti, de se situer dans l'espace du cœur. Il ne s'agit pas de mettre un pansement sur une blessure. Il faut aller à la source de celle-ci, en comprendre le sens, puis « réécrire » le scénario différemment sur un autre plan vibratoire.

Pastor: Finalement, ce que vous appelez sur Terre « la résilience » n'est autre que la capacité innée à mettre en œuvre le type de soins précédemment évoqués. Et vous êtes bien accompagnés, même si vous n'en avez pas conscience...

DIXIÈME PAS DE DANSE

Revenons aux Stellaires

Lena : Que ce pas de danse aérien te reconnecte à cette dimension que tu affectionnes tellement…

Collectif : Nous ne nous attarderons pas davantage sur nos frères et sœurs vénusiens. Ils ne sont qu'amour, et inondent en permanence votre Terre de leur belle énergie.

Les Stellaires de la Confédération intergalactique de lumière contribuent tous à maintenir des harmoniques terrestres particuliers. Car si elle se désaccorde, tout explose.

Certains de vos musiciens terrestres ont cette origine stellaire. Ils sont soutenus en ce moment, car ils contribuent à cet équilibre vibratoire.

Finalement, chacune des planètes de votre système solaire veille à harmoniser les sons qui reflètent sa fréquence, afin que toutes les planètes puissent s'harmoniser entre elles.

Certains d'entre vous reçoivent des codes constamment et sont simplement là pour les réfléchir à la surface de votre planète. C'est pour cela qu'ils sont actuellement envoyés sur Terre.

Pastor: Nous n'aborderons pas tous les soins stellaires, car finalement ils opèrent sur le même mode même si la manifestation diffère parfois.

Pouvons-nous juste, cher collectif, dire deux mots des Pléiadiens, des Arcturiens, des Siriens et des Végaliens ?

Collectif: Avec plaisir. Le système des Pléiadiens est très serein, comme vous diriez. Les êtres qui l'habitent ont une énergie particulière, qui peut faire penser au domaine angélique.

Pastor: Oui, ce sont un peu les angéliques galactiques !

Collectif: Ils participent largement à l'encodage actuel. Ceux qui sont des graines d'étoiles ou des hybrides reçoivent ces codes en premier et très puissamment. Ils sont comme téléchargés. Cela leur permet de favoriser cet encodage chez les autres, et surtout de communiquer de manière fluide avec les Pléiadiens.

Souvent, ils invitent des Stellaires qui ont connu les Pléiadiens, ou des hybrides, à rejoindre leurs vaisseaux la nuit, afin de leur enseigner comment projeter de l'amour et de la lumière sur votre Terre, et sur toute votre galaxie. C'est une énergie de guérison puissante. Cela peut être un peu fatigant à la longue, même si ceux qui sont invités à ce genre de mission sont « équipés pour ».

Les Pléiadiens qui œuvrent parmi vous se concentrent sur votre désir de guérison spirituelle. Ils vous soutiennent largement dans le processus d'allègement de vos blessures et traumatismes. Ils ont pour objectif de vous aider à retrouver votre conscience originelle. Ils sont là également pour que vous retrouviez votre singularité, votre « tonalité ». Vous êtes chacun unique sur toutes les dimensions où vous vous manifestez.

Pastor: Avant que vous poursuiviez, cher collectif, je ne peux résister à donner « un scoop » à mes amis de la Terre ! Les créatures que vous voyez dans un de vos films[57] ressemblent tout simplement à... des Lyro Arcturiens. Ces derniers sont bleus et peuvent mesurer 2,10 de vos mètres. Par contre, leur visage est différent des êtres de ce film, car il ressemble plus à une structure humaine qu'à celle de chat. Ils ont une énergie très puissante.

Collectif: Merci Pastor pour « ce soupir vibratoire ».

Pour ce qui est des Arcturiens, ce sont des « modérateurs », des « ajusteurs » de fréquences, des « insufleurs » de lumière. Ils sont de nature « scientifique », c'est le mot le plus proche qui existe chez vous.

Certains d'entre eux font des calculs de probabilité sur ce que peuvent produire vos actes, afin de pouvoir les modérer, et qu'un maximum d'humains ascensionne. L'humain joue tellement à l'apprenti sorcier que les êtres galactiques sont constamment mobilisés pour veiller sur lui. Même s'ils n'ont pas le pouvoir d'intervenir, ils sont des régulateurs de fréquence. Ils évitent que tout implose à chacune de vos secondes.

Ils sont là pour accorder continuellement les énergies entrantes avec celles de la Terre, et surtout de ses habitants, afin d'éviter la catastrophe, car le niveau vibratoire, au sens propre, de la moyenne des Terriens est bien loin de pouvoir « encaisser » une telle charge vibratoire.

Alors ils la distillent avec dextérité, la modulent continuellement. Ils sont ceux qui sont aux commandes vibratoires de cette mutation, les gardiens du « passage »

---

57. Pastor fait ici allusion au film *Avatar*.

vers cet « autre monde ». Aussi, les humains incarnés qui vivent une existence arcturienne, dans ce cycle présent d'incarnations, sont souvent des sortes de visionnaires. Ils ont une capacité à jouer avec les codes et les symboles. Lorsque nous disons visionnaires, cela ne signifie pas qu'ils appartiennent nécessairement à cette famille d'âmes là. Ils peuvent être passeurs également car ils savent « soigner » avec les codes vibratoires.

Certains seront des bâtisseurs et viendront ouvrir le chemin vers ce monde en éclosion. Dans ce cas, ils se manifesteront différemment en mettant en œuvre leur puissant sens quantique. Ils « reviendront peut-être à la Terre », ou construiront des édifices. Mais, à chaque fois, ils laisseront une empreinte, un encodage particulier, qui résonnera avec l'univers entier.

S'ils sont artisans, ils utiliseront les codes vibratoires au travers du chant, de la musique, du dessin... Tout cela n'est qu'un exemple, limité et caricatural. Cela nécessiterait des livres entiers.

Pastor: Les Arcturiens ont plaisir à partager leurs connaissances avec de nombreux habitants de la Terre. Ils sont des maîtres de la technologie de la lumière. Les codes et manifestations de lumière qu'ils envoient sur Terre soutiennent largement l'ascension en cours. Ils contribuent ainsi à la manifestation d'un monde d'amour et d'unité. Ils vous accompagnent afin que vous puissiez « infuser » sereinement cette lumière entrante.

Ils « interviennent » également afin que le collectif humain ait recours à une « technologie » lumineuse. Pour ce faire, ils envoient des données, un encodage particulier à ceux qui, sur Terre, sont venus œuvrer en ce sens. Ils soufflent, aux êtres de la famille des visionnaires notamment, de nouvelles technologies.

Collectif: Pour ce qui est des êtres de Sirius, leurs manifestations sont très différentes selon leur origine sirienne. Néanmoins, quelle que soit leur origine sur Sirius, ils sont là pour vous accompagner à cette mutation vibratoire.

Il y a des humanoïdes qui ont une apparence quasi humaine, même si leurs traits et leurs yeux sont différents. En effet, ils ont les yeux plus grands que les vôtres, et ressemblent un peu à ceux des chats. Ils ont parfois la peau pâle, mais elle est souvent plutôt bleutée.

Il y a aussi des sortes d'elfes qui ressemblent à ceux que l'on voit dans un de vos films[58]. Ils sont plutôt grands (entre 1,80 et 2,10 de vos mètres), minces et très athlétiques. Leurs cheveux sont d'une couleur différente. Leur peau a des nuances qui vont du blanc assez pâle à un ton plus hâlé. Sur Sirius A, il y a des Pléiadiens également, et des êtres qui ressemblent aux humains d'Afrique.

Certains Siriens ont une tête de forme plus « égyptienne », comme celle de la femme que vous avez appelée « Néfertiti ».

Nous aborderons ici plus particulièrement les Siriens de type « aquatique ». L'autre nom que vous pourriez donner à Sirius B est « Océanie » car c'est une dimension très aquatique. Ce sont des êtres particuliers. Certains sont mi-humains, mi-poissons, d'autres mi-hommes et mi-femmes. Certains vous sembleraient moins jolis à

58. Il est fait référence ici au film *Le Seigneur des anneaux,* du réalisateur Peter Jackson, sorti le 19 décembre 2001.

regarder, vu vos valeurs terrestres. Néanmoins, ils sont très éveillés vibratoirement et puissants.

Sur Sirius B, il y a aussi des dauphins, des baleines et maintes espèces de poissons. Il y a aussi des êtres qui ressemblent à « de petits trolls », pas plus hauts qu'un de vos mètres environ. Ils ont des branchies, des mains et des pieds palmés. Ces êtres sont multidimensionnels, holographiques. La majeure partie de Sirius B est composée d'eau. Elle est couverte de glace.

Les Siriens aquatiques de Sirius B ont une facilité à communiquer par des signaux vibratoires. Ils ont une communication proche de celle des dauphins et des baleines. Ces « animaux » viennent d'ailleurs de Sirius. Sur un plan terrestre, ils ont des aptitudes particulières à interagir avec ceux que vous étiquetez ici « d'autistes », et de bien d'autres termes tellement réducteurs. Cela peut également les conduire à utiliser les sons, la musique, « la sonothérapie », comme vous dites, pour être au service du collectif humain.

Lena : Je vois des êtres qui seraient comme des hommes et des femmes poissons. Je vois aussi un dauphin gris qui se tient debout appuyé sur sa nageoire. Elle lui permet de tenir hors de l'eau. Il a une sorte de parure violette et montre l'horizon, il a une sensibilité extrême.

Il y a aussi sur Sirius des êtres mi-chat, mi-félin (un peu comme un tigre) aux yeux en amande. Ils ont « une intelligence » très fine et des capacités particulières.

On me montre Sirius comme un lieu très végétalisé, luxuriant, plein de couleurs. Je vois également des bâtiments blancs arrondis en haut. On m'emmène dans un lieu où un conseil se réunit, et réfléchit au fonctionnement de la planète. Ils sont dans un constant désir d'ascension vibratoire, encore et encore. Un enseignement est transmis sous la pyramide transparente.

Une Sirienne enseigne aux enfants la vie sur Terre...

Pastor: Merci, Lena. Il y a aussi un autre royaume d'elfes qui est situé entre deux montagnes. Dans cette vallée, il y a également une magnifique structure qui ressemble à du cristal, au sein de laquelle évoluent les elfes. Tous les cours d'eau et les rivières se jettent dans un océan qui abrite le peuple sirien de la mer.

Collectif: Sirius n'étant pas une planète tridimensionnelle, il est bien évident que vous ne pouvez y aller qu'avec votre corps de lumière. Sirius B est un lieu de minimum cinquième dimension et souvent bien au-delà. Ce que nous voulons dire ici, c'est que certains éléments de Sirius B sont strictement de type « 5D », alors que d'autres sont totalement multidimensionnels, faits de portails interagissant de manière particulière, en termes de temps-espace.

Lorsqu'au sein d'un cycle vous avez une existence sirienne aquatique, vous êtes fondamentalement reliés à l'eau. Vous avez souvent une capacité innée à communiquer avec les dauphins, les baleines, les orques et tout ce genre d'animaux, mais aussi avec les animaux sauvages en général. Cela, car vous utilisez des signaux vibratoires particuliers pour communiquer avec eux. Ce sont des codes dont ils disposent également, et auxquels ils recourent continuellement.

Vous aurez également une aptitude particulière pour entrer en communication avec ceux que vous qualifiez ici, d'autistes, de psychotiques, finalement tous ceux pour qui la communication humaine « classique » est plus ou moins hermétique, ou qui ont été abîmés et ne peuvent plus l'utiliser de manière plus ou moins durable.

Ces Siriens-là peuvent aussi largement utiliser les sons et la voix. Ces fréquences-là sont très différentes de celles des Arcturiens. Leur champ vibratoire est autre.

Vous comprendrez donc, une fois encore, que ce qui fera le choix d'une famille d'âmes ou d'une autre est fonction du contrat d'incarnation. Ce dernier est établi en prenant en compte l'ensemble de vos cycles d'existence.

Ainsi, certains seront passeurs, d'autres artisans. Ce sont rarement des bâtisseurs et des visionnaires dans cette vie incarnée actuelle.

D'ailleurs, il est intéressant de signaler que vous pouvez avoir une famille d'âmes de référence dans cette vie et une autre en même temps. La seconde ne sera néanmoins pas prédominante. Il en est de même pour les origines stellaires. Lena, pourrais-tu préciser en citant l'exemple que tu donnes et qui nous plaît particulièrement.

Lena: Je vais prendre quelques exemples. Ainsi, vous pouvez être « passeur » ascendant « visionnaire » ou « visionnaire » ascendant « passeur ». Dans le premier cas, votre « mission principale », dans cette vie, est l'accompagnement, « le soin », la transmission. Mais vous avez un aspect novateur marqué. Vous venez monter comme « on sort des sentiers battus ».

Dans le deuxième cas, l'objectif principal sera d'innover, de proposer de nouvelles techniques, dans un ou plusieurs champs humains (agriculture, médecine, science, domaine culinaire...). Mais comme vous êtes ascendant « passeur », vous innoverez plus particulièrement dans le domaine de « la thérapie », de l'accompagnement humain ou animal.

Enfin, si vous êtes « passeur » ascendant « visionnaire », vous avez souvent une origine vénusienne, sirienne, végalienne... Et une autre qui vous anime en arrière-plan, qui peut être arcturienne ou andromédienne.

Votre côté vénusien, par exemple, vous invitera à un accompagnement doux et plein d'amour. L'aspect arcturien vous poussera à innover, mais aussi à « cadrer ». Œuvrer à la lumière de tout cela est passionnant.

De la même manière, au sein de ce cycle de neuf existences, si deux d'entre elles sont stellaires, l'une d'elles sera prédominante. Ainsi, vous pouvez être vénusien ascendant arcturien, arcturien ascendant sirien, etc. De la même manière que pour les familles d'âmes, cela connotera votre manifestation dans l'incarnation.

Collectif: Merci Lena pour ce joli regard multidimensionnel... Revenons à Sirius. Ces créatures aquatiques n'ont parfois eu aucune vie humaine auparavant. Elles vivent donc dans l'eau. Elles ressemblent peu aux êtres de l'eau de votre monde. Ce monde est extrêmement serein, paisible. C'est pour cela que les êtres qui sont « siriens aquatiques » dans ce cycle présent fuient le bruit, la foule. Ils ont souvent besoin d'être à proximité de l'eau, voire d'être sur l'eau.

Pastor: Par exemple, cela fait penser à une personne reçue par Lena en séance. Elle sillonnait le monde, pratiquant de nombreux sports aquatiques à la presque perfection. Néanmoins, elle était en grande difficulté dans la relation amoureuse, car elle ne parle pas la même langue que de nombreux humains. Il s'agit alors d'accompagner la personne à se reconnecter en conscience avec cette origine, à l'amener à comprendre pourquoi elle a choisi l'incarnation.

Ces personnes-là doivent véritablement apprendre une autre langue vibratoire.

Lena: D'ailleurs, la sexualité terrestre, telle qu'elle a été communément vécue jusque-là, est totalement étrangère aux êtres d'origine stellaire. Cela leur pose souvent souci sur Terre, jusqu'à ce qu'ils comprennent qu'ils ne sont pas obligés de se conformer à ce que la moyenne humaine véhicule!

Collectif: C'est juste. Le collectif sirien « envoie » un certain nombre d'êtres en mission sur Terre, depuis plusieurs de vos années, car ils ont cette capacité à majorer le rayonnement vibratoire de l'humain. Ces personnes sont également des sortes de porte-parole.

D'un côté, ils viennent, comme un reporter, apporter un éclairage en « temps T ». Cela relativement à la manière dont Sirius doit moduler son accompagnement du collectif humain, en fonction de l'évolution vibratoire sur Terre. De l'autre, ils veillent à potentialiser l'évolution de l'humain.

Pastor: Comprenez bien que nos frères des étoiles sont très déterminés à ce que la Terre ascensionne sereinement. En effet, l'attitude humaine peut tout à fait impacter l'ensemble de cet univers et même au-delà. Il n'est plus temps de jouer « les apprentis sorciers » ! Les médiateurs siriens incarnés sont là comme intermédiaires entre Sirius et la Terre.

Collectif: Soyez également conscients que ceux que vous appelez les « maîtres », même s'ils ne portent aucun jugement, s'« attendaient » à ce que votre humanité ascensionne en faisant moins de soubresauts. Cela a créé une forme de « tristesse » chez vos grands frères d'ici et d'ailleurs. Ils sont toujours étonnés de voir une partie de l'humanité abreuver la cupidité, le jugement, l'intérêt personnel en tout genre. De même, beaucoup d'humains « se laissent vivre », en pensant qu'ils ascensionneront tôt ou tard, alors que cela est vain.

En effet, comment s'élever vibratoirement en étant dans une forme de soif de contrôle de l'autre. Au moment où nous nous exprimons, nous dirions qu'un humain sur six est aujourd'hui engagé sur le chemin de l'ascension. Les autres restent comme figés face aux choix qui s'imposent dans leur vie, fixant leur regard sur ce qu'ils pensent être leur intérêt.

Finalement, l'ascension concerne davantage l'univers que votre humanité. Ce qui importe, c'est l'expansion et l'évolution de celui-ci. L'humain est invité à en faire partie. À lui de voir s'il le souhaite ou pas...

Ceux qui ont suffisamment expérimenté ici souhaiteront sans doute évoluer sur une autre ligne de temps. Certains choisiront de prendre plus de temps, car ils ne se sentent pas avoir les fondations suffisamment solides pour le faire. Ainsi, tandis que certains accéderont à des dimensions supérieures, d'autres resteront dans un univers de troisième dimension, sur Terre ou ailleurs.

Pastor: Comme un certain nombre d'entre vous a encore besoin de « repères », je vais donner quelques indications très succinctes et imagées, qui vous indiqueront si vous êtes sur ce chemin d'évolution vibratoire. Bien entendu, là encore, il faut que tous les facteurs ici cités soient présents (c'est « et » et pas « ou »). Il y en a bien d'autres, mais cela « donne une idée » comme vous dites.

Ce sont des êtres qui ont quitté toute notion de « compétition », car ils ont compris que vouloir « être meilleur que l'autre » est une voie de garage et qu'il s'agit simplement de s'occuper de son propre allègement intérieur. Cela va de pair avec le fait de juger, soi-même ou les autres. Nous insistons sur ce point.

Leur préoccupation principale est de se réaliser pleinement. Ils manifestent la meilleure version d'eux-mêmes pour l'offrir et collaborer dans l'amour avec ceux avec lesquels ils co-construiront ce « nouveau monde ». Ils ont « besoin » de moments seuls avec eux-mêmes, car cela leur permet de cheminer de manière juste. Ils savent affirmer ce besoin.

Lorsqu'ils partagent avec autrui, ils sont pleinement présents, totalement en lien avec l'autre. Ils veillent sur leurs pensées et leurs paroles comme on prend soin d'un enfant. Ils se sont rendu compte que tout ce qui est émis crée un égrégore, qui se renforce encore et encore. De ce fait, ils choisissent d'« alimenter » des égrégores d'amour et de lumière. Ils ont lâché toute notion de dualité. Ils ont perçu que « le diable et l'enfer » ne sont que des créations personnelles et collectives.

Ces êtres ne sont ni dans l'ego ni dans une forme de modestie hypocrite. Ils osent manifester qui ils sont tout en étant extrêmement vigilants, constamment, face aux effluves de l'ego ou aux injonctions du mental. Ils quittent peu à peu les peurs, et donc celles de changer, de laisser derrière eux ce qui n'est plus juste, de manquer, de mourir. Ils ont compris que le changement était inhérent à la manifestation. Je terminerai cet énoncé, non exhaustif, par cette idée. Ces personnes ont bien perçu que la cinquième dimension (et les autres d'ailleurs), n'est pas un lieu mais des états vibratoires en évolution constante.

Collectif: Merci beaucoup Pastor pour ce développement clair et concis. Parlons un peu des Andromédiens. Ils sont assez différents les uns des autres, car il existe des « races » différentes. Certaines sont humanoïdes et d'autres non. Certains ont la peau bleu clair, et d'autres plutôt d'un mélange d'un blanc particulier et de jaune pâle. Ils œuvrent en ce moment afin de permettre aux humains de développer leurs capacités extrasensorielles. Ils favorisent également la levée de tous les voiles. Ainsi, ils contribuent largement à ce que les masques tombent sur Terre, afin que les humains prennent conscience de tous les jeux et abus de pouvoir qui les entourent. Et aussi de ceux dans lesquels ils sont eux-mêmes emmêlés, consciemment ou non.

Il s'agit de faire une distinction entre les êtres du secteur de la constellation d'Andromède, et ceux de la galaxie d'Andromède à laquelle notre galaxie, la Voie lactée, est liée. Il existe de très nombreuses formes de vie, qui évoluent au sein de la constellation d'Andromède, comme dans notre galaxie. Ils vivent sur plusieurs planètes dans votre galaxie. Nous les décrivons comme Andromédiens pour « faire simple ». Néanmoins, chacune de ces planètes a ses caractéristiques propres.

Les Andromédiens accompagnent l'humain en transmettant et favorisant la libération des fardeaux du générationnel. Ils œuvrent à réveiller votre ADN quantique, et vous accompagnent dans l'équilibre de vos principes masculin et féminin. L'objectif, à terme, est de vous conduire à une manifestation androgyne, qui va de pair avec un changement de dimension vibratoire. Ils réveillent votre chakra du cœur et contribuent à vous y relier.

Lena: Les Andromédiens, comme de nombreux galactiques, ne sont pas « sexués ».

Je vois des pierres grises et blanches, une lumière particulière plutôt blanche, des êtres « blancs », de forme plus grande que celle humaine. Ils communiquent par des sortes de codes électromagnétiques. Ceux qui sont incarnés facilitent la mise au jour de tout ce qui a été caché, détourné. Ils aident les humains à manifester leurs aptitudes.

Certains cultivent, sur Andromède et au sein de vaisseaux-mères, des plantes, « du plancton », dans des tubes, des aquariums. Ils « font de la recherche ». Ils me disent que cela pourrait permettre d'ensemencer des planètes, ainsi que la Terre si l'humain en venait à la détruire. Toute leur « activité » est fondée sur l'amour. Ils nous considèrent un peu comme leurs « petits frères et sœurs ».

Ils me montrent comme des équations scientifiques. En ce sens, ils ont une mission proche de celle des Arcturiens, qui sont souvent des « chercheurs », des alchimistes.

D'ailleurs, lorsqu'un être humain a une existence arcturienne, ou parfois andromédienne, au sein du cycle d'existences, il peut se consacrer à la recherche sous toutes ses formes. Ils font des expériences dans tous les domaines, comme l'agriculture mais aussi, par exemple, ce que nous appelons « les métiers de bouche ». Ils vont innover, marier de nouvelles saveurs, utiliser de nouveaux ingrédients. C'est leur côté « alchimiste ». Ils sont là pour « transformer le plomb en or », en premier lieu au sein de leur être intérieur.

Ils m'expliquent ceci : la similitude que je décris avec les Arcturiens vient du fait que ces derniers sont comme les

« superviseurs » de la phase de « bascule », qui va intervenir sur notre Terre. Les Andromédiens, comme d'autres galactiques, collaborent avec eux en ce sens.

Ils ajoutent que les Arcturiens sont comme « les gardiens » de l'harmonie, de l'équilibre vibratoire sur de nombreuses dimensions vibratoires. Particulièrement sur Terre en ce moment. Ils me disent qu'ils ont une expérience très grande de la multidimensionnalité, sous toutes ses formes. Ils se définissent comme « des boucliers puissants », qui « protègent » notre galaxie des êtres stellaires d'origine peu lumineuse.

Tout cela m'émeut tellement. Je suis dans une immense gratitude envers tous les Stellaires de la Confédération intergalactique de lumière, qu'ils soient ici, dans ces gigantesques vaisseaux-mères, ou sur d'autres dimensions planétaires...

Pastor: Merci Lena... Tu es une Stellaire et tu le vibres.

Collectif: Les Andromédiens sont en effet très avancés sur un plan « technologique ». Ils ont des facultés télékinétiques[59], comme d'autres Stellaires. Ils accompagnent l'humanité, afin qu'elle redevienne consciente de sa responsabilité en tant que « Terriens », et aussi de sa mission. Ils participent également au réveil des consciences individuelles, notamment pour ce qui est relatif à l'objectif du contrat d'incarnation. Le type de soins qu'ils pratiquent est différent dans sa manifestation. Ils utilisent l'énergie de manière que la personne soit placée dans une sorte de centrifugeuse électroma-

59. La télékinésie, ou psychokinésie, est une faculté métaphysique de l'esprit, qui permet d'agir sur la matière.

gnétique puissante, qui nettoie les différents corps en profondeur.

Ils insistent d'ailleurs sur le fait que de nombreux êtres de la famille d'âmes des « passeurs », qui souvent transmettent, accompagnent, soignent, doivent être conscients, et veiller à « la manière dont ils utilisent l'énergie ». En ce sens, ils précisent également que les soins stellaires ne sont pas des techniques qui se transmettent comme on le fait habituellement sur Terre. En effet, ces soins nécessitent un certain niveau vibratoire de la part de l'être qui les prodigue. Sinon, ils seront sans effet. Ils peuvent même, d'une certaine manière, comme « embrouiller » les énergies de la personne qui les reçoit.

Pastor: Eh oui, il est temps que l'humanité comprenne qu'on ne naît pas « praticien quantique ». Cela nécessite d'avoir vécu de nombreuses vies terrestres, d'avoir œuvré à se polir encore et encore, de veiller constamment à avoir une « hygiène de vie » très pure. Il s'agit de s'être reconnecté à son être intérieur, d'avoir lâché ses peurs et ses colères. Cela ne se transmet pas, cela s'expérimente individuellement, jour après jour, encore et encore.

Collectif: Terminons en évoquant nos amis et frères végaliens. Ils dispensent des soins particuliers, aux tonalités vert émeraude et bleu océan. Des couleurs « profondes ».

Lena: Je vois des femmes élancées, grandes, aux cheveux longs. Elles sont enveloppées de parures transparentes et en même temps empreintes de ces couleurs bleu vert particulières. Leur « visage, leur peau » est d'une couleur particulière, inexistante sur Terre. Une sorte de blanc gris très clair. Indescriptible, avec des mots, mais que cela est beau... Les tonalités bleu vert profond dominent. Il y a de magnifiques ciels violets.

Je vois un être qui fait naître des bébés. Ce sont des créatures qui sont dans des sortes d'incubateurs énergétiques, des sortes de couveuses stellaires. Cet être, à polarité féminine, bleutée, accompagne la naissance et la transition vers différentes dimensions. Elle m'explique que les trois quarts des êtres qui vivent dans ces couveuses ne naîtront pas dans le ventre d'une mère, mais ailleurs. La couveuse est dans un vaisseau-mère. Elle me montre d'ailleurs que sur Vénus, ou au sein de vaisseaux-mères, il y a aussi des bébés, qui sont un peu comme des « cellules souches ». Ils seront implantés sur différentes planètes.

Les Végaliens sont porteurs d'un message de lumière et d'amour. Je connais également cette dimension végalienne et elle m'émeut...

Pastor: Oui, Lena. C'est une autre de tes maisons.

Imaginez maintenant une voûte céleste vert émeraude mêlée de bleu cobalt. Vous êtes allongés regardant ce ciel venu d'ailleurs. Quelques étoiles dorées s'aperçoivent au loin. Recevez ce soin, soyez juste présent à vous-même, dans l'instant...

Collectif: Les Végaliens sont porteurs d'un message de lumière et d'amour...

Terminons ainsi ce joli paragraphe stellaire.

ONZIÈME PAS DE DANSE

Le langage cosmique

Lena: Ta danse est aujourd'hui cosmique. Danse avec la Terre, danse avec les planètes, danse avec l'univers, danse ta multidimensionnalité.

Collectif: Il est important tout d'abord de préciser qu'il n'y a pas qu'un seul langage cosmique, mais plusieurs. Néanmoins, ils sont tous centrés sur l'énergie du cœur. Ces langages sont universels. Ils se divisent en sorte de « dialectes » selon leur origine, que cela soit, par exemple, la constellation de la Lyre, Sirius ou d'autres systèmes stellaires. Ce mode de communication ne recourt pas à un langage rationnel, cognitif. Il permet d'échanger directement dans l'espace du cœur.

Pastor: Ces langages sont une sorte de communication « d'âme à âme », qui repose sur d'autres fréquences vibratoires. Ils ne sont pas ce que vous appelez « la télépathie », mais créent des sortes de pont avec elle.

Collectif: En effet, si vous utilisez un langage cosmique, l'intuition de celui ou ceux avec lesquels vous communiquez augmente. C'est pour cela que, lors des séances menées par des êtres aptes à recevoir ce type de communication, la personne fait des prises de conscience stupéfiantes. Ce type de langage est totalement étranger à la communication de type « cerveau gauche », que de nombreux humains utilisent encore. Lorsque vous recourez au langage cosmique, cela peut être comme si vous « baigniez dans la plénitude ». Contrairement à la télépathie, qui confine l'information dans un espace donné, dans un état de conscience particulier, difficilement transférable sur un plan terrestre, les langages cosmiques regroupent un très large champ de fréquences. Certains de vos chamanes, qui chantent avec leur tambour, et bien d'autres êtres, ne s'expriment pas nécessairement dans un langage ancien.

Lena: Cela me parle tellement. Longtemps, j'ai pensé que lorsque je chantais, accompagnée de mon tambour chamanique, le langage qui venait était une langue amérindienne. Puis j'ai compris que c'était parfois un langage « stellaire ». Vous m'avez amenée à cela du fait de plusieurs synchronicités. Je vous en remercie.

Pastor: Rien d'étonnant, Lena. Tu es stellaire, mais également fortement imprégnée de plusieurs incarnations, dont une, puissante, chez les Amérindiens! Il y a de nombreuses « langues » stellaires. Des sons plutôt que des mots... D'ailleurs, les Amérindiens sont très connectés aux étoiles. Nous ferons un petit intermède pour évoquer « leur sagesse ancestrale » tout à l'heure.

Lena: Oui, je le ressens et je me vois nettement dans ces vies-là. Merci, cher Pastor, pour ce rappel.

Collectif: Acceptez enfin de ne rien savoir pour pouvoir recevoir la connaissance... Lâchez l'ego et le mental.

Pastor: Le langage cosmique est fait de fréquences, de codes de lumière, qui permettent d'atteindre un niveau vibratoire bien supérieur, de s'aligner vibratoirement. Ils nettoient votre aura, tous vos champs énergétiques, et préviennent finalement les « mal a dit ». Ils sont très utiles en cette période ascensionnelle.

Finalement, l'ascension est un processus de recalibrage. Il vous permet de vous harmoniser à la Source, de ne faire qu'un avec elle, pour finalement atteindre ce que vous pourriez appeler « l'éveil ». Les êtres qui reçoivent ces langages cosmiques agissent comme des ponts, des passerelles entre les différents mondes. Ils savent embrasser la multidimensionnalité, car ils ont vécu maintes et maintes expériences. Ces dernières ont fait voler en éclat leur cadre de référence, leurs croyances. Sans cela, ils ne seraient pas en mesure d'être qui ils sont.

C'est vraiment en acceptant de ne pas savoir (car c'est justement en ne sachant pas) que vous finirez par savoir ! Voici une jolie phrase à méditer, n'est-ce pas ?

Collectif: Il s'agit simplement d'exister, d'être pleinement vous-même, à chaque instant, dans votre pleine puissance, en ayant une vision claire et consciente de qui vous êtes. Il s'agit alors d'agir en totale harmonie avec vous-même. Ainsi, vous expérimenterez ce qui est juste pour vous...

Pastor: Dans vos écoles, on vous enseigne encore souvent à chercher et trouver des réponses, vous martelant que vous devez « savoir ». Ce monde surréaliste finit par vous plonger dans une sorte de désert, de confusion, car ces réponses n'en sont pas.

Et tous ceux qui ne parviennent pas à « se couler dans le moule » sont affublés de nombreuses étiquettes. Il y a les « dys », les enfants précoces, les « hauts potentiels », les « inadaptés », les « handicapés »... C'est juste un non-sens. Une manière de juger, de classer et finalement de discriminer. Il y a autant d'histoires que d'êtres incarnés...

À ce propos, un nombre important de ceux que vous appelez « les handicapés » ne sont que des êtres ayant choisi un challenge particulier. Il peut s'agir de montrer à votre humanité comment on peut être léger dans un corps différent. Ou encore qu'il est possible de transcender ce corps. Cela permet de comprendre à quel point il est magique et permet de trouver d'autres voies... Ils viennent souvent également faire « évoluer leurs proches vibratoirement ».

Questionnez-vous sur vos croyances à propos de ce que vous croyez savoir, demandez-vous si l'important est d'avoir des réponses à tout.

Collectif: Les êtres qui parlent ce langage cosmique sont des étalonneurs, des sortes de « régleurs », qui se projettent naturellement dans l'espace du cœur. Ils transmettent ainsi des codes de guérison.

Tous vos frères des étoiles, quelle que soit leur origine et chacun à leur manière, vous éveillent à vous-même. Les graines d'étoiles et les hybrides ont un rôle essence-ciel à jouer sur ce point.

Il s'agit aujourd'hui de prendre soin de vous, et de prendre conscience de la nature de votre mission.

DEUXIÈME PARTIE

Quelques clés vibratoires « essence-ciel » en cette période

« Le véritable amour est un état de conscience,
qui vous lie à l'univers entier,
Un instrument dont les cordes vibrent
à l'unisson de tout ce qui existe.
Une paix profonde vous habite. Vous éprouvez une
immense bienveillance à l'égard de tous les êtres.
Elle envahit votre cœur et votre âme, et vous pousse
à manifester avec bonté et compréhension.
Vous entrez alors en contact avec l'essence
profonde de la création. »

Omraam Mikhaël Aïvanhov

« Votre bonheur ne peut que venir de l'intérieur et il est le fruit de l'amour. Lorsque vous êtes conscient que personne ne peut vous rendre heureux et que le bonheur est le résultat de votre propre amour, vous découvrez la plus grande maîtrise des Toltèques : la maîtrise de l'Amour. »

Don Miguel Ruiz

Lena : Maintenant que tu sais « te danser », entre dans une danse collective, en offrant ta signature vibratoire.

Pastor : Lena, nous souhaiterions te laisser introduire ce chapitre en nous disant ce qu'est pour toi la plus belle, la plus importante expérience sur Terre pour l'humain incarné. Merci.

Lena : Pour moi, l'expérience principale pour chacun de nous est d'apprendre à s'aimer et à vivre dans la dimension du cœur, selon son ressenti, en manifestant qui nous sommes vraiment. D'ailleurs, tout ce qui se passe actuellement sur Terre, quel que soit le domaine, de manière individuelle ou collective, me semble simplement nous inviter à cela ! Nous sommes venus apprendre ce qu'est l'amour et le manifester. Le terme « inconditionnel » en soi n'a aucun sens, puisque « l'amour est l'amour ». Néanmoins, il parle de lui-même. Aimer, c'est communiquer de cœur à cœur, d'âme à âme, sans attente, sans projection, en étant simple, et simplement soi. Les animaux sont de si jolis enseignants en la matière. Ils savent aimer, car leur cœur « est resté pur ». Nous ne pouvons plus aujourd'hui envisager la vie en étant centré sur nous-mêmes. Penser que l'humain est supérieur à tous les règnes est juste une hérésie, une boutade !

Nous avons choisi de nous incarner en cette période d'ascension. La clé pour que tout se passe pour le mieux est de ressentir rapidement tout cela. Il s'agit de vivre en fonction de notre cœur et non de notre cerveau. Nous sommes l'amour. C'est « la force » la plus puissante. L'amour est notre fibre, notre essence.

Le plus gros « dossier » aujourd'hui, pour de nombreuses personnes, est d'apprendre à s'aimer. Pour cela, il est nécessaire de « poser » tout ce qui n'est pas à soi, toutes les blessures qui résultent d'expériences qui n'ont plus lieu d'être. Sans amour de soi, il n'y a pas d'amour de l'autre. Et sans amour de soi, on peut facilement se laisser entraîner dans des schémas particulièrement peu justes, qui abaissent l'énergie vibratoire.

Finalement, seul peut être aimé celui qui s'aime et se respecte. Si nous essayons de plaire à tout le monde pour être aimé, nous risquons simplement de perdre l'estime de tous ! Il ne s'agit pas de plaire ni d'être aimé finalement. Il s'agit d'être soi et d'accueillir les personnes justes pour soi. Il faut aussi accepter de laisser partir celles dont le chemin s'écarte du nôtre.

L'amitié est d'ailleurs l'un des multiples visages de l'amour. Il s'agit d'un véritable acte de foi en l'autre. À ce propos, les personnes qui sont là uniquement lorsque vous êtes dans la tristesse ou la difficulté, sont rarement de véritables amis.

Laissons partir ceux qui sont là uniquement dans les moments douloureux. Accueillons ceux qui sont là aussi dans les moments de joie. Car chez ceux-là, il n'y a ni jalousie ni envie, seulement le bonheur de nous voir heureux.

De même, regardons avec compassion ceux qui se définissent comme des êtres accomplis, car cela cache souvent une grande fragilité. Nous sommes tous en chemin.

Si j'avais un message à passer aujourd'hui, ce serait: « concentrons-nous sur les émotions de haute fréquence, veillons à cela à chaque instant et alimentons ainsi un égrégore libérateur d'amour, de joie, d'unité, d'authenticité... Honorons la lumière en tout ce qui vit ».

L'important est de retrouver la conscience de qui nous sommes, de pourquoi nous sommes sur Terre en cette période particulière, de rester fidèle à nous-même, authentique, tout au long de notre vie. Nous sommes chacun une petite lumière, destinée à simplement... briller. Nous venons sur Terre pour le manifester.

Collectif: Merci Lena, c'est magnifique... Peux-tu mettre en caractères particuliers ta dernière tirade et la réécrire sous forme d'un mantra, s'il te plaît...

Lena: Avec joie. Voilà qui est fait. Et voici le mantra, cela vous convient-il ? « Je retrouve mon essence, la conscience de qui je suis vraiment. Je suis moi-même, heureux(se) de qui je suis, je le manifeste tout simplement. Je suis amour, joie, authenticité, harmonie, pureté, douceur, lumière. Je suis, et je le manifeste ici et maintenant... »

Pastor: Voici qui est juste et simple. Merci.

Collectif: En soufflant *L'Envol vers soi* à Lena, nous avons souhaité vous transmettre un certain nombre de clés vibratoires fondamentales, afin que vous puissiez enclencher un processus de « dédomestication », de « déconditionnement ». Nous avons transmis un processus vibratoire d'alignement avec qui vous êtes. Nous souhaitons maintenant vous permettre d'infuser « la suite du programme », en tenant compte de ce qui est utile, voire urgent de partager sur votre Terre maintenant.

De nombreuses personnes ont évoqué ce qu'elles nomment « le féminin sacré », et le font encore. Nous répétons simplement aujourd'hui ceci. Nous n'en sommes plus à la théorie, mais à la mise en pratique. Et cela devient comme une nécessité « pressante ».

Que vous soyez incarné en tant qu'homme ou femme, chacun de vous doit aujourd'hui équilibrer ses deux polarités, masculine et féminine, à l'intérieur de lui-même. Selon celle que vous avez plus particulièrement manifestée au cours de votre vie, du fait des apprentissages que vous aviez choisi d'acquérir, l'autre polarité va vous appeler fortement en cette période. Pour certains même, il s'agit d'un véritable raz-de-marée.

Si nous imageons et caricaturons, nous dirions que les femmes (ou les personnes dont la polarité féminine est prédominante) sont fortement poussées à s'affirmer, à s'affranchir d'une forme de domination du masculin archaïque, quelle que soit la manifestation de celui-ci.

Les hommes (ou les personnes dont la polarité masculine est prédominante), eux, se retrouvent parfois comme subitement totalement dépouillés de tout. Ce que nous voulons dire ici, c'est que d'un coup, ils peuvent « tout perdre ». Ou « tout lâcher, tout laisser derrière » également. Ils sont comme face à un tsunami qui peut balayer leur vie. Ils se retrouvent parfois comme totalement dévêtus devant leur maison en ruine. L'image peut sembler forte. Elle reflète bien la puissance de ce que certains êtres « à polarité masculine » vivent en ce moment.

Nous parlons ici de « polarité », car ce qui se joue dans les duos « hétérosexuels », comme vous dites, n'épargne pas ceux que vous qualifiez d'« homosexuels ».

Pastor: Rappelons au passage qu'en cette époque toute particulière, vous êtes venus partager l'amour avec « une âme », et pas avec un être d'un sexe ou d'un autre. Comprenez ceci. Le temps où s'exprimaient des schémas réducteurs et discriminatoires est révolu !

Le monde de la dualité est déjà mort, entendez bien ceci mes amis...

INTERMÈDE

Quelques notions fondamentales issues de la sagesse amérindienne

Collectif: Lena, pourrais-tu rappeler ici quelques éléments transmis par ce « peuple » que tu aimes tant. Nous les illustrerons de notre souffle multidimensionnel.

Il s'agit de préciser que lorsque nous disons « les Amérindiens », cela signifie « la connaissance ancestrale amérindienne ». De plus, cela est nécessairement réducteur puisqu'il y a autant de particularités que d'êtres incarnés au sein de ce « peuple ». Que ces lignes vous invitent à reconnecter votre présence « je suis ». Tout est simple...

Lena: Avec joie. Celle que je souhaite citer en premier est que, pour les Amérindiens, il va de soi que tout est énergie. Ils savent d'ailleurs comment la faire circuler dans le corps. Pour guérir un organe, il s'agit de concentrer son attention sur celui-ci. Pour eux, l'énergie circule en toute chose. Que cela soit le soleil, les étoiles, les êtres de tous les règnes, y compris minéral. Tout est vivant sur notre Terre et tout est relié. C'est l'expérience qui permet de découvrir tout ce qui est. La beauté réside dans cette expérience terrestre et cette planète est celle qui permet de découvrir de nombreuses choses fabuleuses à travers nos sens.

En second, la sagesse amérindienne « précise » que l'humain perçoit le monde à travers les croyances familiales, sociétales, tant qu'il ne prend pas de la hauteur. Et d'ailleurs, il juge « avec cette paire de lunettes sur le nez ».

Pastor : Et juger est juste impensable.

Lena : Oui, cette phrase[60] me revient en mémoire. Elle n'est pas issue de cette sagesse mais l'illustre bien : « Juger, c'est évidemment ne pas comprendre, puisque si l'on comprenait, on ne pourrait pas juger. »

Enfin, pour ce « peuple », les extraterrestres ne sont pas dans l'espace mais autour de nous.

Pastor : Merci Lena. Voici ici posées différemment des notions que nous avons développées.

Collectif : Attardons-nous quelques instants sur un point, qui d'ailleurs fait partie de cette sagesse amérindienne. Rencontrer votre humanité, c'est incarner et manifester pleinement dans votre corps l'énergie la plus puissante de l'univers, celle qui est à l'origine de tout : l'amour. Vous êtes des êtres énergétiques, qui viennent expérimenter « l'humanitude » en vous incarnant sur Terre.

Pour ce faire, il est « indice-pensable » que vous acceptiez ce que vous qualifiez de « faiblesses ». Il s'agit de regarder en face vos limitations et même de cesser de vous en vouloir pour cela. Vous avez été conditionnés et vous vous réveillez d'un long sommeil. Pour voir avec les yeux de l'âme, quelques clés peuvent vous être utiles.

---

60. Extrait du livre *Les Conquérants,* d'André Malraux, Éditions Grasset, 1928.

Pastor: Oui, il s'agit de changer de paire de lunettes car votre vue s'affine.

Collectif: La première clé consiste à prendre conscience de ceci. Dans l'univers, il n'existe pas de limites, tout est relié. Donc tout est possible. La seconde est de comprendre que l'énergie se trouve là où vous concentrez votre attention. Il s'agit donc d'être vigilants et conscients sur ce point-là. La troisième est de comprendre qu'aimer est totalement antinomique de juger. Nous venons de l'aborder.

Enfin, il s'agit de percevoir que tout est vivant car tout vibre, et que tout vibre car tout est énergie...

Pastor: Certes. Je rajouterai ceci. Une énergie attire toujours une énergie « de même niveau vibratoire ». Lorsque vous arrivez sur Terre, vous apprenez à « être humain ». Notez bien ceci.

Vous êtes des créatures des étoiles qui, en vous incarnant, expérimentez pour saisir ce qu'est « l'humanitude »... Vous pensez qu'il s'agit d'être « spirituels » alors que c'est votre nature !

Lena: Je citerai ici de nouveau Nassim Haramein car son propos illustre bien ce que vous venez de dire : « L'idée qu'il existe des choses spirituelles et des choses matérielles est aussi un concept de séparation, de fragmentation, d'isolement. En fait, ce que nous appelons le monde spirituel est peut-être seulement la physique que nous n'avons pas encore comprise : c'est-à-dire la dynamique du monde matériel qui inclut le flux d'informations que nous appelons conscience. »

Pastor: Merci pour cette illustration d'importance. Vous êtes venus manifester « votre êtreté » dans un corps humain. Intégrer votre « humanitude », c'est porter un regard nouveau sur votre corps. C'est apprendre à le découvrir, à le ressentir, à le percevoir jusqu'à la moindre cellule, c'est se rendre compte qu'il est sacré et enfin comprendre qu'il est votre temple.

Collectif: Le « souci » réside dans le fait que dès votre arrivée, vous êtes « programmés ». Un enfant est formaté à 80 % pendant ses trois premières années. Entendez ceci et prenez vos responsabilités.

Pastor: Nous ne disons pas ici qu'il ne faut pas lui transmettre les « codes terrestres », dans le sens de lui donner les clés pour qu'il puisse évoluer sur Terre. Simplement, vous n'êtes pas là pour lui transmettre « d'inconscient à inconscient », dès sa conception, votre manière de considérer ce que vous appelez l'argent, le travail, l'amour, l'amitié, la santé, la sexualité. Vous devez être en capacité de le laisser le découvrir. Si cela était le cas, « les thérapeutes » verraient leur salle attente se vider.

Les croyances sont les liens qui vous maintiennent prisonniers. Car vous pensez qu'elles vous apportent la sécurité, qui est une sorte d'aménagement de votre prison ! Elles se manifestent souvent sous la forme « si je... ». Si j'avais une maison comme ceci ou cela, dans tel lieu, je serais heureux. Et lorsque la maison vous arrive : « Si je partageais cette maison avec un compagnon, une compagne, je serais heureux. » Et puis le chien, la voiture, les voyages et bla bla bla ! Les « si je » sont un voyage qui tourne en rond. Le bonheur est en vous.

Collectif: Comprendre ce qu'est « l'humanitude » va de pair avec intégrer que... « la manifestation est gratuite ». L'amour, l'amitié sont gratuits. Votre corps vous abrite gratuitement, pour peu que vous en preniez soin.

Pastor: Oui, sinon il va vous coûter cher en « médicaments », comme vous dites. La « reliance » avec tout ce qui est ne coûte rien. Vos engagements sont gratuits. Partager et créer un monde d'unité, de fraternité et d'amour est gratuit !

Lena: Pour les Amérindiens, la recherche de cette « humanitude » passe par le silence. Ils l'appellent « le grand silence ». Pour eux, le silence est sacré.

D'ailleurs, cela est également exprimé par d'autres êtres incarnés. Ainsi, « la parole est d'argent et le silence est d'or[61] ». Chez les Amérindiens, le silence est une pratique enseignée dès l'enfance. Il est considéré comme « la mère de la vérité ». Une personne qui se tait est toujours écoutée lorsqu'elle s'exprime. Celui qui déverse un flot de paroles devient « un bruit de fond ». Il n'est souvent pas entendu... Chez les Amérindiens, lors d'une maladie, d'un deuil, le silence est une marque de respect.

Tous les peuples que l'on qualifie de « premiers » se remplissent de l'énergie du silence au contact de la nature, des animaux, du bruit de l'eau. Ce silence leur permet d'entendre la parole du cœur. Il remplit leur cœur d'énergies, d'ondes d'amour, de gratitude. Gratitude envers les messages transmis par les arbres, les oiseaux, les esprits de la nature.

Pastor: Oui... Ce qui « fait du bien » à une personne dans la peine, c'est votre présence, c'est l'amour que vous manifestez, bien davantage que les mots que vous prononcez. L'énergie du silence vous enveloppe, panse

61. Cette phrase trouve son origine dans le Talmud, qui est l'un des textes fondateurs du judaïsme.

vos blessures, vous conduit à adopter un nouveau regard sur ce qui est.

Collectif: Les énergies du cosmos, du Tout, se manifestent dans le silence. Il vous met dans une forme de béatitude devant ce grand Tout dont vous faites partie. Pour vous entendre, écoutez-vous dans le silence. Allez à la rencontre du Soleil levant, des odeurs de la Terre qui se réveille.

Prenons maintenant quelques instants pour évoquer ce qu'est la spiritualité et distinguons-la de la religion. Cela justement à la lumière de cette sagesse amérindienne. Ainsi, vous sentirez que parler de spiritualité est déjà réducteur. Lena, peux-tu « ouvrir le bal », à la lumière de tes vies amérindiennes ? Merci.

Lena: Avec joie, j'entends d'ailleurs un chant particulier, je vois des êtres danser autour d'un feu. Cela me touche... Une autre vie au sein de ce cycle d'existences.

Dans certains livres, écrits par des Occidentaux, on trouve la notion de religion amérindienne. Cela résulte d'une vision avec « des lunettes teintées occidentales » ! Lorsqu'un Amérindien lève ses mains en direction du Soleil, il le fait simplement pour remercier et recevoir les énergies puissantes de celui-ci. Pour certains Occidentaux, ils « adorent » le Soleil. Pourtant, ce « peuple amérindien » n'a pas de religion, pas de lieu de culte, pas de gourou, pas de dogme... Il est ainsi plus juste de parler de spiritualité amérindienne, même si cela consiste déjà à vouloir encore et toujours « étiqueter chaque chose ».

Pastor: C'est très juste. La religion est un ensemble de croyances, de rituels, de dogmes qui permettent d'établir et d'entretenir une relation avec un Dieu, créateur du ciel et de la Terre. C'est un lien entre humains et ce qui est transcendant à l'humain. La spiritualité est plutôt une expérience intérieure, très intime, un lien avec le monde invisible. En cela, elle ne s'enseigne pas mais se vit... Vous êtes à la recherche de l'énergie éternelle qui vous habite. Vous êtes ici pour expérimenter, et par conséquent « se tromper » n'existe pas. Vous pouvez prendre les chemins de traverse, vous infliger maintes souffrances que vous auriez pu choisir d'éviter. Néanmoins, ce n'est pas une erreur, juste un apprentissage.

Collectif: Si nous prenons l'exemple de ce « peuple amérindien », et nous aurions pu prendre celui d'un autre « peuple premier », c'est parce que ces derniers ont conservé un lien avec l'invisible, avec tout ce qui vit, une simplicité que vous gagnerez à retrouver au plus vite. Un Amérindien manifeste sa spiritualité en étant joyeux, dans la gratitude de vivre sur cette Terre-mère, qu'il perçoit intimement comme la beauté, la générosité. Il la chérit, comme il veille à respecter les différents règnes. Il lit les signes de la nature.

Lena: Oui, le message d'un vol d'oiseaux, la présence puissante et silencieuse du soleil, des étoiles, de la lune... Du fait d'une interaction constante avec la nature, il prend conscience qu'il fait partie de ce grand Tout, qu'il existe et existera dans une infinie permanence. Il voit l'empreinte de celui-ci dans une pierre, si petite soit-elle, comme dans une haute montagne. Il sait que tout est sacré, que tout est énergie. La nature, les animaux, nos gestes, nos paroles, nos regards, le moindre souffle.

Pastor: Merci... J'insiste. Il n'existe aucun enseignement de la spiritualité. Chacun de vous doit expérimenter les énergies qui le dépassent. Les « peuples premiers » sont conscients de ça. Leurs rituels sont systématiquement un appel à la purification, une invitation à un changement d'état. Comme il ne s'agit pas de se perdre dans des lectures et des formations pour satisfaire le mental, transpirer dans une hutte à sudation ou murmurer quelques phrases amérindiennes dans un cadre « folklorique » est vain. Il s'agit de s'engager en conscience dans un retour à l'intérieur de soi. Et cela passe par oser faire face « à son mal de vivre », à ses colères, à ses dépendances de toute nature. C'est un engagement de chaque instant.

Collectif: La spiritualité amérindienne est fondée sur la manifestation dans l'incarnation. L'homme s'inscrit dans la communauté des hommes, sur cette Terre. Il fait également partie du « cercle sacré ».

Lena: Les valeurs fondamentales de ce cercle sont le partage, le respect, l'humilité, la droiture, qui sont des énergies puissantes de sagesse et d'évolution. Le chiffre quatre est important dans ce cercle. Il rime avec les quatre saisons, les quatre âges de la vie. Ce sont l'enfance, l'adolescence, l'âge adulte, et la sagesse à partir de cinquante ans. Dans ce cercle, chacun est acteur et responsable de veiller à ce que l'équilibre et l'harmonie entre les humains et l'univers soient maintenus. Les Amérindiens n'ont pas de Dieu créateur à adorer.

Pastor: Cette image du Dieu à adorer est finalement une projection de l'homme qui imagine un Dieu à son image.

Lena: Pour eux, la Terre comme l'univers se déplacent en cercle d'énergie et tout est énergie vibratoire dans le cosmos. Ainsi, nous faisons partie de cet immense cercle infini sacré. Nous sommes une énergie en voyage et nous venons des autres étoiles. Nous sommes donc liés à toute forme de vie terrestre et extraterrestre. Les Amérindiens savent qu'ils viennent des étoiles et considèrent les extraterrestres comme leurs ancêtres... La tradition orale, transmise de père à enfants, précise que ces ancêtres viennent nous rendre régulièrement visite, qu'ils observent notre incarnation humaine et la manière dont nous évoluons sur Terre...

Pastor: Ils ont d'ailleurs de tout temps laissé leur empreinte sur Terre. Vous parlez aujourd'hui des *crop circles*, sur lesquels nous reviendrons. Néanmoins, il y a eu bien d'autres manifestations[62]. Vous pouvez vous intéresser à tout cela, et ainsi « découvrir un autre monde ».

Lena: pour faire le lien avec la spiritualité et la religion, puis-je évoquer quelques instants la prière, cher collectif?

Collectif: Bien entendu. Encore une notion tellement déformée, « pâlie » par des générations et des générations...

Lena: La sagesse des Amérindiens, et d'autres peuples « premiers », ainsi que ce que vous me transmettez, m'a permis de « toucher de l'âme » de ce qu'est la prière.

Pastor: Quelle jolie expression. Il est vrai qu'il ne s'agit plus de « toucher du doigt » mais de percevoir avec vos sens subtils.

Lena: La prière est une énergie, peut-être la plus puissante de l'univers, n'est-ce pas ? D'ailleurs, un autre être est très présent dans ma vie depuis l'âge de 18 ans,

---

62. Pastor renvoie ici au Machu Picchu, aux géoglyphes de Nazca, aux pyramides mayas et à différentes prophéties, telles que la prophétie hopi, maya, du bison blanc et les prophéties de l'arc-en-ciel.

Omraam Mikhaël Aïvanhov. Il a largement évoqué ce sujet[63].

Collectif: Elle l'est. Car la prière, c'est l'amour en manifestation.

Tu veux parler ici d'Omraam Mikhaël Aïvanhov? Chère Lena, tu nous questionnais il y a quelques jours sur la possibilité qu'il s'exprime parfois au sein de notre collectif. Tu as la réponse...

Lena: Cela m'émeut tellement. Je reconnais son humour, sa manière simple et concise de s'exprimer, son aptitude à « tourner en dérision » nos débordements émotionnels.

Pastor: Un de mes « potes en ciel », ou « potes au ciel ». Nous avons la même fibre d'âme et une manière tellement proche de nous exprimer.

Collectif: Ce que vous appelez « la prière » est une énergie. Elle émane de vous. Elle est là pour vous permettre de vous « mettre au diapason » avec l'univers. Finalement, il ne s'agit plus de méditer ou de prier. Faites simplement en sorte que chacun de vos jours soit une prière, une méditation... Tout autour de vous est un cadeau, l'eau que vous buvez, l'air que vous respirez, la chaleur du soleil sur votre peau, les légumes et les fruits que la nature vous offre. Une personne qui partage votre vie, un chat qui ronronne contre vous. Tout ce qui est, prie et médite. L'arbre qui fleurit, l'étoile qui brille méditent...

Pastor: Lorsque vous caressez un animal, vous communiquez d'âme à âme. Vous partagez vos énergies. La prière, au sens sacré, est une onde énergétique qui relie les

---

63. Voir notamment le fascicule qui s'intitule *La Prière,* Éditions Prosveta, 2000. Il est extrait du livre *Puissance de la pensée,* Éditions Prosveta, 2000.

mondes. Lorsque vous manifestez votre énergie du cœur, vous priez, vous méditez. Sur votre Terre comme dans le multivers, tout est échange, tout est offrande.

Lena: Merci... pour les Amérindiens, la prière n'a pas de connotation religieuse, mais elle constitue l'élément essence-ciel de leur vie. Elle est une énergie vibratoire, une énergie d'amour, un cadeau que l'humain peut se faire et offrir au monde.

DOUZIÈME PAS DE DANSE

L'amour

Lena : Danse l'amour, vibre-le, offre-le. C'est une énergie qui guérit, qui transmute, une énergie inépuisable.

Je souhaiterais ici vous partager, en introduction, un extrait d'une magnifique chanson[64]. Cher collectif, qu'en pensez-vous ?

Collectif : Lena, nous nous sommes simplement rejoints... Avec plaisir.

Lena :

« Quand on n'a que l'amour,
Pour parler aux canons,
Et rien qu'une chanson,
Pour convaincre un tambour.
Alors sans avoir rien,
Que la force d'aimer,
Nous aurons dans nos mains
Amis, le monde entier. »

---

64. *Quand on n'a que l'amour.* Jacques Brel. 1956.

Pastor: Merci... Un homme connecté, « blessé » par l'inconstance de l'humain. Nous le saluons.

Collectif: Même si nous avons déjà abordé ce point dans *L'Envol vers soi,* nous souhaitons y revenir maintenant.

Comprenez ceci. Tout est amour. Sans l'amour, c'est le néant...

L'amour tel que le conçoit encore une majeure partie de l'humanité n'est pas l'amour. Il est une sorte de sentiment que vous portez à un être, un animal, qui vous apporte une sensation d'avoir trouvé un sens à votre vie ! Vous emplissez un vide, vous trouvez un réconfort, une raison de vivre, une légitimité à être, un doudou pour l'ego qui est heureux de sentir qu'il est aimable ! Et c'est pour cela que, lorsque la personne, l'animal, ne satisfait plus vos besoins et attentes, vous vous détachez affectivement. Vous pouvez même en arriver à une forme d'hostilité, de colère ou de mépris.

Et lorsque l'animal embarrasse, certains n'hésitent pas à le jeter au bord d'une route...

L'amour est lumière, l'amour n'a pas de forme, de manifestation unique. L'amour est l'amour.

Vous n'êtes pas ce corps, vous êtes un champ des possibles qui a choisi de prendre, à un moment donné, une forme particulière pour s'expérimenter. L'amour consume votre ego, votre mental, votre personnalité, pour vous faire comprendre qu'il est simplement : « Tout ce qui est ».

L'« amour humain » est finalement une sorte de processus. Il vous permet d'apprendre à être à l'écoute de votre cœur, tout en vous heurtant aux parois de votre mental et de votre ego.

Pastor: Tant que vous allez osciller entre votre tête et votre cœur, vous allez vous retrouver dans des situations émotionnelles et corporelles difficiles. Et cela s'accélère aujourd'hui. Vous ne pouvez qu'être alignés à votre cœur, avec ce qui est juste pour vous. « Faire l'anguille, le caméléon, l'autruche, jouer au cheval de trait » n'est plus possible.

Nous allons faire un aparté, qui nous permettra d'expliquer ce qu'est l'amour.

Collectif: Vous êtes soumis actuellement à un changement important des « charges électriques » qui existent à la surface de votre enveloppe corporelle. Ces dernières provoquent une modification intense de vos rythmes biologiques, de ce que vous appelez « la mémoire ». Cela vous conduit à lâcher prise pour être.

Tous les champs électromagnétiques de vos nombreuses technologies, même si vous pensez qu'ils sont là pour vous apporter un certain confort, freinent l'arrivée de cette puissante lumière. Cela crée des conflits internes et vibratoires supplémentaires à l'intérieur de vous... Alors, à vous de voir.

Cette lumière, qui impacte le pôle le plus haut de votre corps, votre tête, se manifeste sous la plante de vos pieds, modifie votre « charge statique » et, au-delà, votre conscience.

En modifiant la charge électromagnétique au niveau de votre tête, cela facilite une ouverture et l'entrée de la lumière. Néanmoins, cette lumière n'a pas pour destination votre tête, mais votre cœur. Vous vous transformez, même physiquement.

L'adjonction de particules adamantines[65] à vos molécules carbonées va transformer votre corps carboné en corps de silice. Cela va également induire au niveau cellu-

65. Voir en annexe.

laire une vraie métamorphose, une nouvelle manifestation de la vie. Cette dernière n'existe pas encore sur Terre.

Pastor: L'univers est composé de lumière. La lumière est composée de particules adamantines. Lorsque vous vivez constamment en harmonie avec la fréquence de l'amour, vous émettez également des particules adamantines, une onde de vie, à partir de votre cœur. Nous essayons par tous les moyens possibles de vous faire ressentir la magnificence de l'amour, de cette lumière qui provient de la Source.

Cela nécessite d'élever votre vibration. Car vous ne pouvez accéder qu'au niveau vibratoire que vous émanez. C'est finalement une sorte de « protection » pour vous. En effet, au fur et à mesure que vous intégrez des schémas de fréquence de plus en plus fins, vous avez accès à des niveaux d'amour et de lumière (les particules adamantines) plus « raffinés ». Au moment de votre incarnation, une quantité particulière de ces particules est emmagasinée dans votre cœur « sacré ».

Cet amour circule librement, jusqu'à ce que le conditionnement que vous subissez, ou acceptez, fasse écran autour de votre cœur « vibral ». Un bouclier éthérique, puis un autre, et encore un, se mettent en place, à chaque formatage. L'ego en est l'acteur, car il se protège ainsi. Souvent, à votre âge adulte, le flot de cet élixir est fortement diminué, excepté chez les êtres « réveillés », « éveillés ». Il est d'ailleurs important d'équilibrer vos chakras, d'activer votre plexus solaire, pour qu'il puisse collaborer à l'activation de votre cœur « sacré ».

Votre cœur doit être ouvert pour que les particules adamantines puissent affluer librement en vous, y rayonner.

Ces particules sont la substance même de toute création. C'est la lumière au spectre complet, l'énergie électromagnétique de la Source. Ce sont les clés des codes de lumière qui créent des mondes, encore et encore...

Cette lumière, c'est l'amour. L'amour est la force dynamique de toute création. La vie est finalement l'amour manifesté.

Collectif: Vous allez accroître vos perceptions corporelles, élargir votre conscience, interagir différemment avec ce qui vous entoure. À terme, vous fusionnerez à nouveau avec le Tout.

Pastor: C'est le retour à la maison! Ce processus va vous permettre d'accueillir et de manifester votre « corps d'êtreté ». Votre corps n'est rien s'il n'est pas alimenté, animé par l'esprit. Votre temple sera pleinement actif lorsque vous connecterez l'esprit...

Collectif: L'amour est à la fois votre origine, votre connexion à tout ce qui est, et votre destination. Tout comme votre corps respire l'air qui vous nourrit, votre âme respire l'amour. Étant incarnés, il est important que vous manifestiez cet amour. Un geste, une personne que vous prenez dans vos bras. L'humain ne peut pas vivre sans cette expression « corporelle », « physique » de l'amour. Exprimer l'amour par des mots est magnifique, le rayonner, serrer un être, un animal contre soi, est sublime. Le mental cause tous vos soucis, tandis que le cœur est la source même de votre guérison.

TREIZIÈME PAS DE DANSE

L'énergie féminine aux commandes de ce nouveau monde

Lena : Danse ta féminité, danse ta douceur. Vibre, soit !

Cher collectif, puis-je ici introduire en évoquant de nouveau mes frères et sœurs amérindiens, ainsi qu'une autre « légende » ?

Pastor : Avec plaisir, nous t'écoutons, nous t'entendons même...

Lena : En Bolivie, la tradition raconte qu'une très belle femme venue du cosmos, appelée « mère de l'humanité », a atterri sur Terre avec une navette qui brillait comme le soleil. Ils la décrivent comme une Terrienne, mais avec de grandes oreilles, des mains palmées à quatre doigts, et une tête en forme de cône. Dans la tradition, il est dit qu'elle vient transmettre la mémoire cosmique de nos ancêtres des étoiles, pour que nous puissions la véhiculer de génération en génération.

Les nations amérindiennes d'Amérique du Nord, elles, disent avoir reçu le contact avec des êtres d'autres dimensions, qu'elles qualifient « d'étoiles filantes ». Ces êtres de polarité féminine leur ont enseigné la quête de vision, le rituel de la hutte de sudation, la cérémonie de la pipe sacrée ainsi que le respect de toute la création.

Collectif: Le féminin est l'initiateur du sacré...

Pastor: En effet, si l'on regarde sur un plan concret, la femme est en contact étroit avec le cycle de la Lune puisque cette dernière régit les cycles féminins. De même, la femme, du fait de sa polarité, est très fine sur le plan intuitif. Ce qui signifie aussi que ceux qui se manifestent sous la forme masculine peuvent reconnecter cette part féminine. « La féminitude », et donc la femme en particulier, est l'initiatrice de l'homme. Elle porte en elle une énergie d'amour, de paix et d'harmonie. Elle amène le masculin à reconnecter l'énergie du cœur.

Collectif: Le « rôle » de la « masculinitude » est de protéger le sacré, et donc l'énergie féminine sacrée.

Pastor: Voici clairement énoncé ce que nous allons maintenant développer. Merci, chère sœur des étoiles.

Collectif: Commençons par la polarité féminine. Elle est venue guider ce monde en mutation vers une nouvelle dimension. Elle est synonyme de reconnexion à soi, d'intuition, de légèreté, de douceur, d'amour, d'universalité.

C'est cette partie, à la fois douce et si forte, que l'on retrouve chez de nombreuses femmes terrestres. D'ailleurs, il ne s'agit plus que ces dernières s'envisagent comme des guerrières. C'est là un langage de l'ancien monde. Nous le répétons, il est impossible d'être guerrière et « de lumière ». Soyez plutôt des fées, des « transmutatrices d'énergies », des passeuses de lumières, des étoiles qui guident ceux que vous croisez...

Pastor: Femmes de ce nouveau monde, lâchez cette sensation d'être vulnérables, encore engrammée dans votre ADN. Vous êtes tellement puissantes, une puissance créatrice, génératrice. Affirmez-la dans l'amour.

Collectif: Comprenez ce qu'est « la féminitude ». Nous ne parlons pas ici de féminité, car ce terme n'est pas approprié. Vous avez trop souvent associé la féminité à la sexualité primaire.

Pastor: Oui, c'est l'image de la blonde aux cheveux longs, grande et pulpeuse ! Je caricature volontairement. La femme n'est pas un objet. Le féminin n'est pas une maison à l'intérieur de laquelle on entre les pieds sales. Le masculin n'est pas non plus « un consommateur affamé ».

Collectif: D'ailleurs, les humains doivent aujourd'hui sortir au plus vite de cet engrammage vibratoire, ancré dans leur ADN afin de cesser d'alimenter ce genre d'égrégore.

Les femmes doivent comprendre qu'elles ne sont pas là pour séduire l'homme. C'est un réflexe primaire. Il s'agit là d'attirer un homme fort et protecteur, capable de mettre à l'abri un féminin vulnérable, qui ne peut subvenir seul à ses besoins primaires.

Vous n'êtes plus au temps où l'homme chasse, protège, défend, même si cela reste encore ancré dans votre inconscient collectif. Vous n'êtes plus dans une époque où l'instinct de reproduction vous pousse à séduire pour assurer la descendance. Vous n'êtes plus obligés de « consommer l'amour » le plus rapidement possible, pour faire perdurer l'espèce. Tout cela est d'un autre temps.

Pastor: Ne riez pas, observez ce qui se passe encore si souvent dans les faits... L'amour ne peut se manifester que s'il rime avec élévation vibratoire, s'il vous permet de vous choisir, puis de partager avec un être que vous accueillez en conscience. Ce n'est ni en attirant un autre, ni en le consommant, ni en le contrôlant que vous serez « protégés » et heureux !

Collectif: La « féminitude » est cette énergie si subtile qui fait croître, engendre, fait naître, accompagne, porte, au sens noble du terme. C'est l'intuition, la beauté derrière le masque, l'harmonie. C'est une forme de douce puissance, tranquille et déterminée.

De manière générale, les femmes, et plus globalement tous les êtres à polarité féminine prédominante, guident votre Terre vers un monde feutré de douceur et d'amour.

Pour ce faire, elles doivent être libérées de toutes leurs blessures, parfois sérieuses, de cette vie et d'autres. Notamment de l'empreinte d'un masculin qui s'est perdu. Un masculin qui domine, dirige, décide, abuse, bafoue, salit...

Femmes du nouveau monde, aujourd'hui il s'agit d'être justes avec vous-même, et avec les autres. En particulier avec les hommes. Il ne s'agit pas de tout balayer d'un coup de pied, prenant ainsi la même voie que ce masculin archaïque. Il ne s'agit pas de « maltraiter » l'homme, ou de lui faire payer des siècles d'errance.

Il s'agit simplement d'exprimer « cette féminitude » en respectant qui vous êtes vraiment, en œuvrant individuellement à vous alléger des sacs à dos, des stigmates.

Collectivement, vous, les femmes, devez aujourd'hui être pleinement conscientes de votre rôle de guides, de sages, de mères contenantes et structurantes.

Être femme en cette période d'ascension, naître fille, c'est avoir accepté de réveiller cette sagesse, de faire vivre, et d'alimenter « cette féminitude ».

Pastor: Et vous, les femmes « d'âge mûr », comme vous dites. Pourquoi ne pas mettre en œuvre des « groupes de grands-mères », qui transmettent leur expérience de cette vie et d'autres... Rayonnez l'image de jolies femmes épanouies. Partagez-la avec les nouveaux enfants, les jeunes femmes, les femmes enceintes, les hommes...

Beaucoup de femmes, toutes générations confondues, sont aujourd'hui dans une forme de souffrance. Pour plusieurs raisons. Tout d'abord, car en ce moment particulier de gros nettoyage énergétique, elles revivent, individuellement et collectivement, toutes ces souffrances. Celles-ci remontent de nombreuses vies. Elles se manifestent souvent par des sensations corporelles. Un peu comme si leur corps, soudain, leur signifiait que tous ces coups physiques ou psychologiques, tout ce non-respect, avaient marqué leur corps « de bleus », qu'elles en aient conscience ou pas. Elles sont comme « des véhicules cabossés de toute part », qui se seraient laissés dériver, sans pilote à bord.

Lena: Vous me montrez l'image de voitures sur l'autoroute. Le pilote s'est endormi, ou s'est « éteint ». La voiture tape une fois sur la glissière à gauche, une fois à droite, puis percute une autre voiture...

Pastor: Chères femmes de la Terre, il s'agit aujourd'hui de comprendre deux points. Nous insistons. Abandonnez totalement la sensation d'être incapables de vous assumer seules. Renoncez également à l'idée de vouloir porter qui que ce soit. Vous êtes assez fortes pour « vivre par et pour vous-même ». Vous êtes puissantes et vous pouvez l'affirmer.

Collectif: Vous les femmes, vous les êtres à polarité féminine, osez manifester cette féminitude. Mais pour cela, il est urgent d'aller guérir la femme blessée, pour œuvrer en étant pleinement aux commandes de vous-mêmes et guider l'humanité vers ce « nouveau monde ». Ne vous laissez plus instrumentaliser, utiliser, comme des « produits de consommation ».

Pastor: Il ne vous est pas demandé d'être « sexy » (que ce mot est laid !). Il vous est proposé d'être des déesses de lumière, qui guident l'humanité. Et, plus spécifiquement, au sein des duos, des initiatrices de ce monde d'amour et de lumière, dans tous les domaines de vos vies terrestres, y compris celui que vous appelez « la sexualité ». Il ne s'agit plus de satisfaire des besoins primaires et de remplir « un devoir conjugal » (quelle horreur), mais de partager une sexualité « sacrée »...

Collectif: Le second point, qui blesse de nombreuses femmes aujourd'hui est le suivant. Elles sentent qu'elles guident ce « nouveau monde ». Toutefois, elles ne sont pas suffisamment abreuvées de l'énergie « du masculin ».

Pastor: En effet, beaucoup d'hommes vivent encore à « trois cents à l'heure » dans leur grosse voiture, convaincus qu'ils ont rempli leur mission en « étant le meilleur ». Ils se voient comme celui qui « fait vivre leur famille ». En retour, ils attendent de leur femme qu'elle soit gentille, qu'elle s'occupe de la famille, des enfants, et de toute l'infrastructure familiale, en plus de ses activités personnelles. C'est caricatural, mais à peine finalement, dans de nombreux cas. Cela convient d'ailleurs aux femmes qui se sentent fragiles, ou au contraire aiment « être des femmes fatales », ou entretenues...

Collectif: La « féminitude », pour s'exprimer pleinement, a « besoin » d'être alimentée par la « masculinitude ».

La « masculinitude » est une énergie qui vient nourrir la « féminitude », d'une énergie à la fois douce, puissante, empreinte d'une forme de « soutien » contenant. Un amour pur et désintéressé, qui est là pour faire croître le féminin...

Pastor: Pour avoir « le soutien » de l'amour manifesté à l'extérieur de soi, il faut le raviver à l'intérieur de soi.

Collectif: Si la « féminitude » a besoin d'être nourrie et alimentée par la « masculinitude », l'inverse est également le cas.

Pastor: Sauf qu'aujourd'hui, de nombreux humains « dorment », sont aveugles, encore autocentrés, ou dans une sorte de victimisation fuyante !

Collectif: Alors le féminin souffre, car il ne peut durablement puiser au sein de ses ressources propres. Même si chacun de vous équilibre ses deux polarités, vous êtes aujourd'hui venus danser votre complétude.

Pastor: C'est un peu comme une voiture qui roulerait longtemps sur la réserve. Au bout d'un moment, c'est la panne sèche. Et ici, la panne sèche, c'est l'épuisement, le vieillissement physique prématuré.

Collectif: Aujourd'hui, de nombreuses femmes, seules ou en duo, ont appris à pallier la défaillance du masculin. Ce que nous signifions ici, c'est qu'elles n'ont « plus besoin de leur compagnon », pour être totalement autonomes. Elles découvrent alors que cette liberté leur est douce. Elles ne savent plus trop si elles sont prêtes à faire de la place à un homme dans leur vie. D'un côté, elles sentent cette « féminitude » qui appelle la « masculinitude ». De l'autre, elles ne veulent plus faire des concessions qui les conduiraient à ne pas pouvoir exprimer totalement qui elles sont.

Pastor: Nous ne parlons même plus du fait qu'elles ne veulent plus « biberonner », materner, porter, tirer des hommes carencés, empêtrés, entretenus dans ce masculin archaïque, formaté par des mères soumises ou conditionnées.

Collectif: Il est donc également urgent que le masculin « se reprenne en main » et manifeste sa « masculinitude ». Il y a « du travail » comme vous dites ! L'idée est que féminitude et « masculinitude » se nourrissent, se mêlent dans une danse sacrée.

Lena : Vous me montrez ici un très joli ballet énergétique, qui m'émeut beaucoup.

Actuellement, si de nombreuses femmes viennent à moi, en exprimant ce que vous venez de décrire, chacune à leur manière, vous m'adressez aujourd'hui un certain nombre d'hommes. Certains sont totalement perdus, ou prennent conscience de ce que vous venez de développer. Je les accueille avec beaucoup de compassion. Le masculin est fortement bousculé en ce moment, n'est-ce pas ?

Collectif: Oui... Tu nous offres ici, chère Lena, la possibilité de faire une transition toute en douceur. Merci.

QUATORZIÈME PAS DE DANSE

L'énergie masculine, à la recherche d'un nouvel équilibre

Collectif: Il n'y a rien d'étonnant au fait que les hommes soient si violemment heurtés aujourd'hui. En effet, ils se sont comportés depuis des siècles comme les maîtres du monde, comme des aveugles, tirant profit de leur domination sur le féminin. De la femme esclave à la femme-objet, de la servante à la soubrette, ils ont tiré sur la corde jusqu'à ce que cette énergie puissante entrante « les plaque subitement au mur ».

Ils se sont aussi parfois laissé entraîner par des sirènes qui les ont vidés de toute substance, dans tous les sens du terme ! De petites créatures, qui semblaient si fragiles qu'ils ont voulu les sauver. Ils se sont laissé « hypnotiser », trouvant là une forme de valorisation de leur masculin. Nous caricaturons ici, car cela permet une prise de conscience rapide et efficace ! L'idée est ailleurs... Aujourd'hui, la pièce de théâtre vole en éclat. Vous ne pouvez plus « jouer de rôle », vous ne pouvez plus « être le personnage ». Vous êtes l'énergie en manifestation.

Pastor: Certes. Le fait est qu'il y a aussi eu tous ces conditionnements séculaires, encore présents. Allant jusqu'à affirmer la supériorité d'un garçon sur une fille, au point de tuer celle-ci encore dans certains pays.

Il y a également ces mères qui font une différence entre leur fille et leur garçon, élevant ce dernier comme une sorte de prince ! Il y a aussi tous ces diktats selon lesquels les hommes ne doivent pas manifester leurs sentiments, ne doivent pas pleurer. Ceux-ci ne peuvent que s'effondrer aujourd'hui.

Lena: À l'époque de mes grands-parents, dans certaines familles, à la naissance d'une fille on ouvrait une bouteille de cidre. À celle d'un garçon, une bouteille de champagne. Juste une illustration, qui finalement n'a en aucun cas empêché certaines de ses filles de se manifester déjà comme des guides. Certaines ont été des résistantes actives, porteuses de messages d'unité et d'amour. D'autres sont sorties d'autres manières « des sentiers battus ».

Collectif: Il y a bien longtemps que la « fémininitude » est aux commandes et c'est pour cela qu'il s'agit justement de la « faire taire ».

Ces comportements archaïques ont néanmoins conditionné ceux que vous appelez « les hommes » à occulter leur côté féminin. Ils ont été conditionnés par des générations, par une société qui est dans le « pouvoir sur ». Ainsi, il fallait s'épuiser au travail, rapporter un salaire « pour faire vivre » la famille ! Ces hommes sont partis « à la guerre », y ont vécu des atrocités qui les ont transformés à vie. Certains ont aimé des femmes décrites comme « de rang social inférieur », et n'ont pas réussi à affirmer cet amour, de peur d'être « déshonorés ». D'autres, dont la polarité féminine est marquée, sont encore affublés de qualificatifs tellement blessants.

La liste est longue. Nous en resterons là, car cela prendrait des livres, et virerait à la caricature. Car, bien entendu, on ne peut pas généraliser. Nous parlons ici du masculin castrateur, dont le féminin a été également « castré ».

C'est pour cette raison que ces hommes-là ne comprennent plus rien lorsqu'un jour leur compagne les quitte, affirmant qu'elle souhaite vivre la vie juste pour elle. Cela est d'autant plus douloureux que, souvent, ils ont l'impression d'avoir fait ce qui était attendu d'un homme ! Ils n'acceptent pas de perdre « leur aimée », de « partager » le temps qu'ils peuvent passer avec leurs enfants, de voir ce qu'il pensait être l'œuvre de leur vie balayée en un instant.

Ils ne supportent pas plus de se voir subitement licenciés, du fait d'une maladie qui dure, parce qu'ils vieillissent, coûtent « trop cher », ou ne peuvent plus assumer « la même charge » de travail. Nous reprenons ici volontairement vos mots afin que vous mesuriez bien l'ampleur de leur portée vibratoire.

Pastor: Ce qu'il y a derrière tout cela, Messieurs, c'est une invitation « à marquer un long temps d'arrêt au Stop ». Cet arrêt sur image sera aussi long qu'il vous sera nécessaire pour comprendre que vous vous êtes égarés, ou laissé emmener dans un chemin sans issue.

Collectif: Plus encore que la plupart des femmes, vous êtes invités à rééquilibrer vos principes masculins et féminins. Et pour cela, il est « indice-pensable » d'aller soigner votre masculin.

Pastor: Comment ? Telle est encore votre question. Nous répondons systématiquement de la même manière. En revisitant cette vie-ci, ainsi que celles de ce cycle qui font blocage. En allant voir ces scènes où vous avez manifesté le mauvais côté du masculin, en comprenant pourquoi. En mettant genoux à terre. En étant dans la compassion pour vous-même, en réécrivant le scénario différemment. Derrière un masculin maltraitant, il y a un petit enfant qui pleure...

Collectif: En comprenant que l'image de ce qu'est un homme, qu'on vous a mise dans la tête, est erronée, largement d'un autre temps. En acceptant de vous offrir le temps nécessaire pour cicatriser, pour retrouver une forme d'équilibre. En comprenant que ce que vous vivez, vous l'avez appelé pour cheminer, pour croître vibratoirement. En laissant partir cette compagne, qui a été une enseignante, vers des horizons plus justes pour elle.

Pastor: En cessant de courir tout de suite en chercher une autre pour satisfaire vos besoins ménagers, matériels et personnels ! Mon ton est quelque peu caustique, mais que voyez-vous encore largement sur Terre ? En cessant, aussi, d'avoir peur d'être seul.

Collectif: En renaissant à vous-même, en acceptant qui vous êtes. En prenant conscience que la féminitude appelle largement votre « masculinitude »...

Pour que vous puissiez entrer dans cette cosmique sacrée, il est nécessaire également que vous ayez émis l'intention de manifester votre propre féminitude. Et pour cela, il faut avoir lâché l'idée que cela signifie ne pas être un homme !

Osez vous dire, osez manifester vos sentiments, osez pleurer, osez dire à vos enfants que vous les aimez, osez être doux avec vous et les autres, osez vous vêtir comme vous le souhaitez, vous coiffer de la manière qui vous reflète ! Osez dire que votre travail ne vous convient plus, osez cesser plus ou moins durablement celui-ci pour vous occuper de vos enfants, si cela vous plaît. Osez !

Pastor: Ne cherchez plus une compagne maternante. Comprenez que vous pouvez chacun être complet par vous-même et partager cette complétude. Nous ne le répéterons jamais assez. C'est la clé, the key, le sésame !

Collectif: Osez manifester votre « masculinitude » qui structure, met le cadre, décide, œuvre concrètement dans la matière. Alimentez-la de votre « féminitude » qui ressent, se connecte, manifeste sa douceur, et veille à être amour et harmonie.

Pastor: Cela est d'ailleurs identique pour les femmes finalement. Elles sont appelées à être elles-mêmes, connectées à l'univers. En cette époque, elles sont plus que jamais venues guider dans l'amour et la lumière. Elles sont accompagnées pour oser aujourd'hui l'incarner dans la matière en structurant, en posant des limites, en prenant leur place totalement.

Pour terminer ce « duo masculin/féminin », je dirai ceci. L'homme doit savoir ce qu'est « être femme » et la femme ce qu'est « être homme », dans les attitudes, les pensées, la manière d'agir. En sachant être chacun « émetteur et récepteur », « actif et passif », « yin et yang ». Cela permet un réel équilibre, à l'intérieur de soi ou au sein d'un « duo ».

Collectif: Il est temps, chers frères, d'être des hommes qui s'aiment, se respectent et s'écoutent. Nous vous y accompagnons largement. Merci à vous d'être. Merci à ceux qui sont déjà sur la voie et à ceux qui s'y engagent.

Lena: Me viennent ici deux chansons... Je souhaiterais, ici, en partager des extraits, car ils sont évocateurs.

Pastor: Avec plaisir.

Lena:

La femme est l'avenir de l'homme[66]

« Il faudra réapprendre à vivre
Ensemble écrire un nouveau livre
Redécouvrir tous les possibles
Chaque chose enfin partagée
Tout dans le couple va changer
D'une manière irréversible

Le poète a toujours raison
Qui voit plus haut que l'horizon
Et le futur est son royaume
Face aux autres générations
Je déclare avec Aragon
La femme est l'avenir de l'homme »

Et ce nouvel extrait:

Mesdames[67]

« Veuillez accepter, Mesdames, cette réelle admiration
De votre force, votre courage et votre détermination
Veuillez accepter, Mesdames, mon aimable faiblesse

66. Chanson tirée de l'album éponyme de Jean Ferrat, *La femme est l'avenir de l'homme*, 1975.

67. Paroles de Quentin Mosimann et Fabien Marsaud (Grand Corps Malade), Anouche productions, 2020.

Face à votre fragilité, votre empathie et votre tendresse

Veuillez accepter, Mesdames, cette petite intro
Car l'avenir appartient à celles qu'on aime trop
Et pour ne pas être taxé de premier degré d'anthologie
Veuillez accepter, Mesdames, cette délicate démagogie »

QUINZIÈME PAS DE DANSE

Comment manifester son intention ?

Lena: Danse comme tu le sens, en exprimant simplement qui tu es, sans te soucier de l'harmonie avec ton partenaire. Il ne s'agit plus de t'étalonner sur qui que ce soit. Juste être toi-même, laisser partir ceux que cela perturbe, et arriver ceux que cela met en joie.

Collectif: Vous aurez remarqué que nous insistons sur l'importance d'avoir une intention claire de ce que vous souhaitez vivre. Nous allons préciser quelque peu ce que nous entendons par là.

Comme nous l'avons déjà précisé, chaque incarnation comprend une intention générale, que Lena appelle « votre destination GPS ». C'est en fait ce que vous venez parfaire au sein de cette vie-ci. Lena, nous te donnons la parole.

Lena: Vous pouvez choisir, en effet, maints scénarios pour les décliner et en mélanger certains. Finalement, à chacune de vos inspirations, vous choisissez un scénario. Une inspiration signifie « j'ai décidé de vivre encore », chaque expiration pourrait être l'occasion d'avoir l'intention suivante : « Sur cette expiration, je lâche tout ce qui me pèse, tout ce qui n'est pas à moi, toutes mes blessures. »

Pastor : Merci pour cette jolie pratique.

Collectif : Finalement, lorsque vous choisissez le scénario, puis précisez, avec les acteurs qui vont jouer la pièce, le rôle que chacun va interpréter, vous avez une intention collective et une individuelle. L'intention collective consiste à vous retrouver pour parfaire un ou plusieurs scénarios qui ne vous ont pas semblé être justes. L'intention individuelle est d'apprendre de l'autre, des autres.

Puis c'est le moment de jouer la pièce. Il se peut que certains aient oublié leur texte, procrastinent, ou qu'ils aient peur. Il y a maintes possibilités. Vous serez donc face à une sorte d'imprévu, et vous allez réajuster votre rôle.

Pastor : Chaque âme a un projet, mais chaque être incarné demeure libre de ses choix. Il ne réalise pas toujours le projet qu'il avait élaboré avant de s'incarner, surtout s'il n'écoute pas son âme.

Vous êtes aux commandes. Vous êtes également totalement libres de votre réajustement, de votre réaction au fait qu'une ou plusieurs personnes se soient « autorisées » à modifier le script !

Collectif : Cet aparté pour vous signifier que, tout au long de votre vie terrestre, rien n'est véritablement « écrit », comme vous dites. Vous allez jouer la pièce, avec certains acteurs, en fonction de vos intentions du moment, mais aussi de vos peurs, de votre capacité à prendre de la hauteur et à ne pas vous laisser conditionner, formater.

Pastor : C'est pour cela que ceux qui se disent « voyants », et vous annoncent que telle chose va se passer, sont des êtres qui ne lisent que sur une seule ligne vibratoire. Ils vous prédisent un des scénarios potentiels... Ces temps-là sont également révolus.

Collectif: Oui, plus qu'obsolètes. Un « médium » est un être connecté à des énergies vibratoires suffisamment élevées pour être capable de voir et lire les différents scénarios qui se présentent, ainsi que les effets que cela peut produire. Cela se fait à la lumière de tous les films en cours dans ce cycle d'incarnation. Le reste relève de votre libre arbitre, et donc de votre responsabilité !

Pastor: Vous avez une intention générale de départ et vous allez la décliner en une multitude « d'intentions secondaires ». Elles se manifesteront au sein de chacun de vos domaines de vie. Ces intentions vont se modifier, s'ajuster au fil de votre vie et en fonction de votre évolution vibratoire personnelle.

Collectif: Plus vous vous libérerez de tout ce qui n'est pas utile ou n'est plus à vous, plus vous pourrez choisir en conscience, réajuster vos intentions secondaires. Vous pourrez même affiner votre intention principale, celle qui a motivé votre venue sur Terre. Plus vous êtes aux commandes, plus vous recouvrez votre libre arbitre, plus votre intention sera vraiment la vôtre. Elle ne sera plus parasitée par vos autres vies, votre générationnel, vos blessures...

Pastor: Illustrons par un exemple qui va intéresser nombre d'entre vous. Comme nous l'avons déjà dit, vous venez tous et toutes expérimenter ce qu'est l'amour. Imaginons que, dans cette incarnation-ci, vous veniez l'apprendre au sein d'« un duo ».

Je vais volontairement de nouveau imager pour que vous saisissiez bien le processus.

À 15 ans, vous allez souvent être mû par vos hormones qui se mettent en mouvement. Vous allez vouloir vous prouver que vous pouvez plaire. Votre intention sera d'aimer un homme, une femme, parfois sans aucune conscience que vous pénétrez dans l'espace sacré de l'autre. Vous entrerez peut-être même dans ce temple les pieds sales. Prenez aujourd'hui conscience des répercussions que cela peut avoir, des dégâts que cela peut faire sur cet être.

De nombreux Terriens restent encore dans ce schéma primaire une bonne partie de leur vie. L'amour devient alors un moyen de satisfaire ses besoins. Finalement, vous faites vos courses ! Alors, voilà, moi je n'ai pas cette capacité à gérer un budget, à animer un foyer, donc il me faut une gentille femme qui le fera. Je suis un « petit garçon blessé », alors il me faut une « maman aimante ». Et puis, elle devra satisfaire mes besoins primaires.

Ou encore, moi, je veux un prince qui m'assure la sécurité matérielle et me permette de partir en vacances, d'être la femme d'un homme « reconnu » par la société. Si possible, il faut qu'il me protège, car je me sens fragile. Et puis, je n'ai pas trop envie d'aller voir pourquoi je le suis. Car cela me conduirait peut-être à modifier ma vie. Cela suffit !

Collectif: En effet, ce genre de relation de « couple », comme vous dites, est d'un autre temps. Aujourd'hui, comprenez bien que personne ne pourra jamais combler vos besoins et attentes. Cela vous évitera de « consommer des personnes ». Il s'agit d'aller à la découverte de qui vous êtes vraiment, de le manifester. Il est nécessaire d'aller guérir vos blessures de « manque d'amour ». Elles viennent souvent de l'enfance, mais parfois aussi d'autres vies. Il est important d'apprendre à vous aimer et à vous respecter. Il s'agit d'être capable de vivre pour vous-même, sans être centré sur vous-même. Et donc d'être en capacité de vivre seul !

Il faut ensuite avoir une intention claire de ce que vous souhaitez vivre dans votre vie. Vous devez être capable de savoir les points, les « valeurs » qui sont incontournables pour vous. Ceux également sur lesquels vous pouvez « lâcher un peu de lest ».

Pastor: Enfin, faites-nous confiance. Demandez-nous de vous « envoyer la personne parfaite pour vous ». Par contre, laissez-nous totalement les rênes, lâchez vos critères terrestres basiques. Les caractéristiques de type « je souhaite une personne qui a plutôt tel physique, qui exerce telle profession, qui a telle situation familiale ». Comprenez que, pour la plupart d'entre vous, vous n'êtes pas encore capables d'avoir une vision à 380 degrés, et donc d'attirer à vous l'être qui sera juste pour vous. Cela au regard de ce que vous aviez prévu pour vous dans cette vie-ci, des apprentissages que vous souhaitez expérimenter, et de ce que vous avez « capitalisé » de vos autres vies.

Collectif: Vous êtes venus (ou pas) aimer une autre âme, dont vous reconnaîtrez la fibre, laquelle se mêlera harmonieusement à la vôtre, sans perdre votre identité...

Pastor: À ce moment-là, « l'univers », comme vous dites parfois, œuvrera à ce que la personne croise votre chemin. Il y aura peut-être des tests. Eh oui, vous ne passez pas commande comme lorsque vous allez au pub ! Il faut que tout votre être soit prêt et aligné. Si ce n'est pas le cas, vos guides en profiteront pour vous présenter un être que vous avez souvent connu dans une autre vie, et avec lequel vous aviez à comprendre un point important. Schématiquement, je dirais qu'il y a trois scénarios possibles dans ce genre de test. Peux-tu développer, chère Lena ?

Lena : Le premier scénario est le suivant : l'univers vous présente une personne que vous avez déjà connue, avec laquelle, dans cette vie, la relation doit être « coupée », avec élégance si possible, pour que chacun reprenne enfin son chemin et que vous ne soyez plus contraints de vous croiser encore et encore.

Deuxième scénario : Il s'agit d'une relation que les deux personnes ont prévu de parfaire.

Pastor: Ainsi, il y aura des « angles à arrondir » et de « l'eau à mettre dans son vin ». J'adore vraiment jouer avec vos expressions terrestres ! Ce ne sera pas nécessairement « un long fleuve tranquille », mais vous grandirez ensemble. À vous de voir si votre cœur vous dit d'y aller ou pas. Il n'y a jamais d'obligation. Si vous n'y allez pas dans cette vie-ci, nous pourrons peut-être vous proposer un scénario identique plus tard. Ou pas ! Car chacun de vous aura évolué suffisamment de son côté pour que cela ne soit plus nécessaire. C'est le type de relation dans laquelle on se fait tour à tour « la courte échelle ».

La troisième situation, c'est le must du must comme vous dites ! À toi, Lena !

Lena: Il s'agit d'une relation qui réunit deux êtres ayant suffisamment cheminé intérieurement pour « entrer » apaisés dans la relation, sans attente. Juste par amour et pour partager cet amour. Pour vivre cette expérience magnifique qu'est le partage « absolu » entre deux âmes incarnées. Il s'agit ici d'une véritable alchimie...

Collectif: Nous profitons de ce moment pour préciser que la sexualité terrestre est encore souvent une forme de consommation charnelle et énergétique. Une forme de vampirisme inconscient, même. Eh oui, lorsque vous vous unissez à un être dans l'acte sexuel, vous partagez tout. Le meilleur de votre être, mais aussi tout ce que nous appellerions « vos scories, vos miasmes ». Vous mêlez vos énergies totalement et cela reste actif longtemps, souvent, durant plusieurs de vos mois...

Nous vous mettons ainsi face à vous-même, car il est temps. La sexualité est quelque chose de sacré, qui permet d'atteindre des sommets que vous n'imaginez même pas. Alors, sur ce point aussi, redevenez conscients, s'il vous plaît.

Pastor: Il en est de même lorsque vous concevez un enfant. Votre état physique, émotionnel, énergétique de ce moment-là est décisif pour l'enfant que vous allez attirer à vous...

Cet être venu d'ailleurs qu'était Mikhaël Aïvanhov a largement évoqué ces points-ci, tout comme l'importance de la pensée consciente de la mère durant la gestation[68].

Collectif: En effet, il a transmis un « enseignement » tellement juste, dans un langage simple et adapté à son époque.

Pour conclure, insistons de nouveau sur le fait que vous resterez aux commandes, quand bien même vous choisissez d'expérimenter un scénario différent de celui qui aurait été le plus juste pour vous.

---

68. Voir notamment *L'Amour et la Sexualité* (2000), *La Force sexuelle ou le Dragon ailé* (2000), *Le Vrai Travail de la mère pendant la gestation* (2000), parus aux Éditions Prosveta.

SEIZIÈME PAS DE DANSE

À ceux qui ne sont déjà plus dans un monde de dualité

Lena : Danse avec tes frères galactiques, avec les êtres de tous les règnes, des dimensions supérieures. Apprends sans cesse de nouveaux pas, expérimente la danse cosmique.

Collectif: Aujourd'hui, un certain nombre d'entre vous a la sensation de ne plus être dans ce monde physique de dualité, de « troisième dimension ». Cela peut se manifester de nombreuses manières. Lorsque vous parlez à certaines personnes, vous pouvez avoir la sensation de ne plus parler la même langue. Quand vous sortez de chez vous et traversez des endroits connus, vous pouvez avoir la sensation d'être ailleurs, ou percevoir la « lourdeur » de certains lieux.

Vous pouvez aussi vous sentir mal à l'aise, perturbé, voire vidé, en présence de certaines personnes. Et même si vous avez « switché » énergétiquement parlant, élevé votre vibration pour ne pas être impacté, votre corps, lui, peut s'épuiser, voire somatiser, car lorsque vous avez atteint un certain niveau vibratoire, vous « nettoyez » constamment les lieux, les êtres. Il s'agit de savoir vous ménager, de vous ressourcer, sinon c'est épuisant. Il est important de vous retrouver avec vous-même, dans votre « caverne intérieure », et aussi dans un lieu à votre image (le lieu où vous vivez).

Pastor : C'est un peu comme si toute la journée, et la nuit d'ailleurs, vous sortiez des personnes des décombres d'un tremblement de terre. Vous êtes face à l'énergie du lieu, à l'égrégore qui résulte de l'évènement, aux blessures de ces êtres. L'image est forte, mais juste. Ce que vous vivez en ce moment est une sorte de tsunami vibratoire et sociétal. Et il y aura aussi des évènements climatiques puissants. Ceux qui sont connectés nettoient encore et encore, et ce n'est pas fini.

Collectif: De plus, aujourd'hui, un certain nombre de personnes se sentent comme « un animal pris au piège », au sein de l'environnement personnel ou familial au sein duquel elles évoluent. Tous ces égrégores sont en suspens dans l'éther. Certains d'entre vous les nettoient constamment. Sans cela, vous seriez déjà asphyxiés vibratoirement. Vous êtes chacun responsable de ce que vous émettez comme énergie, de ce que vous consommez, de ce que vous acceptez.

Ceux qui ont quitté le monde de la dualité sont de plus en plus sensibles à ce qui se passe autour d'eux, ressentent souvent une forme de tristesse. Ils auront sans doute envie d'être « dans leur bulle », de s'isoler. Si c'est le cas, écoutez-vous le plus possible. Cela est passager. Ils « attireront » ensuite des personnes qui sont des êtres idoines sur un plan vibratoire. Et l'équilibre entre les moments seuls et ceux partagés sera simplement... naturel !

Lorsque l'on est en transit vers une autre dimension vibratoire, on se sent dans une forme de fragilité, un peu comme si on muait. Il est souvent juste, alors, de pouvoir avoir de nombreux moments avec soi-même, voire de s'isoler pour un temps. Vous avez aussi la possibilité de « fuir » tous les environnements qui vous affectent, d'une manière ou d'une autre. Ce ressenti pourra paraître inconfortable durant tout le moment de transition.

Pastor: Cher collectif, pourrions-nous faire une petite pause, le temps de préciser ce qu'est la solitude ? Cela me semble utile à ce point du développement.

Collectif: Bien entendu. Nous te remercions, Pastor.

Pastor: Nous l'avons évoquée dans *L'Envol vers soi*, et y reviendrons ici différemment. La solitude permet le repos de l'âme et du corps. Elle favorise la conversation avec votre partie supérieure. C'est ainsi que vous obtiendrez « des réponses » justes. Si vous n'étiez jamais seuls, comment pourriez-vous apprendre à vous connaître ? Vous associez souvent la solitude au vide, au manque d'amour. Il n'en est rien. Le vide n'existe pas. Il finit rapidement par « se remplir », quelle que soit la nature de ce « remplissage »...

L'amour est en vous, partout autour de vous, simplement il s'agit de pouvoir le reconnaître.

Vous êtes un paysage. Votre être n'attend qu'une chose, que vous le découvriez. Et si vous enclenchez le mouvement, vous ne pourrez que poursuivre. Cela peut encore effrayer certains d'entre vous. Plus vous vous laissez engluer dans les profondeurs de vos propres prisons, plus il sera difficile d'en sortir.

C'est justement dans la solitude que vous découvrirez l'amour. L'amour de vous-même en premier lieu. Vous pourrez ainsi laisser arriver à vous l'amour d'un être, laisser partir un autre. Vous comprendrez dans la solitude que dire « non » n'est pas égoïste, et que dire « oui » n'est pas synonyme de « vertu ».

L'artiste qui accouche de son œuvre le fait souvent dans la solitude. Vous naissez seul avec vous-même, vous quitterez la Terre de la même manière. C'est à vous de dire « oui » à la vie. Vous le faites au moment de votre naissance. Vous devez le réaffirmer ensuite, encore et encore... Vous êtes seul à pouvoir faire ce choix.

Aucun accompagnant, aucun guide n'allumera le feu à votre place pour éviter que la fumée vous brûle les yeux. Il vous apprendra à l'allumer.

Si vous vous sentez seuls, si vous êtes en quête d'amour, de reconnaissance, si vous vous demandez quel est votre « rôle », votre mission sur Terre, posez-vous cette question lorsque vous serez seul avec vous-même. Demandez à une fleur à quoi elle sert. Elle est là pour offrir sa beauté, pour simplement être. Elle n'est qu'amour. Elle accueille les insectes, qui transporteront le pollen d'une fleur à l'autre...

Quel est le rôle d'un cours d'eau ? Finalement, il est juste là pour... être un cours d'eau. Chacun de vous est venu apporter sa note particulière à l'œuvre collective. Chacun connaît son propre pas de danse. Il s'agit simplement de le reconnecter, de le manifester.

Ce qui est juste pour vous est simplement ce qui vous met en joie, ce qui vous fait vibrer. Pour cela, acceptez de « changer ». Tout est changement. La nature est constamment en train de changer. Les montagnes naissent du fait de mouvements de la Terre, puis sont érodées par les éléments. Les arbres changent de costume au fil des saisons. Ils se multiplient grâce aux oiseaux qui répandent leur semence. Osez vous métamorphoser, car cela est intrinsèque à toute forme de vie.

Collectif: D'ailleurs, lorsque vous ne ferez plus d'aller-retour, lorsque vous serez passés totalement dans la multidimensionnalité, vous ne vous sentirez plus seuls. Vous ne serez plus affectés par les énergies denses. Les volontaires, l'équipe au sol, savaient qu'ils auraient à faire « certains va-et-vient », parfois inconfortables, entre la dualité et la multidimensionnalité, pour accompagner la transition vibratoire.

Beaucoup d'entre vous ont encore des interactions avec ce monde « de troisième dimension », du fait de ce que vous appelez la vie quotidienne, le travail, le fait d'emmener les enfants à « l'école de l'ancien monde », ou tout autre lien avec un collectif.

Pourquoi pensez-vous que ce qui se passe actuellement sur votre Terre vous demande de restreindre de plus en plus vos libertés ? Ne s'agirait-il pas simplement d'en finir avec ce monde-là ? Ne serait-il pas « temps » d'inventer un autre univers ?

Pastor: Un collectif est la somme vibratoire de toutes les énergies, véhiculées par chacune des personnes qui le compose. Une sorte d'égrégore vibratoire.

Collectif: Nous allons vous donner un élément très simple. Il va sans doute faire sourire certains, et être tourné en dérision par d'autres. Peu importe. Nous vous suggérons de le pratiquer et vous verrez. Votre corps, pour ceux qui ont passé un palier vibratoire (et ne sont donc déjà plus, pour la majorité du temps, en troisième dimension), a une structure de plus en plus fine. Vous n'êtes plus tricotés d'un fil grossier, mais d'une fibre particulièrement légère.

Pastor: Comme nous l'avons dit, vous n'êtes plus des verres en pyrex mais des flûtes en cristal!

Collectif: Oui! De ce fait, tout peut vous « ébrécher » dans un monde encore tellement « basique ». Pour vous préserver, cela est simple. Ce qui est juste, d'ailleurs, est toujours simple. Nous insistons. Il s'agit en premier lieu de veiller à la qualité de votre sommeil, de votre alimentation, de votre environnement, de votre pensée, afin d'éviter de surcharger tous vos corps. Puis assurez-vous d'être constamment aux commandes, conscients.

Lorsque vous devez évoluer dans ce monde de dualité, et l'objectif est d'adapter votre vie afin que cela soit de moins en moins fréquent, imaginez que vous êtes un personnage de film, que vous qualifieriez de « science-fiction ».

Pastor: Que ce terme est drôle, car finalement beaucoup ne sont que des films visionnaires!

Collectif: Un grand nombre, oui. Il faut être vigilant néanmoins à la qualité vibratoire de ces films. Servent-ils la lumière, sont-ils légers et fluides? Telle est la question que vous pouvez vous poser.

Imaginez un commutateur, comme vos disjoncteurs électriques terrestres. Imaginez que celui-ci soit sur une position. Pour imager, disons la position « multidimensionnalité ».

Lorsque vous côtoyez la troisième dimension, dites à votre corps: « Je demande à mon corps physique, à ma structure énergétique de s'adapter à la densité terrestre. »

Pastor: « Corps physique, attention, nous approchons de la densité 3D, adapte-toi. Voilà, bascule opérationnelle, commutateur état transitoire 3D activé ! » Même si cela semble puéril, c'est pourtant aussi simple que cela. Conscience, chers amis, conscience !

Croyez-vous que lorsque vos frères stellaires entrent dans votre atmosphère, leurs appareils ne s'adaptent pas ? Et s'ils devaient « mettre le pied » sur votre sol aujourd'hui, ils utiliseraient les moyens en leur possession pour s'adapter !

Collectif: Le propos qui suit va peut-être choquer certains Terriens, mais nous souhaitons préciser que nous nous exprimons « depuis un univers multidimensionnel », avec une vue à « 380 degrés »...

Aujourd'hui, chacun d'entre vous a choisi de transitionner ou pas. Un petit nombre s'est mis « hors temps », en se plongeant dans une forme d'amnésie ou de dégénérescence, quelle que soit la cause de celle-ci. Ces personnes-là resteront comme suspendues dans les airs, car elles n'ont pas eu la « force » ou la volonté de choisir.

À la longue, comme il n'y a finalement personne aux commandes, leur corps physique se mettra à fonctionner en « mode dégradé ». Cela peut prendre un temps plus ou moins long. Il s'agit d'une expérience comme une autre. De manière générale, nous n'interviendrons pas pour les rappeler. Cela n'était pas nécessairement prévu dans leur contrat d'incarnation. Ils ont juste « baissé les bras » à un moment donné.

C'est souvent très difficile pour leurs proches, ces personnes n'étant plus vraiment dans leur corps, mais ne le quittant pas non plus. Aussi, elles sont souvent incapables de « se gérer seules ».

Une bonne partie d'entre elles trouve dans cette attitude un nouveau moyen d'être une victime, et donc de ne pas

« assumer » ce qu'elles avaient choisi. Il s'agit souvent d'une manière de ne pas se positionner. Elles deviennent alors « le ou la pauvre qui subit ceci ou cela ». Elles existent souvent par des états de ce type.

Si nous ne les rappelons pas, c'est souvent car elles doivent aller au bout de cette expérience pour en apprendre quelque chose. Pour peut-être, dans une autre incarnation, finir par la dépasser.

Concernant les proches, plutôt que de se laisser entraîner dans ce puits sans fond, positionnez-vous en étant dans la compassion. Il ne vous est toutefois pas demandé de subir le choix de cet être-là. Poursuivez votre chemin, et si vous êtes amenés à prendre des décisions, faites-le. Et surtout, ne vous retournez pas. Chacun est là, dans cette incarnation, pour réaliser son plus beau chef-d'œuvre, nous vous le rappelons. Compassion ne rime pas avec renoncement, résignation, oubli de soi...

Personne n'est venu se sacrifier pour un autre, à moins d'en faire le choix clair. Dans ce cas, il s'agit d'aller explorer pourquoi, car il s'agit souvent d'une forme de réparation d'un acte plus ou moins lointain. Et cela ne dure pas *« ad vitam æternam »*, comme vous dites. Aucun guide de lumière ne vous demandera jamais de « vous sacrifier ». Il y a tellement d'autres moyens positifs de rétablir l'équilibre...

Pastor : Ce détour est très important. Merci, cher collectif. Donc, il y a ceux qui avaient choisi de venir en cette période d'ascension, mais qui à un moment donné ne se sentent plus la force de traverser cette période. Ils trouveront un moyen, même déguisé, de repartir...

Collectif : Il y a les autres qui ont choisi de passer ce portail vibratoire et gardent le cap, même lorsque la tempête est puissante. Il y a les plus expérimentés, qui font partie de l'équipe au sol, qui sont là pour tenir la barre en cette période d'accélération majeure. Ils sont là pour réveiller les consciences.

Pastor: Oui. Néanmoins, certains membres de l'équipe au sol sont encore ensevelis sous le poids du générationnel, ou pris dans une sorte de refus d'incarnation.

Cela peut être le cas de certains êtres venus d'ailleurs, qui n'acceptent pas d'être sur Terre ou se coupent de leur origine stellaire. De ce fait, ils sont souvent dans des comportements d'autodestruction physique (accidents à répétition, abus de toxiques, ou tout simplement en étant hors corps).

Collectif: En effet, de nombreux Stellaires se sont coupés en deux, au niveau du chakra plexus solaire. Ils sont dans une forme de dualité entre l'incarnation et le monde d'où ils viennent. Ainsi une reconnexion est à faire.

Lena: Dans ce cas, il s'agit d'aller revisiter le processus d'incarnation. Cela depuis le choix de la réincarnation, jusqu'au moment de la séance. Cela permet une mise en lumière des mécanismes et un choix conscient d'accepter de s'incarner, puis de vivre. Il est alors possible de permettre une reconnexion à la fois au plan vibratoire dimensionnel d'origine et à la Terre.

Collectif: En effet. Cela est très important. Aujourd'hui, l'équipe au sol « porte » vibratoirement cette mutation importante. Lorsque nous disons « porte », c'est qu'elle l'accompagne largement. Elle est mise à contribution activement. Il s'agit d'un véritable engagement, souvent exigeant pour elle. Elle doit d'ailleurs intégrer que nous leur demandons à la fois d'être dans la compassion, mais aussi dans une forme de discernement très fin.

Il s'agira de savoir quelles mains saisir lorsque de nombreuses personnes vous la tendront. Nous le répétons, car si « vous ne l'avez pas en tête », vous serez peut-être désemparés.

Pastor : Ce que signifie ici le collectif, c'est que vous ne serez pas en mesure d'accompagner tous ceux qui se présenteront à vous lorsque la tempête battra son plein. Nous restons néanmoins optimistes, en affirmant que le réveil est encore possible. Néanmoins, plus le temps passe, plus l'écart se creuse entre les énergies vibratoires entrantes et celles qui sont manifestées lorsque l'on est dans le refus du changement, ou la peur. Il s'agit d'un processus qui ne peut être suspendu...

Collectif : Et effet, il est important de saisir que certains êtres n'ont pas choisi de vivre ce passage, ou auront renoncé. Acceptez leur décision. Cela demande une grandeur d'âme particulière, une finesse extrême, un accompagnement particulier même... *A contrario,* d'autres personnes semblent également avoir lâché prise, mais sont simplement prisonnières de leurs blessures récentes ou lointaines. Discernement, compassion, amour...

Pastor : En effet, ces personnes peuvent s'écrouler à un moment donné, et néanmoins peuvent se relever, pour peu qu'on leur propose de s'orienter vers un accompagnant qui leur correspond. Encore faut-il qu'elles acceptent cette main tendue. Le libre arbitre demeure.

Il s'agit finalement de savoir « jongler » entre les dimensions, de prendre des moments pour se ressourcer, d'avoir une « étanchéité vibratoire » suffisante pour ne pas être

« une éponge ». Il faut ensuite accepter de laisser partir ceux qui doivent quitter votre environnement. Cela quelle que soit la manière dont ils s'éloignent de vous.

Dans *L'Envol vers soi*, nous évoquions le « détachement humain ». Aujourd'hui, vous êtes dans la phase de mise en pratique !

Collectif: Apprendre le détachement est peut-être une des choses les plus difficiles pour l'humain, car s'il résiste, c'est par peur. Peur de perdre ce qu'il a patiemment « amoncelé », perdre ceux qu'il aime. Néanmoins, lorsque vous avez peur de perdre quelque chose ou quelqu'un, cela ne parle pas d'amour, mais d'attachement... Prenez quelques instants pour « infuser » cela. Vous souhaitez que les choses « se passent comme vous le voulez », que les êtres agissent à votre manière, que votre vie soit planifiée. Planifier signifie ne laisser aucune place à la créativité, à la vie, justement. La vie est un tableau que l'on dessine à chaque instant. Planifier n'a rien à voir avec « avoir l'intention de »...

Pastor: Comme nous l'avons mentionné, lorsque vous avez une intention claire pour vous-même, vous acceptez en même temps que vous ne pouvez pas tout « contrôler ». Alors, vous nous confiez les rênes, et vous accompagnez le mouvement en œuvrant sur le plan vibratoire où vous vous trouvez. Tandis que planifier, c'est juste vouloir contrôler par peur.

Collectif: Apprenez à vous détacher des résultats de « vos efforts », du dénouement des histoires que vous avez tissées. Soyez conscients et confiants, sereins. Il s'agit d'un véritable mouvement d'ouverture de cœur. Soyez détachés, donc libres et en paix, avec vous-même et avec les autres.

DIX-SEPTIÈME PAS DE DANSE

La conscience

Lena: Lorsque tu danses, sois à la fois conscient de chacun de tes pas et dans un doux lâcher-prise.

Collectif: Vous évoluez dans un univers qui est régi par la conscience. Vous pouvez connecter absolument tout dans l'univers. Toutefois, cela se fait à la mesure de votre « niveau de conscience ». Certains de vos scientifiques ont d'ailleurs illustré le fait suivant[69]: la conscience est l'élément primordial de l'univers. Le monde que vous appelez « physique », ainsi que le temps et l'espace ne sont finalement qu'illusion. La matière dérive de la conscience, et non l'inverse, bien entendu[70].

Considérez que tout ce que vous pensez être « existant » suppose la conscience... Ceux que vous appelez les « extraterrestres » sont la manifestation de consciences

69. Il s'agit de l'expérience des doubles fentes de Young.

70. Max Planck, souvent considéré comme le « père » de la physique quantique, a dit: « Je considère la conscience comme fondamentale. Je considère la matière comme dérivant de la conscience. Nous ne pouvons pas aller au-delà de la conscience. »

non locales. Plutôt que d'uniquement chercher à observer leurs vaisseaux dans le ciel, écoutez les messages que ces consciences vous transmettent !

« Les graines d'étoiles » actuellement incarnées sur Terre n'ont pas toutes la même évolution. Certaines sont plus expérimentées, car elles ont connu de nombreuses incarnations, et ont « vécu » sur différentes planètes, ou lignes vibratoires différentes. Les plus « anciennes » viennent souvent réveiller les plus jeunes, les guider afin qu'elles comprennent comment mettre en œuvre et développer leur puissance véritable. Il est possible que certaines se soient incarnés pour la dernière fois sur Terre. Peut-être même sont-elles revenus alors qu'elles en avaient terminé avec la vie sur Terre.

Les « semences d'étoiles » ont été « choisies » parmi de nombreux volontaires car elles ont une fibre particulière, nécessaire à leur manifestation en cette époque. Sans vouloir tomber dans un langage terrestre, teinté de dualité, nous dirions qu'elles ont les aptitudes vibratoires nécessaires pour guider, accompagner, transmettre en cette période.

Pastor: La Terre n'est pas la seule planète encore tridimensionnelle dans votre univers. Néanmoins, s'incarner en tant qu'humain, sur Terre, en cette période d'ascension est un véritable défi. D'ailleurs, ce n'est pas la première fois que votre humanité ne réussit pas à passer ce cap vibratoire, car elle était bien trop occupée, d'un côté, à satisfaire des besoins matériels, toujours plus nombreux, et de l'autre envahie par un désir de pouvoir, de contrôle ou par ses peurs.

Ce que nous appelons conscience, que vous qualifiez parfois ici de « conscience christique » est simplement le fait de vivre le moment présent, sans peur, sans attente, sans jugement ni idées préconçues. Cela en étant capable de « sortir la tête du guidon », pour avoir la vue de l'aigle. Pour pouvoir se connecter à ce qui est, à la Source... Ce que vous appelez parfois Dieu, nous l'appelons la Source, le Un.

Comme nous l'avons déjà expliqué, il y a très longtemps, la Source a choisi de s'expérimenter. Elle s'est divisée en une multitude de « cellules souches », qui se sont manifestées au sein des différents règnes.

Lena: Si le Tout a choisi de se manifester au travers des cellules souches, c'est pour expérimenter ce qu'est la matière. Le Tout souhaite savoir ce qu'est chanter, danser, toucher, goûter, sentir. Et il le perçoit à travers les expériences effectuées par les êtres de tous les règnes. La Terre est une planète qui permet d'expérimenter tout cela...

Collectif: En d'autres termes, nous pourrions dire que la Source EST. Elle a souhaité se manifester en passant de l'universalité, de l'absolu, à « tout ce qui est ». Ainsi, elle a créé une multitude de « soi », qui se sont manifestés et incarnent chacun une partie d'elle. Elle vit donc à travers chacun d'entre vous, au sein de tout ce qui est. Réalisez pleinement ceci.

Chacun de ces « soi » se réincarne encore et encore, dans des dimensions et des règnes différents, pour « vivre » et s'interroger à la fin de chaque existence, mais aussi de chaque cycle d'existences, sur ce qu'il a « appris ». Ce sont toutes ces expériences, et la manière dont vous les avez « vécues », qui sont inscrites dans votre livre individuel, au sein des annales akashiques. Il y a aussi des livres « collectifs » qui rassemblent la manière dont l'humanité a vécu une période. Chaque période se divise en des chapitres qui correspondent à ce que vous appelleriez « l'Histoire » d'un pays, par exemple.

Pastor: Attardons-nous quelques instants s'il vous plaît, cher collectif, sur ce point. Juste pour revenir sur les annales akashiques stellaires.

Collectif: Elles se composent des vies terrestres (annales akashiques « classiques ») et des existences sur d'autres dimensions.

Il s'agit d'un registre bleuté/blanc translucide, tandis que le registre des vies terrestres est brun doré. Il y a une connexion vibratoire entre ces deux registres, même si leur énergie vibratoire est bien différente. Le registre des vies terrestres est pour le moment énergétiquement plus « dense », car vous n'avez pas encore allégé l'ensemble de vos existences.

Comme nous l'avons dit, toutes vos vies sont actives simultanément. Le chef d'orchestre (votre Moi supérieur, votre soi) joue sur toute la gamme. Il met en lien, permet d'aller chercher les compétences sur les lignes vibratoires où elles se trouvent.

Vous êtes désormais amenés à faire des ponts entre vos différentes existences, et à voir le tableau dans son intégralité, avec tous ses dégradés de couleur.

Pastor: Comme nous l'avons laissé entendre, à terme, vous serez chacun un opérateur, placé devant « les neuf écrans du cycle d'existences » au sein duquel vous évoluez. Vous pourrez consulter chaque écran simultanément, et même visualiser les autres cycles. Vous serez le « modulateur », le compositeur interstellaire de vos vies.

Collectif: La grille cristalline de votre Terre a elle aussi sa « mémoire ». Elle enregistre la manière dont l'humanité et les différents règnes se sont manifestés sur Terre. En ce moment, celle-ci a vraiment besoin de s'alléger. Vous êtes acteurs de ce mouvement.

Allez-vous continuer à réagir instinctivement, « viscéralement » aux évènements ? Cela en étant mû par la peur ? Serez-vous capable de « reprendre vos esprits », de lâcher vos besoins et attentes égotiques pour vous manifester différemment ?

Pastor: En d'autres termes, resterez-vous aveuglés par vos peurs, par ce que vous pensez être « vos besoins » ou redeviendrez-vous... conscients ? Nous insistons, car vous arrivez au point de « non-retour ».

Les « graines d'étoile », elles aussi, ont un chemin à faire pour reconnecter qui elles sont, pour réaliser ce qu'elles sont venues manifester. Elles ont souvent la sensation de ne pas appartenir à la Terre, d'être arrivées dans une famille qui ne les comprend pas. Pour se réveiller, elles ont souvent besoin de « connecter », de contacter d'autres Stellaires, qui vont les guider vers elles-mêmes. Elles doivent prendre conscience de la manière dont elles peuvent activer et réactiver leur ADN quantique, afin de recouvrer pleinement leurs aptitudes. De plus en plus, elles perçoivent que cela devient « urgent ». Elles sont conscientes de notre appel. Soyez des êtres qui rayonnent puissamment !

Collectif: Les membres de l'équipe au sol sont des sortes « d'exemple », de guides, qui éclairent le chenal. Pour ce faire, ils apprennent, au sein de leurs différentes incarnations, à réactiver dans la matière leurs propres aptitudes, puis à les manifester. Alors seulement elles peuvent accompagner, transmettre...

Néanmoins, s'ils ont des accompagnants, des transmetteurs, des accoucheurs, ils ne peuvent pas faire le travail à la place des autres personnes. Nous insistons.

La conscience, c'est finalement sortir de sa tête pour exister dans son cœur. Votre cœur est le cordon ombilical, le lien vibratoire sacré avec la Source. Toute votre vie terrestre, vous expérimentez ceci.

Pastor: Pour ce faire, il s'agit d'apprendre à écouter plutôt que de systématiquement parler. Il est important de « vous écouter » au lieu de « vous couper de votre essence », en vous agitant, en parlant, en vous noyant dans le bruit sous toutes ses formes.

Collectif: Tel est le défi de cette période d'ascension: exister et se manifester dans le cœur, être conscients de qui vous êtes, d'où vous venez, expérimenter votre singularité en étant dans l'unité, vivre dans l'amour.

Pastor: Nous le répétons. Vous êtes arrivés au point de bascule... Conscience et détermination, mes chers amis, fraternité, collaboration, unité, partage. Tels sont les mots-clés.

Ne lâchez rien, et surtout pas maintenant. Créez des réseaux, en conscience. Ne générez surtout pas des groupes, qui finalement fonctionneront sur le même mode que votre société actuelle. En ce moment, les masques tombent, chacun apparaît tel qu'il est. Alors prenez le temps et de la hauteur. Cher lecteur, vous objecterez peut-être ceci. Pastor, vous nous précisez à la fois que « le temps presse » et qu'« il faut prendre son temps ». Comment comprendre cela?

Je vous répondrai alors: Ne « perdez plus votre temps » dans un discours vain, dans des activités d'une autre époque. Construisez votre maison intérieure avec des matériaux multidimensionnels. Cela pas à pas, en vous reliant lors de chaque phase à votre cœur. Connectez votre intuition, soyez créatifs, innovants, lâchez toute forme de peur. Ayez une vision d'ensemble de cette jolie maison. Imaginez-la dans les moindres recoins. Allégez-la de tout ce qui n'est pas utile. Alors vous vous sentirez chez vous, car elle vous reflétera vraiment. Pour ce faire, il s'agit ni de « perdre son temps à tergiverser », ni de se précipiter de manière aveugle.

Collectif: La conscience est une énergie, une fréquence. Plus l'énergie est élevée, plus elle circule rapidement. Plus elle est basse, plus elle se véhicule lentement. Pour être conscients, vibrez rapidement, élevez-vous en fréquence !

Lena: Cela résonne en moi : la persévérance et la clarté de l'intention permettent au chemin de se manifester. Nous sommes le chemin.

Collectif: L'ascension consiste à réussir, dans cette incarnation, à basculer dans le domaine du cœur et de la conscience. Cela après maintes vies préparatoires. Jusque-là, la Terre était encore une sorte d'école pour les êtres vivant en troisième dimension. C'est vous qui avez créé ce monde physique tel que vous l'envisagez. À vous d'affiner l'œuvre, ici et maintenant. Votre monde est un hologramme qui vous permet de vivre de nombreuses expériences.

Devenez acteurs de vos vies, en conscience. Personne ne pourra jamais le faire à votre place. Il y a un moment où les semences d'étoiles auront rempli presque intégralement leur mission. C'est alors que chacun devra cheminer grâce à sa propre lumière intérieure. Reprenez chacun votre pouvoir et avancez dans l'amour et la lumière. Libérez-vous de vos peurs, de vos ressentiments, de vos colères, soyez dans la compassion envers vous-même et les autres. Lorsque vous serez conscients, vous pourrez regarder votre vie, vos vies et celles d'autrui, sans porter le moindre jugement. Vous cesserez de vous accrocher à un monde matériel, qui finalement n'existe pas.

Lena : Merci, c'est magnifique. J'entends ici une de mes guides me dire ceci : « Lorsque votre regard n'aura plus aucun point d'accroche, lorsque votre être regardera sans analyser ni juger, vous serez libres. Libres de vous-mêmes, libres de ceux qui vous entourent. »

Pastor : Vous êtes en train de sortir d'une sorte de « mirage ». Considérez également avec conscience l'impact de certaines de vos « nanotechnologies », vendues comme étant « la panacée ». Votre corps est un temple, vous en êtes le gardien. Souhaitez-vous être pleinement vous-mêmes ou éternellement comateux ?

Collectif : En effet, veillez à la qualité de l'eau que vous buvez. Celle-ci peut également contenir des nanos particules, qui vont empêcher l'activation des brins d'ADN, alors que ceux-ci sont justement en train de se réveiller. Cela altère à la fois votre corps physique et tous vos autres corps, votre aspect quantique. N'oubliez pas que vous êtes constitués d'au moins 50 % d'eau [71].

---

71. Un fœtus est constitué de 80 % d'eau. Cette proportion diminue au cours de la vie, jusqu'à atteindre 50 % chez une personne âgée. Chez une femme adulte : 55 %, et un homme : 60 %. La quantité d'eau varie beaucoup selon les tissus : sang : 83 %, cerveau : 76 %, poumons et cœur : 78 %, muscles : 75 %, peau : 70 %. Si la quantité diminue avec l'âge, c'est entre autres parce que le corps abrite davantage de tissu adipeux contenant peu d'eau.

Si nous nous intéressons de plus près à la structure de l'eau, nous percevons que les molécules d'eau sont perméables aux « nanotechnologies », car elles contiennent des sortes de capteurs très petits, que vos scientifiques appelleraient des « nanocapteurs ». Ceux-ci permettent à certains flux de se loger dans la structure même de l'eau. Ils répandent ainsi des gènes nocifs, une fois qu'ils sont en contact avec un certain nombre de particules quantiques de l'organisme humain.

Certes, par une hygiène de vie stricte, par le pouvoir de l'esprit, vous pouvez vous renforcer et vous préserver de tout cela. La puissance de l'esprit est incontestable... Cela requiert néanmoins un alignement intérieur constant et une manifestation vibratoire élevée, sans faille.

Pastor : Votre cerveau peut générer des particules organiques quantiques, qui vont être assimilées par l'eau pour peu que vous en ayez l'intention claire et affirmée. Ces particules vont se fixer sur la substance même de l'eau et bloqueront les énergies qui pourraient vous porter atteinte. Vous pouvez simplement le faire lorsque vous tenez un verre d'eau dans votre main, lorsque vous regardez l'eau, ou en visualisant l'eau présente dans votre corps. Pour ce faire, vous pouvez « imaginer » que vos yeux rayonnent une puissante lumière blanche. Certaines zones de votre cerveau peuvent générer un flux de lumière blanche de manière constante.

Collectif : La lumière blanche est une force qui peut protéger de tout, nous ne cesserons de le répéter. C'est en reprenant confiance en son pouvoir, et en devenant conscient du fonctionnement de son être que l'humain pourra se préserver des effets néfastes de certains éléments extérieurs, qui œuvrent à freiner le réveil de sa puissance.

Néanmoins, il ne serait pas juste de penser que, puisque l'on peut « neutraliser » des substances toxiques, on peut se laisser bombarder et ingérer n'importe quelle particule néfaste. Car cela pourrait être une sorte de solution de facilité, pour continuer tranquillement à fonctionner « comme avant ». Cela en restant concentré sur ses petits besoins égotiques. C'est juste « reculer pour mieux sauter ». Enfin, pour être en capacité « de contrecarrer » ces substances, cela demande un niveau vibratoire très élevé, une hygiène de vie régulièrement juste.

Pastor: Certes. Je vais néanmoins ici préciser une sorte d'« exercice » que vous pouvez pratiquer encore et encore.

Il s'agit de vous isoler et de vous aligner intérieurement. Puis vous allez visualiser chaque partie de votre corps en conscience, en essayant d'imaginer chacune de vos cellules.

Vous allez peut-être sentir que certaines zones génèrent une énergie très particulière. Notez-le simplement. Ce sont les zones qui justement peuvent être particulièrement touchées par toutes ces substances, ces flux électromagnétiques, ces particules. Lorsque vous visualisez en conscience ces parties de vous, vous les régénérez déjà.

Je vais faire un aparté en revenant à ce qui m'est cher. Ceux qui ont lu *L'Envol vers soi* vont peut-être se dire : « Ça y est, Pastor recommence avec son alimentation ! » Néanmoins, c'est la base. Ce sont bien vos aliments qui sont le vecteur premier de la circulation d'éléments perturbateurs dans votre corps.

Certains éléments présents dans votre alimentation peuvent endommager gravement certains aspects de votre structure énergétique et quantique. Il est temps de sortir de la naïveté. Les nanoparticules, contenues notamment dans « certains aliments génétiquement modifiés », vont se loger en particulier dans le foie et les poumons. Ce faisant, elles s'attaquent aux capteurs énergétiques de certaines particules quantiques de votre organisme. Ainsi, ces particules vont devenir inutiles, car elles ne pourront plus se positionner à leur juste place au sein de vos organes. Votre système énergétique quantique va de ce fait en produire davantage pour combler ce manque, et cela va vous conduire à un épuisement énergétique global.

Collectif: Ne pensez pas que tout ce que vous appelez les « burn-out » soient dus à une suractivité ou à un épuisement émotionnel... Ces grosses fatigues, ces somnolences qui peuvent aussi se mêler à des périodes d'insomnie, peuvent parfois être la résultante de ce processus.

Pastor: Ces éléments qui viennent se fixer sur vos organes vont engendrer un déploiement de particules. Ces dernières vont se multiplier encore et encore, dès qu'elles ont trouvé un terrain organique approprié. C'est d'ailleurs ainsi que vont naître ce que vous appelez des « dérèglements hormonaux ».

Collectif: Parlons de nouveau un peu de votre cerveau. Certains « médicaments » contiennent des nanoparticules, qui bloquent l'ouverture de certaines zones quantiques. Nous ne souhaitons pas alimenter de polémiques ici, simplement vous apporter une autre lecture, un éclairage.

En effet, si les zones quantiques de votre cerveau sont en parfait état de fonctionnement, votre corps est capable de rétablir ce que vous appelez « les soucis de santé ». Mais si elles sont bloquées, vous êtes comme figés et « empêchés de guérir ».

Pastor: Quoi de mieux pour freiner, voire annihiler les possibilités d'éveil de l'humain. Néanmoins, il ne s'agit pas de basculer dans l'accusation ou la victimisation, car vous êtes des êtres dotés du libre arbitre. Il vous appartient de vous réveiller.

Collectif: Lorsque vous êtes « pieds et poings liés » comme vous dites, vous allez vous tourner vers... d'autres médicaments. Cela vient d'un mode de pensée archaïque, encore bien présent chez l'humain, selon lequel la solution serait à l'extérieur de vous et que vous seriez impuissants et faibles. La boucle est bouclée...

Néanmoins, un nombre d'humains de plus en plus important s'éveille. Ils comprennent qu'introduire des substances de type nanoparticules dans leur corps va détruire leur aptitude à s'auto-régénérer. Et même plus, cela va brider leur ADN, annihiler leur capacité à fonctionner sur un mode quantique.

Sur ce point, nous ne pouvons pas intervenir. Notre œuvre est ailleurs. Soyez simplement conscients de vos responsabilités envers vous-même, envers ces enfants que vous accueillez...

Pastor: Nous insistons. Rappelez-vous qu'il s'agit en premier lieu d'être le gardien de votre temple. Souvenez-vous ensuite que vous pouvez freiner, voire stopper les effets de certaines de ces particules indésirables par une intention forte et ciblée. Utilisez l'énergie de la lumière blanche, la visualisation de chacune de vos cellules. Nettoyez-les, faites-les resplendir de lumière, demandez qu'elles soient régénérées.

Les êtres de lumière, via les soins stellaires, peuvent largement vous assister. Visualisez-vous rayonnant de lumière, faites jaillir de votre plexus solaire et de votre cœur une énergie puissante de guérison. Encore une fois, sortez de la torpeur, sortez de cette peur panique. Prenez enfin la responsabilité de votre vie, soyez acteurs. Créez des îlots de lumière, revenez à l'essence-ciel, passez de la « surconsommation » au retour à « l'essence-ciel ».

Votre structure physique est puissamment modifiée par la lumière photonique entrante. Votre corps absorbe de plus en plus cette lumière. Désormais, vos corps de chair sont en mode « réception » et « intégration » de manière constante. Vos frères des étoiles sont aux commandes et régulent cette puissante activité, afin que vous puissiez collectivement l'assimiler sans être disloqués. C'est là que se situe notre rôle.

Vous quittez les mondes de densité, de dualité, pour rejoindre la multidimensionnalité. Gardez le cap et ne vous laissez pas de nouveau « passer le licol autour du cou ». Cela est de votre responsabilité.

Collectif: Une grande partie d'entre vous a une origine stellaire. Vous êtes issus de savants métissages physiques ou vibratoires. Reconnectez cette ou ces origines stellaires. Vous êtes des êtres multidimensionnels illimités...

Pastor: Cela est juste... merveilleux.

DIX-HUITIÈME PAS DE DANSE

Revenons à vos origines

Lena: Danse, car tout est mouvement. Vibre, car tout vibre. Chante, car tout est son...

Collectif: Comme vous possédez un ADN qui résulte de votre génétique, vous êtes aussi constitués d'un ADN quantique. Rappelons ce point précédemment évoqué. Pour ceux qui ont une origine stellaire, vous pouvez vous incarner dans un corps humain uniquement si un des membres de votre « famille de sang » possède un ADN quantique. Ce sont en général un des parents ou des grands-parents.

Quand bien même ces personnes se seraient ignorées en tant que Stellaire durant toute leur incarnation, elles vous ont permis ce passage.

En tant que Stellaire, vous expérimentez et souhaitez parfaire votre connaissance des fréquences multidimensionnelles, de la géométrie sacrée, du pouvoir créateur des sons, de la lumière, de l'utilisation des cristaux, etc.

Votre ADN quantique contient toutes les « mémoires » de vos différentes origines stellaires. C'est bien lui qui vous permet de manifester la conscience. En cette période, au sein de cette incarnation, vous retrouvez vos familles d'âmes. Vous retrouvez également des frères et sœurs qui ont la même origine galactique que vous.

Vos capacités particulières, vos dons, votre rapidité d'esprit, pourrions-nous dire, votre aptitude à faire plusieurs choses simultanément, de manière « instantanée », sont simplement la manifestation de vos caractéristiques stellaires !

Comme nous l'avons déjà évoqué, selon la ou les origines stellaires qui prédominent au sein de cette incarnation, votre manifestation sera différente. Finalement, vous choisissez une ou plusieurs origines au fil de vos cycles d'existences. Chaque dimension stellaire a une fréquence vibratoire particulière, des caractéristiques propres. Ainsi, dans votre manifestation terrestre, vous pouvez, par exemple, être plutôt des « éclaireurs », des « initiateurs de vie », « des révélateurs d'être ». Peut-être serez-vous « des modulateurs de fréquence », « des musiciens multidimensionnels », des « encodeurs », etc.

Si vous êtes attirés par un projet particulier ou par certains êtres, c'est souvent en rapport avec cette origine stellaire. Vous êtes la résultante de tant d'existences ici et ailleurs.

Pour connaître l'origine ou les origines stellaires qui teintent plus particulièrement votre incarnation présente, observez simplement ce qui vous émeut, la manière dont vous aimez œuvrer, vous manifester aujourd'hui.

DIX-NEUVIÈME PAS DE DANSE

Comment accepter l'incarnation et reconnecter son origine multidimensionnelle

Lena: Si tu veux danser, apprends à connaître et à aimer ton corps. Qu'il soit le vecteur de ton âme et manifeste la tonalité de ton être.

Collectif: Comme nous l'avons précisé, presque tous les Stellaires prennent conscience, une fois accueillis dans l'utérus maternel, ou au moment de « sauter », de l'ampleur de la mission qu'ils ont choisie et acceptée. Cela peut provoquer une brutale envie de repartir. Celle-ci peut se manifester régulièrement, ou de manière cyclique. Cela peut même être le cas jusqu'à l'aube de ce que vous appelez « la vieillesse », voire jusqu'au moment de repartir de l'autre côté du voile.

Comprenez ceci. Tant que vous n'acceptez pas d'être incarné, votre corps fonctionne, au mieux, en « mode dégradé ». Et au-delà, c'est un peu comme s'il était un véhicule lancé sur une autoroute, sans pilote à bord. Au fur et à mesure, il s'abîme, s'assèche et meurt comme une fleur qui ne serait pas arrosée. Votre corps est votre maison, votre temple. Pourquoi le fuir ?

Lena : L'humain ne doit jamais oublier qu'il a une double identité, qui est terrestre et cosmique, donc multidimensionnelle... Lors de notre expérience d'être incarné, il est « essence-ciel » de comprendre qu'il s'agit d'être profondément enraciné, relié à notre Terre-mère. Sinon, nous ne pouvons pas vous manifester et vous serez « ballottés au gré des vents ».

Pastor : La véritable question à laquelle vous devez nécessairement répondre avec votre cœur est : « Décides-tu de rester ou de partir ? » Vous pensez souvent que, puisque vous êtes ici, vous avez choisi. Ce n'est pas le cas. Vous pouvez avancer chaque jour et être absent de votre maison, en « pilote automatique », voire dans une volonté cachée de vous détruire...

Certes, il y a ce que vous avez vécu depuis votre arrivée sur Terre, mais là n'est pas le point « essence-ciel ». Le jour où vous prenez conscience de cela, une partie du chemin est déjà faite. L'autre bout de la route commence une fois qu'en conscience, vous avez donné un « oui » clair.

Collectif: En effet, sinon, vous n'êtes pas totalement vivant, présent à vous-même. De ce fait, votre vie ne peut se dérouler de manière fluide. Finalement, plus vous refusez l'incarnation, et, avec elle, la nécessité d'aller guérir vos blessures, plus vous êtes ballotté et « malmené par la vie ». Vous envoyez sans cesse des messages contradictoires à l'univers, parce que vous ne vous aimez pas, parce que vous êtes en colère contre vous, contre les autres. Également parce que vous êtes ensevelis sous votre souffrance, parce que vous n'arrivez plus à vous émerveiller chaque jour d'être ici, parce que vous ne voyez même plus la beauté de ce qui vous entoure. Ou encore parce que vous êtes dans la fuite ou le déni.

Si vous vous laissez ou « vous faites mourir » chaque jour un peu plus, il y aura un moment où « faire marche arrière » sera difficile. Néanmoins, cela n'est jamais impossible. Simplement, votre corps, qui fonctionne sans pilote conscient et bienveillant à bord, va se détériorer et vous signifiera sans doute, de manière plus ou moins forte, qu'il suffit. Et alors apparaissent ce que vous appelez les « mal a dit » en tout genre, voire des accidents soudains.

Pastor: Ne vous cachez pas derrière le fait que « si vous mourez, c'est que c'était votre heure ». Ce n'est pas toujours le cas. Parfois, vous vous faites mourir de manière dissimulée ! Aujourd'hui, nous le répétons, vous ne pouvez qu'être « authentiques » avec vous-même et les autres. Si vous continuez « à prendre les chemins de traverse », vous risquez d'être subitement ramené face à vous-même.

Collectif: Certes... Pour accepter l'incarnation, il est « essence-ciel » d'être dans la compassion envers soi-même et les autres. Comprendre que, jusqu'au jour où vous allez « dire oui » à la vie, vous vous êtes oublié, nié, chargé de sacs à dos qui ne vous appartenaient pas. Cela par besoin d'être aimé, reconnu, car vous aviez confondu « sauveur » et « éclaireur ».

Vous êtes venus « vous mettre en lumière », sans être dans l'ego. Vous venez guider, accompagner, éclairer de votre lumière le chemin de vos proches, de l'humanité en général. Chacun avec ses spécificités, ses aptitudes particulières. « Brillez de mille feux » au lieu de vous « éteindre à petit feu » !

Entrez dans la danse, chacun avec son style au lieu de vous dire que vous ne pouvez, ou ne savez, pas danser.

Lena: Comme le disait un de mes ancêtres, « C'est en forgeant que l'on devient forgeron. » C'est en expérimentant que l'on devient... humain, et également soi-même. C'est en expérimentant qu'on devient « multidimensionnel ».

Pastor: Eh oui. C'est d'ailleurs ce que vous permet votre jolie planète. Expérimentez, chers amis, mais dans le respect de celle qui vous porte et vous nourrit.

Collectif: Dire « oui à la vie », c'est aussi et avant tout réaliser que quoi que vous ayez vécu sur Terre jusque-là, vous n'êtes pas seuls... Cela va vous sembler évident. Pourtant, c'est ce que vous oubliez encore si souvent. Vos guides ne peuvent pas faire leur part du contrat si vous ne donnez pas une « autorisation », puis une intention claire de votre destination.

Il s'agit donc d'affirmer votre volonté de vivre, et de lâcher le mode « survie organique » ! Car une fois le déclic réalisé, une fois le « disjoncteur » remis sur « on », nous pouvons vous accompagner, générer des synchronicités, « magiques », vous ouvrir la voie.

Pastor: Nous sommes également là lorsque vous êtes en mode « dégradé ou off ». Néanmoins, nous ne pouvons que vous « piquer les fesses » de plus en plus fort pour que vous réagissiez, et finissiez par comprendre que quelque chose dysfonctionne !

Collectif: Une fois la vie terrestre acceptée, et cela est à réaffirmer chaque jour, il s'agit d'oser aller à la rencontre de l'enfant blessé en vous.

Lena: Pour ce faire, chaque matin, vous pouvez dire à voix haute: « Je suis la vie, je suis amour, je suis lumière, je suis léger et en joie. »

Pastor: Oui. D'ailleurs, la voix est un puissant activateur énergétique. C'est pour cela que les mots, et au-delà la parole, peuvent être « créateurs » ou « criminels ». Prenez conscience de ceci. Un mot peut réveiller un être, « le ressusciter ». Il peut *a contrario* le détruire en un instant, ou être injecté comme un « poison qui se diffuse dans les veines »...

Si vous avez besoin d'être accompagné pour dire « oui » à la vie, contactez un « réveilleur de flamme » ou un « éclaireur de chenal » !

Je le répète. C'est un peu comme lorsque vous voulez faire un saut en parachute, vous le ferez sans doute les premières fois en binôme, non ? J'aime l'image du saut en parachute. Arriver sur Terre, c'est sauter et... Nous sommes le parachute ! C'est juste... génial, non ? Sauf que parfois vous sautez, puis vous gesticulez en l'air pour regagner l'avion. En plus, vous êtes en colère contre vous-même d'avoir osé sauter.

Une fois que vous êtes en l'air, il s'agit juste... d'ouvrir le parachute. Et c'est bien cela qu'il s'agit d'apprendre, d'expérimenter.

Le « mode d'emploi » universel n'existe pas. Il est unique à chacun de vous. Il est écrit dans votre « langue », en fonction de ce que vous avez choisi d'expérimenter et des acquis de vos différentes existences.

Collectif: Une fois le mode d'emploi sous vos yeux, contentez-vous de le lire, au lieu de sans arrêt vouloir en nier les grandes lignes... Acceptez les thématiques principales de votre contrat d'incarnation au lieu de les rejeter, ou de les juger difficiles. Vous serez alors libres d'écrire les petites lignes. Ainsi, vous serez l'auteur de votre vie, en même temps que vous l'interpréterez. Libre d'écrire et de jouer votre vie simultanément !

Pastor : Vous êtes le compositeur, le chef d'orchestre, le musicien, la partition et... l'instrument ! Voulez-vous faire de votre vie une symphonie, une samba, un rock-and-roll, une valse, une java, un slam, un rap ? Ah ah ah ! Tout est toujours possible, mais une fois le choix effectué, vous ne pouvez pas dire : « Je suis en colère, je voulais danser une valse et je rappe ! »

Vous pouvez néanmoins prendre conscience que le rap n'est pas ce que vous souhaitiez manifester et apprendre à danser la valse. Et en cette période, ce que nous attendons, c'est que vous inventiez votre propre danse. Vous l'aurez largement compris. Notez d'ailleurs que je n'ai rien contre le rap, pour peu qu'il véhicule une énergie positive...

Il n'y a pas deux êtres identiques sur cette planète. Chacun peut, et doit aujourd'hui, apporter et partager ce qu'il est, plutôt que ce qu'il sait... Dansez votre propre pas de danse. Offrez-le avec amour. Invitez ceux qui le souhaitent dans la danse !

Collectif : Merci Pastor pour ce pas de côté fort utile. Revenons à « nos moutons ». Des moutons qui ont accepté l'incarnation, leur spécificité, leur identité ! Des moutons qui découvrent qu'on peut sortir du troupeau.

Une fois que vous avez sauté de l'avion, profitez-en pour... regarder le paysage, savourer chaque instant, ressentir dans votre corps les sensations magiques que cela procure que d'être encore dans les airs, et de bientôt toucher la Terre-mère.

La plupart du temps, vous agissez comme si vous ne vouliez plus ni remonter dans l'avion ni atterrir. Vous restez alors « en arrêt sur image, figé ».

Pastor: Oui. Vous pensez que la seule solution pour vous acclimater sur Terre est de choisir entre repartir ou ignorer d'où vous venez, et s'incarner. Encore les séquelles d'un engrammage cellulaire de dualité... Comme le dit Lena, ce n'est pas entrée ou dessert, mais entrée et dessert !

Lena: Oui, personnellement, je l'ai compris à force d'expérimenter. Maintenant, je suis une « épicurienne éthérée » de la vie ! Je contemple et cela me ravit. Je ressens, je suis, je vole enfin ! J'œuvre à laisser grandir mes ailes, encore et encore.

Collectif: Le « refus » de reconnexion à vos origines multidimensionnelles est parfois dû à la crainte de rester sur Terre ensuite. Le mal du pays finalement...

Il y a aussi des êtres qui sont dans un vaisseau (vaisseau-mère souvent) en même temps qu'ils sont dans leur corps. Et, dans ce vaisseau, ne mettent pas en œuvre la mission qui est leur. Cela peut vous paraître étrange, mais cela arrive. Il y a différentes causes à cela.

Lena: Oh que oui ! En ma qualité de GPS de vaisseau-mère, j'ai dû « rappeler » à quelques pilotes qu'il ne s'agissait plus de se perdre « dans l'ivresse de l'apesanteur » ! Certains sont dans un « jeu » constant, et d'autres fuient la mission...

C'est souvent lié, dans ce dernier cas, à une autre mission, au cours de laquelle ils ne se seraient pas estimés « à la hauteur ».

Collectif: Oui, dans certaines dimensions vibratoires, cela peut encore exister. Pour faire court et synthétique, nous mentionnerons par exemple les « pilotes et chefs de mission » dont les vaisseaux se sont « crashés » sur Terre. Les commandants de bord savaient souvent qu'ils seraient ainsi. Ils l'ont fait pour que l'humanité prenne enfin conscience de leur existence et les découvre. Néanmoins, il reste une sorte de tristesse, voire une impression de ne pas avoir été juste, d'avoir conduit l'équipage à sa perte, alors qu'il ne le savait pas systématiquement.

Lena: Comme vous l'avez exprimé, il y a aussi ceux qui ne réussissent pas à intégrer à la fois leur nature stellaire et le fait, sur une autre ligne vibratoire, d'être dans un corps humain. Alors ils fuient les deux existences. Ils ne se manifestent ni dans l'incarnation, ni sur le plan dimensionnel sur lequel ils sont stellaires. D'autres se sentent tellement bien à évoluer au sein de ces vaisseaux qu'ils en oublient leur mission envers cette « petite boule bleue », sur laquelle ils sont pourtant simultanément incarnés.

Dans tous les cas, nous ne pouvons que leur envoyer beaucoup d'amour et de lumière. Le choix leur appartient.

Pastor: Certes. Quoi qu'il en soit, lorsque vous recontactez, quand vous reconnectez votre « planète d'origine », c'est souvent un moment émotionnel très puissant. Un peu comme si vous retrouviez les vôtres, votre maison, après une longue absence. L'idée est de ne plus se couper d'eux puisque c'est possible.

Collectif: Une fois que vous êtes reconnectés « à la Terre et aux autres dimensions », vous pouvez être « complets », manifester qui vous êtes vraiment. Et alors, la nostalgie de la maison est moins fréquente, voire inexistante. Tout existe dans un éternel présent, mes amis...

Vous existez sur de nombreuses lignes vibratoires, sous des formes bien différentes.

Pastor: Alors, maintenant, lorsque vous sauterez dans le ventre de votre maman, profitez-en pour découvrir le paysage, profiter de chaque sensation. Puis, lorsque vous verrez pour la première fois la lumière, lorsque vos poumons se déplieront, ne luttez pas. Appelez-nous, afin que nous puissions accompagner votre atterrissage.

Et que ce soient des fées qui se penchent sur votre berceau ou bien une sensation que personne n'est là pour vous accueillir, réaffirmez votre souhait d'être vous-même, de manifester votre plus beau chef-d'œuvre, sans être victime ni sauveur... Soyez, tout simplement!

Collectif: Si vous êtes là, c'est que vous l'avez choisi. Vous avez été préparés, « autorisés » même. Alors vivez chaque instant pleinement, en conscience.

Pastor: Attardons-nous quelques instants sur le choix de la famille terrestre au sein de laquelle vous arrivez.

Collectif: Avant de faire le grand saut, et même « assez longtemps avant », l'âme gravite autour de plusieurs futurs parents potentiels. Elle prend en compte ses propres énergies, et celles de ses hypothétiques futurs parents. Elle se donne le temps d'envisager celles qui lui correspondraient le mieux. Par là, nous voulons dire celles qui lui donneront la possibilité de mettre en œuvre de manière optimale sa mission terrestre. Une fois le choix réalisé, l'esprit fait le grand saut, au moment de l'acte d'amour entre les parents. Plus la future mère sera consciente de l'importance de son élévation vibratoire, plus elle permettra à un être « vibratoirement élevé » de passer à travers elle. La fécondation est finalement le passage d'un monde de pure énergie à un environnement de matière. Au moment de la fécondation, les « vibrations de l'esprit » doivent s'abaisser pour animer le corps physique, et se manifester « sous forme d'une âme ». Si l'esprit était directement en contact avec le corps physique, ce dernier se détruirait.

Pastor: L'âme est l'accompagnatrice de l'être humain dans son corps de chair. Avant de s'incarner, elle sait quel est le programme qu'elle a choisi, ce que vous appelez « le contrat d'incarnation ». Lorsqu'une femme « fait une fausse couche », comme vous dites, ou qu'un enfant meurt jeune, l'âme avait simplement choisi d'expérimenter l'incarnation pour un moment court, parfois pour terminer une expérience inachevée dans une autre vie.

Vivre, c'est mourir et naître à chaque instant. D'ailleurs, la mort n'existe pas puisqu'il s'agit d'un simple changement d'état (« l'âme hors »). Vous redevenez énergie. Seule la vie existe dans l'univers, elle est présente partout, elle n'est qu'énergie. À la mort de l'être humain, l'âme rejoint « l'esprit ». L'esprit est l'énergie cosmique, en contact permanent avec l'âme incarnée. L'âme permet à l'esprit de se manifester dans des expériences « concrètes », « physiques ». Nous y reviendrons.

Chaque incarnation résulte d'un choix plus ou moins simple. En effet, certains vont choisir des vies simples et plaisantes, d'autres des existences très difficiles. Lorsque la vie choisie est « dure », c'est souvent que la personne s'incarne pour « purifier, alléger » son générationnel.

Nous avons déjà évoqué cela dans *L'Envol vers soi* [72] et ne nous attarderons pas davantage. Néanmoins, comme nous l'avons dit, certains axes du contrat d'incarnation sont modulables. Chaque âme a un projet, mais la personne incarnée a son libre arbitre. Les grandes lignes du contrat d'incarnation sont écrites ; les petites lignes, vous les écrivez à chaque seconde.

72. Voir également les ouvrages d'Omraam Mikhaël Aïvanhov, notamment: *Le Vrai Travail de la mère pendant la gestation* (2000), Éditions Prosveta, *La Galvanoplastie spirituelle et l'avenir de l'humanité* (1983), Éditions Prosveta.

TROISIÈME PARTIE

La Terre et ses habitants sur le chemin du retour

« Solve et coagula, *flux et reflux, tel est le mouvement de la vie. Aller vous connecter à toutes les parties de votre être, ici et ailleurs, puis le manifester ici, sur votre belle planète, est un acte d'amour. Telle est votre mission.* »

Pastor

« La vraie valeur d'un être humain peut
être trouvée dans la mesure dans laquelle
il a atteint la libération de lui-même. »

Albert Einstein

« Pour être un bon scientifique, il faut utiliser votre cœur, car c'est de là que l'information arrive en premier. »

Nassim Haramein

Pastor : Chère Lena, pourrais-tu introduire cette partie, en intégrant ici la prophétie de Bison blanc[73].

Lena : Oui, avec joie. Gratitude.

« Lorsque les dates du calendrier qu'ils nous ont imposé seront de nouveau en position de miroir, les hommes auront oublié cette première grande guerre qui aura versé tant de sang.

Le souvenir des horreurs qu'ils ont traversées s'effacera de leur mémoire et les esprits s'endormiront de nouveau. Les cœurs se fermeront les uns aux autres, chacun s'isolant dans son propre univers, coupé du sens de la solidarité.

Tels des loups solitaires, les humains se croiront libres d'aller là où bon leur semblera, et d'agir à leur guise sans

73. En 1919, Bison blanc (White Bull), un grand sage amérindien, eut une vision du futur qu'il partage. Cette prophétie fut transmise de génération en génération dans le plus grand secret. Son arrière-petit-fils, qui souhaite garder l'anonymat, a décidé qu'il était temps que cette prophétie soit traduite en « langage commun » et révélée au monde, avant que cela ne soit trop tard pour notre humanité.

tenir compte des autres. Ils ne comprendront pas à quel point, sans la protection de sa meute, un loup isolé est vulnérable...

C'est alors que, aux quatre coins de la Terre, débutera une nouvelle guerre, la plus grande de toute. Une guerre sans fusils et sans canons. Une guerre redoutable contre notre Mère la Terre, dans le but de la maîtriser et de contrôler chacun de ses soupirs.

Une guerre viscérale qui exploitera toutes ses richesses et causera l'extinction de nombreuses espèces, tant animales que végétales. Une guerre sournoise qui anéantira le lien même des hommes avec la Nature et le grand cycle de vie dont ils font partie.

L'esprit endormi des hommes, coupé de sa reliance avec le grand Tout, ne verra rien venir lorsqu'il deviendra la prochaine cible de la soif absolue de contrôle de ces envahisseurs.

Ultime conquête, le cerveau humain sera une proie de choix sur leur tableau de chasse. Et ils n'auront besoin d'aucune arme pour asservir les hommes : il leur suffira, pour les réduire à néant, de leur insuffler la peur.

Tel un loup solitaire traqué par un chasseur sans merci, l'humain isolé de ses semblables ne trouvera aucune aide, aucun soutien, aucun répit, aucun terrier pour se réfugier lorsque débutera cette guerre de terreur et d'effroi.

Il sera traqué jusque dans sa propre maison. Assailli jour et nuit par des images terrifiantes, les mémoires de ses ancêtres oubliées, il craindra de sortir de chez lui.

Son cœur, coupé de sa lignée et endurci par des années de solitude intérieure, en viendra à se méfier de ses voisins, de ses amis, et même de sa propre famille. Ce sera le début de la fin pour cette humanité sans âme et sans vision commune.

Seuls ceux et celles qui ont nourri le lien à la Terre, qui ont gardé leur cœur ouvert et leur esprit éveillé, sauront qu'il est temps de se lever et de quitter le confort de leur foyer pour se regrouper sur de hauts lieux sacrés afin d'invoquer la clémence des astres, des Anciens et des Esprits.

Ceux et celles qui prendront le temps de laver leur âme du sang versé par leurs ancêtres, et de purifier la Terre entachée par tant de massacres, auront la possibilité de survivre à cette guerre impitoyable.

Ceux et celles qui créeront des havres de paix, des communautés solidaires et unies par le cœur, sauront résister à l'épreuve du feu qui embrasera les cerveaux terrifiés par la peur.

Aux quatre coins de la planète, toutes ces âmes, rassemblées dans un même Esprit d'amour absolu, sauront retrouver le chemin qui mène à la paix.

Ensemble, elles s'uniront aux astres, aux Anciens et aux Esprits, pour réactiver la grande Roue de médecine universelle, le cercle de la création éternelle, afin d'y bercer la Terre-mère et tous ses habitants, en faisant tomber le voile de l'oubli et les éveillant à leur véritable nature unifiée.

Ce sera le début d'une ère nouvelle où, enfin, tous les humains seront frères et feront UN avec la nature, les animaux, les plantes, les Anciens et les astres. Alors, mes enfants, nous pourrons en toute conscience quitter cette Terre et redevenir nous-mêmes des étoiles. »

VINGTIÈME PAS DE DANSE

L'âme et l'esprit, une « notion » à maîtriser en cette période

Lena : La culture amérindienne transmet qu'avant notre naissance, nous ne sommes que des énergies douées de conscience. Nous nous déplaçons souvent sur des dimensions vibratoirement élevées. Comme le temps n'existe pas, dès que nous souhaitons connecter une autre énergie, cela se fait instantanément. Lors de notre manifestation incarnée, c'est aussi le cas, puisqu'il suffit de penser à un lieu pour s'y trouver ou à une personne pour la connecter. C'est pour cela que la qualité de nos pensées est primordiale.

Collectif: Cette « énergie initiale » est ce que vous appelez « l'esprit ». Elle a toutes les potentialités, comme le déplacement instantané dans le temps-espace, la « vision immédiate », la connaissance instantanée de tout ce qui est.

Lena : Ce que nous appelons le Tout, les Amérindiens le nomment « Le Grand Esprit ». Et pour eux, « l'esprit » est une petite étincelle du Grand Esprit, et a les mêmes pouvoirs.

Pastor: Sur les dimensions où vous vous trouvez avant votre naissance, tout est calme, serein, tout est amour. Chacun met en œuvre sa mission. Cela est également possible sur Terre, pour peu que vous lâchiez la peur, qui engendre le besoin d'avoir le « pouvoir sur ». Vous êtes responsables et acteurs de ce qui se déroule sur votre Terre.

Collectif: L'âme est directement connectée, par une sorte de cordon ombilical énergétique, à ce que vous appelez l'esprit, qui est une énergie. L'âme possède de ce fait, de manière « innée », toutes les caractéristiques de l'esprit que sont l'amour, et sa déclinaison : la joie, la compassion... Lorsqu'un être humain ne manifeste pas ses qualités, c'est tout simplement qu'il s'est coupé de son âme. Lorsque vous « méditez » comme vous dites, vous êtes à l'écoute de votre âme. Lorsque quelqu'un vous qualifie de « belle âme », cela signifie simplement que vous êtes en harmonie avec vous-même et avec l'univers.

Comme vous avez tous, finalement, une origine extraterrestre, puisque vous êtes issus d'un ensemencement de ces mondes-là, vous êtes naturellement dotés de ce que vous qualifieriez de « pouvoirs », tels la communication d'âme à âme, l'autoguérison, l'intuition, le magnétisme, la capacité de voyager dans le temps-espace.

Pastor: Vous n'avez pas besoin de machines pour vous déplacer dans le passé ou le futur, puisqu'ils n'existent pas. Vous pouvez voyager dans la multidimensionnalité.

Lena: Les Amérindiens contactent ces dimensions lors de ce qu'ils appellent « la quête de vision », qui est un voyage sacré. Ils contactent les « lieux » où ils se rendront après leur mort.

Collectif: Chaque humain possède une enveloppe d'énergie qui lui est propre. Elle est comme une sorte « d'émetteur radio » qui irradie vos pensées, votre voix, vos émotions. Vous émettez en permanence de l'énergie et en recevez de ceux qui vous entourent. Vous comprenez donc à quel point la qualité de celle-ci est importante. Ce que vous appelez « la matière » est bien entendu elle aussi vibratoire. Elle reçoit les influences de tout le cosmos, de la Lune, des étoiles, des autres planètes. Sa fréquence vibratoire s'aligne constamment avec celle des autres planètes. En cette période d'ascension vibratoire, toutes les planètes de votre système solaire s'alignent. La Terre étant en transit et quittant la troisième dimension, cela explique ce mouvement rapide et croissant.

Pastor: Comme vous avez oublié, quasiment après votre création, les pouvoirs qui sont les vôtres, votre origine des étoiles, les êtres du cosmos vous envoient régulièrement des êtres venus d'ailleurs, que vous qualifiez de « prophètes ». Ils sont venus vous réveiller, mais vous les avez très souvent tués. Aujourd'hui, sur votre Terre, quelques-uns sont parmi vous. Ce sont des personnes missionnées, mais elles préfèrent rester discrètes et œuvrent sans relâche.

VINGT ET UNIÈME PAS DE DANSE

La puissante lumière entrante et ses effets

Lena: Ne sois pas ébloui par les projecteurs. Ils t'éclairent simplement et te révèlent la plus belle version de toi-même.

Collectif: La lumière photonique est de plus en plus intense, ou plutôt elle vous inonde de plus en plus puissamment. Finalement, vous êtes préparés à l'intégration de celle-ci par des expositions régulières.

Pastor: Je ne peux pas m'empêcher de faire cette petite blague ! C'est comme si vous vouliez avoir un joli teint hâlé. Si vous vous exposez en une seule fois en plein soleil de midi, vous avez une grande chance d'être rôti plutôt que doré... Il en est de même ici, sauf que ce n'est pas vous qui êtes aux commandes, mais l'intelligence supérieure !

Collectif: Merci Pastor de mettre un peu d'humour, car le sujet est à la fois simple et assez dense. En fait, vous êtes préparés à intégrer ce nouveau rayonnement, cette nouvelle fréquence. Cela s'intensifie grandement aujourd'hui. Vous êtes invités à accueillir cette lumière au sein de chacune de vos cellules, et aussi à la diffuser. Cette lumière va s'intensifier encore. Elle provoque ainsi de nombreux changements au sein de tous vos corps. Vous êtes ainsi appelés à intégrer pour pouvoir « scintiller comme les étoiles ».

Pastor: Pour introduire ce chapitre, nous allons nous attarder quelques instants sur cet astre, que vous appelez « Nibiru[74] ».

Collectif: Tous les 3 600 ans, votre système solaire est traversé par un système planétaire composé par ce que vos scientifiques appellent « une naine brune centrale[75] » de planètes et de satellites...

Nibiru est une étoile éteinte, qui approche actuellement de votre Terre. Elle émet peu de lumière mais une chaleur importante, qui pourrait d'ailleurs être remarquée par ce que vous appelez un télescope ou une caméra infrarouge.

Elle est invisible, car dissimulée par le rayonnement de votre soleil, mais également du fait des nuages, faits d'oxyde de fer rouge, qui l'entourent. Sa masse énorme et son noyau ferreux ont une influence importante sur la gravitation de votre Terre, mais aussi sur celles de toutes les planètes de votre système solaire.

Pastor: Comme Nibiru réchauffe, elle bouleverse tous les climats de toutes les planètes avoisinantes.

Son arrivée se traduit aujourd'hui par les évènements que vous connaissez, et qui vont s'intensifier. Ces derniers sont liés au champ électromagnétique extrêmement puissant de Nibiru.

Comme nous l'avons dit, vos ciels ont déjà des couleurs nouvelles. Cela va s'accentuer. Ils vont se colorer

74. Ou planète X, ou Hercolubus.

75. Voir note en annexe.

même la nuit. Vous verrez des flashs de lumière qui vont les éclairer, leur donner des couleurs encore inconnues sur Terre. Ils ne sont que le reflet des éjections de plasma et d'« électricité », qui s'intensifient dans votre atmosphère.

Votre Terre tente de s'harmoniser en répondant aux impulsions cosmiques, à son rythme, selon un dosage subtil, car les énergies en présence sont extrêmement puissantes.

Collectif: Si Nibiru est cachée par le rayonnement de votre soleil, c'est pour la raison suivante.

Le Soleil tourne sur lui-même, la Terre tourne sur elle-même et autour du Soleil. La Lune, elle, tourne autour de la Terre. Nibiru, qui ne se déplace pas dans le même plan de l'écliptique[76], tourne elle aussi (en sens inverse), donc les positions relatives changent.

C'est cela que vous observez parfois sur des photos, ces sortes d'images fantômes.

Pastor: Comme Nibiru est un soleil, de nombreuses planètes gravitent autour de lui. Une comète est également en satellite. Cette dernière est composée de roches, d'astéroïdes, de tailles différentes et contient une partie gazeuse. En émettant des infrarouges, Nibiru réchauffe et bouleverse en apparence ce que vous appelez « votre climat ».

Collectif: Finalement, elle prépare simplement votre univers à ce saut quantique. Les flashs de lumière qui vont

---

76. L'écliptique est, de manière absolue, le plan géométrique contenant l'orbite de la Terre autour du Soleil. Il s'agit du « grand cercle » représentant la projection sur la sphère céleste, de la trajectoire annuelle apparente du soleil vu de la Terre.

éclairer votre ciel ne sont que le reflet de ces éjections de plasma, « d'électricité », qui s'intensifient dans votre atmosphère.

Cette puissante lumière va créer une sorte d'arc électrique immense qui va étalonner votre soleil, votre système solaire sur Alcyone[77]. Ce saut quantique est magnifique, car votre univers entier ascensionne. C'est bien pour cela que les Terriens ne peuvent plus jouer comme des enfants.

Comme nous l'avons dit, Nibiru, le jumeau de votre soleil, appelé « étoile noire », repasse d'ailleurs régulièrement au sein de votre système solaire. Cela entraîne à chaque fois un nombre important de phénomènes particuliers.

Pastor: Le calendrier maya mentionne ces cycles de manifestation de Nibiru, environ tous les 25 920 de vos années. À chaque fois, certains êtres élaborent des plans pour tenter de maintenir captive l'humanité qui, du fait de ce phénomène, se réveille ! Les évènements cosmiques qui ont lieu simultanément sont là, eux, pour « la libérer », en permettant le réveil de la conscience.

Collectif: Cette fois-ci, les évènements cosmiques ont débuté avant ce que prévoyait votre calendrier maya, puisqu'ils ont eu lieu dès votre été 2009. Ceux-ci ont libéré votre planète des énergies gravitationnelles qui l'oppressaient, permettant ainsi à la lumière de commencer à infuser tout ce qui est. C'est pour cela également que vos frères galactiques n'ont jamais été aussi présents dans votre ciel. Il suffit de lever la tête pour le voir.

77. Alcyone est le Soleil central de notre galaxie. Voir *L'Envol vers soi.*

Pastor: Comme les volcans de la ceinture de feu du Pacifique sont rallumés, de nombreux évènements vont survenir...

Comme nous l'avons expliqué, l'ensemble de la Confédération intergalactique de lumière, en tête de ligne les Arcturiens, règle l'afflux de ces particules adamantines. Ils étalonnent continuellement ces énergies, en fonction de votre aptitude individuelle et collective à ascensionner vibratoirement.

En ce sens, c'est bien vous qui allez déclencher « le basculement ». C'est d'ailleurs pour cela que certaines forces moins lumineuses œuvrent à vous maintenir captifs, dans la peur.

Vous êtes responsables, chacun et collectivement, de ce qu'il adviendra de vous. Choisissez-vous de rester aux commandes ou de confier une fois de plus votre pouvoir ? Nous insistons...

Si vous êtes suffisamment nombreux à être à votre juste place, dans votre pleine puissance « ce basculement » peut être imminent et bien plus « confortable ». Tout est prêt. Alors nous vous invitons vivement à méditer sur ce qui est aujourd'hui votre priorité, et à ne pas vous perdre dans des combats vains. La solution n'est pas extérieure mais intérieure...

Vous êtes tous reliés, en symbiose avec tout ce qui est. Lena, peux-tu, s'il te plaît, nous citer cette phrase de cet être venu d'ailleurs[78].

Lena: « Quand quelque chose vibre, les électrons de l'univers entier résonnent avec lui. Tout est connecté. La

78. Pastor fait allusion ici à Albert Einstein.

plus grande tragédie de l'existence humaine est l'illusion de la séparation. »

Collectif: Finalement, il n'y a pas d'autres enseignements que celui de la lumière, et la lumière ne peut enseigner « en mots ». Elle transmet des codes, et vous apprenez à les lire, à les faire vôtres, via l'expérience terrestre et sur d'autres dimensions.

Pastor: La lumière est amour de soi, don de soi. Elle est au service de la Source. Vous pouvez être au service uniquement si vous êtes dans l'abandon complet de la personnalité, dans un lâcher-prise total.

Collectif: Nibiru est un libérateur qui permet aux planètes de votre univers de retrouver leur état originel. Avec la descente de cette puissante lumière sur Terre, chacun de vous va rayonner ces nouveaux codes, qui lui seront propres. Ainsi, il s'agit que vous les activiez en vous libérant de tout ce qui ne vous correspond plus, et en étant pleinement vous-mêmes. Vous contribuez ainsi à la puissance et au fonctionnement collectif.

Pastor: Votre corps, votre temple est comme une maison en rénovation. Parfois même, c'est comme si vous la rasiez totalement pour la reconstruire !

Collectif: Vous passez d'une structure physique à une autre, très différente. Cela vous demande d'accompagner le mouvement, en vous allégeant au maximum à tous les niveaux. Vous êtes un peu comme des « passeurs », des ponts entre ces lignes vibratoires. Tout se libère et rien ne pourra arrêter le puissant encodage en cours. Il vient vous extraire de la matrice. Chacun de vous vivra cette libération à sa manière. Néanmoins, nous le répétons, l'enjeu individuel aujourd'hui est de taille. Il s'agit de choisir entre l'amour ou la peur. Cette décision est individuelle.

D'ailleurs, si vous observez ce qui se passe dans chacune de vos vies actuellement en prenant de la hauteur, vous constaterez que c'est bien cela qui est en train de se jouer. Les défis peuvent vous sembler très grands, immenses même, car votre positionnement face à ses invitations à être vous-mêmes, qui dans certains cas deviennent des ultimatums, va totalement modifier votre vie.

Pastor: C'est comme si vous étiez poussé à faire effondrer une ligne de temps sur laquelle vous aviez construit votre vie. Si ce n'est pas le cas, il se peut que celui que vous qualifiez d'« univers » vous mette brutalement face à vous-même. Tout est orchestré pour que vous puissiez manifester une version vibratoirement plus élevée de vous-même. Plus vous serez conscients et aux commandes, moins la vague sera brutale.

Collectif: Si vous vous figez dans une sorte de peur panique de tomber, de vous effondrer, cela risque d'être beaucoup plus pénible. Toute résistance est douloureuse...

Il s'agit en effet de chuter jusqu'au fond de vous-même afin de retrouver « votre substantifique moelle ». Et si vous devez toucher le fond pour donner l'impulsion et remonter, il en sera ainsi.

Choisir la vie ou la survie, la soumission ou l'amour...

Pastor: En effet, le moteur, le carburant pour remonter, c'est l'amour, l'amour de vous-même, l'amour de ce qui est, l'amour de tout ce qui vit. Car c'est cet amour qui vous conduira vers une ligne de temps plus élevée vibratoirement. L'amour est le chemin. Nous le répéterons tant que cela sera nécessaire… Laissez-vous guider par cette partie de vous qui sait tout de vous, « ce Moi supérieur » qui ne cesse de vous murmurer à l'oreille le chemin juste pour vous. Vous ne pouvez même pas imaginer la beauté de ce monde qui vous ouvre les bras. Et il y a autant de mondes que d'êtres ayant investi un véhicule, quel que soit son règne d'incarnation.

Vous devez accepter et favoriser cette puissante déprogrammation en cours, vous laisser glisser dans ce nouveau vortex de lumière. Vous videz encore et encore votre cave. On ne peut « mettre du vin nouveau dans de vieilles outres[79] ».

Il ne s'agit plus de vous cramponner à toutes vos formes de pouvoir sur Terre, à vos possessions en tout genre, mais de revenir dans votre maison intérieure…

Vous êtes en cours de « reparamétrage » GPS. Il s'agit de « tourner dès que possible » ! Acceptez de reparamétrer votre intention, soyez innovants et créatifs.

Collectif: Les transformations individuelles sont en cours. Nous le répétons, vos vies vont changer profondément. Vos illusions, vos projections, vos crispations sur ce que vous avez construit risquent de voler en éclat. Si vous ne prenez pas de la hauteur, vous pourrez le vivre comme un véritable cauchemar. Vous serez peut-être même écœurés au sens propre.

D'ailleurs, si vous êtes actuellement bouleversés par vos émotions, c'est parce que vous vivez une sorte de purification de votre plexus solaire. Cela est d'autant

79. Il est fait allusion ici à la phrase de la Bible, *Évangile selon saint Matthieu* 9:17.

plus important que c'est bien ce dernier qui alimente tout votre organisme en énergie, à travers les différents chakras.

Cette libération des énergies lourdes, actuellement en cours, peut vous créer des haut-le-cœur de toute sorte. Vous « vomissez » vos traumatismes, vos limitations. Vous vomissez les énergies qui embolisent votre vie, tout ce qui n'est pas lumière et amour !

Tout votre système digestif est sursollicité en ce moment. De grâce, ne le surchargez pas d'une nourriture vibratoirement basse...

Pastor: Il ne s'agit pas de se crisper et de prendre des « antivomitifs » mais de laisser, et même d'accompagner, le processus en cours. Sinon, vous serez davantage malades. Soyez simplement confiants et dans le lâcher-prise. Soyez vigilants à ne pas laisser perdurer des situations qui vous éloigneraient de votre cœur, de votre voie, et « vous laisseraient sans voix » !

Collectif: L'effet de cette lumière, si nous pouvons l'exprimer ainsi, est déjà visible sur votre Terre. Il est également palpable dans le sens où vous le ressentez via différentes manifestations internes.

La résonance de Schumann[80] s'accroît, les tempêtes solaires sont de plus en plus régulières et puissantes, les éléments se manifestent avec intensité. Vous êtes en train de vous reconnecter à la Source...

---

80. Les ondes transversales magnétiques terrestres, aujourd'hui connues, ou résonance de Schumann, participent à la régulation de notre horloge interne. De manière très imagée, on pourrait dire que la résonance de Schumann est le pouls de la Terre.

Ces puissantes énergies lumineuses sont amenées par vagues et favorisent le réveil de votre conscience. La perception du monde qui vous entoure change. Avec elle, la manière dont vous vous positionnez et entrez en contact avec ce qui est.

Lorsque vous assimilez sans résistance cette lumière, vous vous débarrassez peu à peu des énergies de séparativité, de peur, du besoin de tout contrôler, par exemple. Vous commencez à expérimenter « le monde » avec la vue de l'aigle. Vous devenez ainsi impossible à « contrôler », à « domestiquer ».

Cette lumière modifie votre ADN, la composition chimique de vos cellules. Vous ne vous contentez plus de respirer avec vos poumons, vous êtes alimenté par l'énergie vibratoire de votre cœur. Vos cellules elles-mêmes respirent et réfléchissent ensuite cette énergie puissante et irradiante.

Pastor: Vous inspirez la lumière et expirez la lumière finalement. Vous redevenez pleinement le Tout en manifestation. Cette puissante lumière peut également provoquer des tremblements plus ou moins intenses à l'intérieur de l'ensemble de votre corps. Ils ne sont que la manifestation de la mutation de votre structure même, de votre essence. Votre ADN est en expansion. Il se réveille. Et ainsi, de « récepteur », vous devenez simultanément « émetteur ».

Collectif: Tout ce qui est se trouve aujourd'hui en totale mutation. Les humains, les animaux, les végétaux, la Terre elle-même, votre soleil, votre système solaire dans son intégralité.

Ces tempêtes solaires de plus en plus fréquentes. Elles ont un impact direct sur le champ magnétique de la Terre, et donc sur votre propre champ magnétique. L'ascension vibratoire en cours entraîne un ajustement de votre fréquence vibratoire à celle de la Terre. Cette fréquence s'accroît de manière régulière.

Les éruptions solaires, en activant les rayons ultraviolets du Soleil, éveillent votre ADN, et avec lui toutes vos cellules.

Lorsqu'elles ont lieu, votre chakra du cœur est comme mis à jour, encodé puissamment. Cela permet la libération d'une quantité importante d'énergies de basses fréquences.

Ces émotions fortes que vous ressentez alors sont liées à ce changement « instantané » de fréquence vibratoire. Il s'agit alors de les accueillir, qu'elles se manifestent sous forme de peur, de résistance, d'impression d'être un peu « perdu », mais aussi d'être en joie.

Ces éruptions solaires de plasma, ces importants vents solaires, sont de l'amour en suspension. Comme nous l'avons expliqué, ces phénomènes sont des processus de réalignement qui produisent de manière de plus en plus fréquente et intense des perturbations de type électriques, car elles sont des vagues de lumière.

Au niveau de l'humain, vous avez besoin d'intégrer, d'assimiler, de stabiliser ces vibrations solaires. Votre cœur étant une sorte de soleil énergétique, il est en résonance avec ces manifestations. Il y a une sorte de syntonisation entre les « feux de votre cœur » et ceux de votre soleil. Comme votre soleil est « un corps solaire », votre corps de lumière, votre essence est aussi un soleil énergétique. Vous passez, grâce à ces synchronisations vibratoires, de la dualité à l'unité. La lumière originelle est de retour ! Ce processus produit une meilleure connexion à vous-même et au Tout du fait de cette activation du cœur. Vous entrez en communication avec le Tout via votre « cœur de cristal ». Vous fusionnez votre masculin et votre féminin, vous vous reconnectez à votre essence véritable.

Vous êtes les enfants du Soleil et vous répondez aujourd'hui à son appel.

Pastor: Finalement, ces éruptions solaires déverrouillent votre ADN et contribuent à faire changer la manière dont vous traitez la réalité physique, et vous vous manifestez. Toutes les mémoires liées à des émotions de basses fréquences (la peur, la colère, la tristesse, le chagrin, l'agressivité, la honte, la jalousie, l'envie, etc.), à des traumatismes émotionnels ou physiques, même s'ils ne sont pas traités, sont stockées en tant que souvenirs cellulaires. Ils sont emmagasinés à la fois dans votre ADN, vos os et vos cellules souches.

La lumière photonique, qui est une énergie de fréquence vibratoire beaucoup plus élevée, vous pousse à « expulser » ces traumatismes, à aller les « traiter », de manière que vous soyez en mesure de vous calibrer sur une fréquence plus élevée.

C'est pour cela que, d'un coup et sans savoir pourquoi, vous pouvez ressentir de telles émotions. C'est simplement pour vous indiquer qu'elles sont présentes, pour vous inviter à aller les « nettoyer ».

Bon nombre d'entre vous se sentent poussés à mettre en œuvre des changements importants dans leur vie, sans nécessairement savoir pourquoi. C'est simplement le nouvel encodage cellulaire qui les conduit à cela.

Collectif: Cette puissante énergie photonique peut aussi créer des manifestations instantanées pendant les pics des éruptions solaires. Que ce soit en termes de guérison de l'âme ou du corps, mais aussi en termes de manifestation de la pensée ou du verbe. Ainsi, comme nous l'avons largement expliqué dans *L'Envol vers soi,* il s'agit aujourd'hui d'être très vigilant sur ce point. Veillez à réaffirmer chaque jour, si possible à voix haute (la voix a été donnée à l'humain pour amplifier la manifestation), votre choix d'être amour et lumière...

Pastor: N'alimentez pas le mental en vous attardant trop longuement à nommer ces manifestations. Sinon, vous leur donnez de l'importance et vous les rendez plus présentes. Observez-les, accueillez et laissez-les passer, tout simplement! Je souhaite illustrer mon propos en ajoutant ceci.

Dès qu'un être ressent une manifestation sur votre Terre, vous vous sentez obligé de lui donner un nom. Vous la percevez comme une sorte de symptôme, de « mal a dit ». Tous ces maux de tête, ces vertiges, ces pertes d'équilibre, ces sensations d'être confus, cette sensation d'être « à fleur de peau » comme vous dites, sont souvent liées à l'activité géomagnétique. Cette dernière agit sur ce que vous qualifiez de « système nerveux central », donc votre cerveau. Les sensations physiques que vous ressentez sont simplement des réponses physiologiques de votre corps: tremblements, sensation d'être endormi, apathique, grand épuisement, nausées, acouphènes, perte de mémoire, palpitations, pression au niveau du crâne, des oreilles, ou du cœur, font partie de ce panel de réactions adaptatives de votre corps. Nous le répétons afin que vous restiez sereins face à tout cela.

Collectif: Cette lumière entre par un point central, situé au centre de votre tête, qui est comme une sorte de dôme de résonance. Il est en relation énergétique et vibratoire avec votre hypophyse (glande pituitaire) et votre épiphyse (glande pinéale). Ce dôme est comme une centrale de régulation énergétique.

Quand la glande pinéale, qui est comme une minuscule antenne, est activée par cette puissante lumière photonique, plus les fréquences captées sont élevées, plus l'énergie consacrée à la transmutation de la structure chimique de la mélatonine est importante. De ce fait, la vision devient plus claire, plus limpide. La mélatonine, qui déclenche le rêve, se transforme en neurotransmetteur favorisant l'élargissement de la conscience, pour permettre la concrétisation de vos intentions. Une fois la glande pinéale activée, la partie arrière (postérieure) de la glande pituitaire (ou hypophyse) se met à produire deux molécules importantes, que vous appelez l'ocytocine[81] et la vasopressine[82]. L'ocytocine déclenche des émotions élevées qui emplissent le cœur d'amour et de joie. Lorsque le taux de vasopressine augmente, le corps conserve une quantité d'eau élevée. Or, l'eau est un puissant vecteur qui permet l'expression cellulaire des puissantes énergies de fréquence supérieure qui arrivent.

Pastor: Vous comprenez ainsi que l'arrivée de cette lumière produit des modifications importantes au sein

81. L'ocytocine est aussi appelée « hormone de l'amour » ou « hormone du bonheur ». Il s'agit d'un neuropeptide, donc d'une association d'acides aminés sécrétés par certains de nos neurones. Elle joue un rôle important dans les rapprochements humains, ainsi que durant la grossesse et l'accouchement.

82. La vasopressine (ou hormone antidiurétique) est une hormone peptidique qui favorise la réabsorption de l'eau par l'organisme.

de la grande pinéale. Cela se matérialise par des prises de conscience. Cette zone régule et même « commande » le système immunitaire. Ainsi, si vous traversez une période « infectieuse » collective particulière, laissez-vous « infuser » de cette puissante lumière, accueillez-la. Elle est également le centre qui régule les rythmes physiologiques, la température de votre corps, votre humeur, votre sommeil, votre sensation de faim ou de satiété, et même ce que vous « aimez » et pouvez manger !

Imaginez ce qu'il se passe lorsque cette zone reçoit une lumière très différente, puissante, « incubatrice ». Tout le corps est impacté et se réadapte. Vous devez vous « adapter » à ces modifications qui influent sur ce qui est vital pour vous : manger, dormir, vos sensations...

Collectif : L'activation de votre glande pinéale s'intensifie encore et encore. Cette activation que produit la lumière à l'intérieur de votre tête peut provoquer de forts maux de tête. La meilleure solution pour faciliter cet encodage est le sommeil, fermer les yeux et se détendre, accueillir. Plus vous vous situez dans le mental, plus la douleur persistera... L'activation de cette glande vous permet de retrouver une forme de clairvoyance. Il s'agit de voir au-delà de l'illusion qu'est l'expérience humaine. Il faut également déprogrammer tous les films que vous vous êtes créés sur le plan de l'émotion et les réactions qu'ils ont générées. Il se peut que pendant un moment vous vous sentiez comme confus, car finalement vous avez un pied dans cet ancien monde et l'autre dans le nouveau.

Pastor : Vous êtes à la fois « retenus par la culotte » par vos mauvais films et tirés vers la meilleure version de vous-même. Soyez observateur au lieu d'être en réaction.

Observez vos modes de fonctionnement, vos croyances, laissez-les ainsi disparaître. Vous retrouvez simplement votre unité alors que vous étiez morcelés. Même vos yeux physiques sont modifiés, améliorés. Tout votre corps est accordé.

Collectif: Vous êtes constamment immergés dans une gamme d'ondes, qui proviennent du centre de la Terre, de sa surface mais aussi de votre système solaire, de votre galaxie, des autres galaxies (que vous appelez l'univers), du multivers donc. Tous ces champs d'ondes sont intriqués les uns dans les autres. Votre ADN les capte à travers vos sens, mais aussi via vos cellules. Tout ce système interagit continuellement. Vous êtes comme un cristal de quartz, à la fois « récepteurs » et « émetteurs ». Récepteurs du fait des informations que vous recevez par vos sens que sont la vue, l'ouïe, le goût, l'odorat, le toucher, l'intuition.

Vous êtes aussi « émetteurs » par le son, via votre voix, tout ce qui est de l'ordre du non-verbal mais aussi par des rayonnements (la chaleur), par le champ électromagnétique émis par chacune de vos cellules. Ces dernières se comportent comme « un ensemble de micropiles électriques ». Vous des « émetteurs » du fait de vos ondes cérébrales alpha, de votre ADN qui est encodé par cette puissante lumière photonique. Ceux-ci sont en phase avec le rythme « cardiaque » de la Terre, que vous nommez la résonance de Schumann.

Prenez conscience de ceci. Vous êtes des amplificateurs, du fait de vos manifestations de type émotionnel. Les émotions font « boule de neige », comme vous diriez.

Pastor: Ce que vous qualifiez de « système endocrinien » est le sommet de l'iceberg. Votre glande pinéale règle votre cycle circadien (ce que le corps fait « seul »), mais elle est surtout la porte entre les mondes visible et invisible. Elle est à la fois le récepteur et l'émetteur des informations transmises par les photons entrants, par toutes les fréquences qui vous entourent, même très lointaines. Elle est composée de cristaux multicolores, car ils reçoivent le prisme de la lumière et la décomposent.

L'humain est une sorte de parabole...

Collectif: Si vous accueillez ce processus au lieu d'être en résistance, ces modifications se passeront plus en douceur. L'accueil de cette lumière modifie le fonctionnement des glandes endocrines, qui sont liées au chakra couronne et au chakra du troisième œil. Cela influe sur la manifestation de votre ego, qui est appelé à prendre nettement moins de place. Cela vous invite à alléger vos mémoires personnelles et générationnelles. Ces modifications, induites par cette lumière, influent également sur votre hypothalamus[83].

Ainsi, la glande pinéale est une sorte de relais de la conscience au sein de la matière. Elle gère la pénétration de cette lumière jusqu'au cœur de chacune de vos cellules.

Vous allez vivre de plus en plus des états de conscience modifiés, et plus simplement, vous redevenez conscients !

83. L'hypothalamus est le centre de contrôle des fonctions telles que la faim, le dynamisme, le stress ou l'éveil. Il contrôle aussi la sécrétion des différentes hormones interagissant avec l'hypophyse (glande pituitaire). L'hypophyse est suspendue à l'hypothalamus par la tige pituitaire.

Pastor: En ce moment, cette lumière puissante entraîne des modifications très importantes au niveau de votre métabolisme cérébral. Elle agit au niveau des neurotransmetteurs, qui sont finalement les connexions cérébrales. J'image à l'extrême pour faire court, pour aller à « l'essence-ciel », pour que cela soit compréhensible pour tous.

Certaines de vos connexions s'éteignent tandis que d'autres apparaissent. Cette profonde mutation est fatigante pour votre corps. Elle peut au départ « vous embrouiller » la tête. Un peu comme si vous étiez tout à coup confus, un peu comme si vous étiez en « arrêt sur image » comme vous dites. Vous pouvez rester dans l'impossibilité de vous rappeler quelque chose de simple. C'est comme si, d'un coup, vous ne saviez plus comment fonctionner cérébralement. Pas de panique, tout va bien. Cet état est passager, le temps de l'intégration de ce nouvel encodage.

Collectif: Comme nous l'avons vu, certaines glandes de votre corps se mettent à produire une forme d'hormones qui inondent votre cerveau et favorisent un état particulier de béatitude. Accueillez les moments de ce type, même s'ils sont furtifs encore. Vous êtes en phase « de réglage », il s'agit d'accueillir, de se poser et de se reposer si nécessaire, pour éviter de connaître « des états de va-et-vient » peu agréables, entre un ancien fonctionnement cellulaire et le nouveau. Vous pouvez même faciliter ces états en en étant conscient. Cela vous préservera des rechutes brutales vers un état de conscience « ordinaire », ainsi que de la « déprime » qu'ils peuvent provoquer.

Nous pourrions dire aujourd'hui que votre cerveau est en train d'être connecté à votre chakra du cœur. C'est aussi cela, redevenir conscients ! Cette sorte de poste de pilotage, qui est aussi une forme de centre de régulation, est en lien direct vibratoire avec ce que vous appelez le « thymus[84] ».

Cette lumière, que vous allez véritablement intégrer et percevoir avec de plus en plus de finesse, représente une mutation totale pour la plupart des humains. Et c'est pour cette raison qu'elle peut vous paraître si bouleversante, que cela soit sur le plan physique, émotionnel ou vibratoire.

D'ailleurs, au moment où nous soufflons ces lignes à Lena[85], ce que vous appelez « les trous coronaux[86] » s'ouvrent et se ferment, au gré des énergies solaires. Le flux du vent solaire, qui vient de trous coronaux, provoque ainsi des conditions géomagnétiques particulièrement actives. Et lorsque ces trous coronaux s'ouvrent dans le soleil, la vitesse des vents solaires augmente. Ces vents sont porteurs d'énergies cosmiques très puissantes, qui pénètrent et infusent la Terre, de manière de plus en plus rapide et intense.

---

84. Thymus : c'est une petite glande située dans la partie supérieure du thorax, entre les poumons et sous le sternum. Il fabrique des lymphocytes T (cellules T) qui circulent dans tout le corps afin d'aider à combattre les infections, les maladies et les substances étrangères.

85. Mi-juin 2021.

86. Le champ magnétique de notre soleil est en grande évolution. Il est observé en utilisant des images dans les longueurs d'onde des rayons X et extrême ultraviolet. Dans ces bandes, on peut distinguer des régions claires et d'autres sombres. Les régions sombres, qui s'étendent des pôles vers l'équateur sont appelées « les trous coronaux ». Ils sont la principale source des tempêtes géomagnétiques. Ce sont des régions où les lignes du champ magnétique s'ouvrent vers l'espace et ne replongent pas dans le soleil, libérant ainsi des gaz chauds.

Cette même vitesse leur donne une énergie cinétique[87] importante. Cela les conduit par ce phénomène de contact puissant avec la Terre, à libérer des électrons. Ces derniers vont créer un bain d'énergie ionisant, vont répandre sur la Terre une énergie d'amour puissante. C'est cela l'ascension, un processus de dissolution des énergies lourdes, et une irradiation de lumière encodante, libératrice, qui n'est qu'amour.

Pastor: Il suffit de regarder autour de vous, de lever les yeux vers le ciel, et vous contemplerez ces manifestations. Observez la forme des nuages, leur « consistance » même. Ces nuages fluides, qui ressemblent à des vagues légères et puissantes à la fois. Ce sont ces énergies des « mondes d'en haut ».

Vous êtes finalement en train de vivre un changement de gravité. Vous passez d'un monde de densité et de dualité à un univers multidimensionnel éthéré. Ce passage peut vous sembler un peu inconfortable car votre âme se sent happée. Elle est fortement attirée vers cet ailleurs, tandis que votre corps peut encore être accroché à la troisième dimension. Cela du fait de votre mode de vie, de ce que vous pensez être « vos contraintes ». Votre « taux vibratoire », au sein de chacune de vos cellules, change. Votre corps s'emploie à intégrer du mieux qu'il peut. De grâce, ne lui alourdissez pas la tâche, avec un mental plein de

87. L'énergie cinétique est l'énergie que possède un corps du fait de son mouvement par rapport à un référentiel donné. Tous les « objets » en mouvement (êtres humains inclus) possèdent de l'énergie qui s'appelle énergie cinétique. Elle représente l'état de l'objet qui va passer d'un état immobile à un état en mouvement.

« si » et de « mais ». Vous devenez de plus en plus éthéré, goûtez cette sensation si... magique.

Collectif: Il ne s'agit ni de procrastiner, ni de vouloir « griller les étapes » comme vous dites. Chacun à son rythme. Et si vous passez de périodes où vous sentez que tout est plus lourd, c'est simplement que votre énergie vibratoire est en mutation. Pendant ces moments, tout peut changer d'un instant à l'autre. Vous passez du fluide, léger, à une énergie plus dense. Constatez-le simplement et... laissez passer !

Prenez conscience que vous avez la chance de vivre une période exceptionnelle, durant laquelle votre corps physique va muter. Il va passer d'une teneur carbonée à une structure de silice. Attardons-nous quelques instants sur ce point. La libération du noyau cristallin de Gaia (dont la base est la silice) permet d'accroître l'intensité vibratoire de la Terre. Cela génère une augmentation thermique, de la Terre jusqu'à l'ionosphère[88]. Cela conduit votre structure biologique carbonée à muter en une autre, dont le support est la silice. Les rayons gamma, les particules adamantines ne détruisent pas votre structure physique mais la transmute en libérant votre ADN, surtout en transmutant le carbone en silice.

Pastor: Néanmoins, accéder à une dimension où la silice remplace le carbone nécessite un accroissement vibratoire puissant, porteur d'une énergie beaucoup plus légère, encore actuellement inconnue d'un certain nombre d'entre vous.

88. L'ionosphère est la couche de l'atmosphère d'une planète, caractérisée par une ionisation partielle des gaz.

Collectif: Le processus est progressif, car toutes les chaînes carbonées de votre squelette sont transformées en chaînes de silice. Il s'agit d'un véritable phénomène de transformation alchimique.

Pastor: Comme la silice est peu compatible avec le carbone, vous pouvez connaître des manifestations physiques plus ou moins « difficiles à gérer ». Il s'agit simplement de vous laisser « infuser », « façonner » même.

Collectif: Cette structure silicée vous ouvre la porte à la multidimensionnalité. Vous aurez la sensation d'être une conscience dans un corps nouveau, mais aussi une conscience multidimensionnelle. La symbolique du phœnix est vraiment l'illustration juste de ce processus. Vous entrez dans un monde cristallin. Vous serez alors chacun dans une manifestation juste de vous-même. Soit votre corps physique pourra se superposer à « votre corps d'êtreté », soit « votre corps d'êtreté » sera totalement transformé en silice et deviendra ainsi comme transparent.

Pastor: Je vais maintenant développer ce qui a été dit d'une autre manière pour faciliter « l'assimilation ». Le bouclier magnétique de votre Terre s'effondre aujourd'hui. Ce que vous appelez « la magnétosphère[89] » est comme grand ouvert, perméable aux rayonnements cosmiques, aux influences célestes et galactiques... Elle ne filtre plus rien. Vous n'êtes plus coupés de ce que vous nommez « la Source ».

89. La magnétosphère est la région qui entoure un objet céleste, dans laquelle les phénomènes physiques sont dominés ou organisés par son champ magnétique. Toute planète dotée d'un champ magnétique possède sa propre magnétosphère.

Lena: La perméabilité de la magnétosphère induit que les phénomènes atmosphériques, ainsi que l'activité sismique et volcanique, vont continuer à augmenter.

Collectif: Oui. Néanmoins, cette déchirure de la magnétosphère permet le rétablissement d'une forme de connexion entre votre Soleil et la Terre. Cette nouvelle énergie vibratoire vous permet aujourd'hui de vous connecter, de recontacter votre corps de lumière et d'activer votre chakra du cœur. Elle favorise son ouverture. Abandonnez peu à peu ce corps de matière carboné et mutez vers un corps de silice...

Ce que vous nommez l'ionosphère, qui finalement est la couche ionisée qui entoure votre Terre et vous « isolait » du cosmos, est elle aussi de plus en plus perforée. Elle est en mutation. Et c'est cela qui engendre la modification des nuages et les ciels très colorés que vous pouvez contempler. L'ionosphère de votre Terre est une membrane, une enveloppe identique au mental chez l'humain qui, comme lui, vibre en troisième dimension. La déchirure de cette membrane permet une harmonisation vibratoire entre le Soleil et la Terre.

Parallèlement, l'axe d'inclinaison de votre Terre se redresse pour s'harmoniser avec les énergies venues de votre Soleil central, Alcyone, et avec les autres dimensions de votre univers. Votre pôle magnétique se déplace et ce mouvement s'accélère.

L'ajustement de votre Terre est lié à la réactivation du noyau cristallin, aux mouvements du magma de celle-ci, qui est entré en effervescence. Ce magma entre dans « les cavernosités » de votre Terre et cela fait basculer doucement sur son axe. De nombreuses plaques tectoniques de votre planète sont ainsi en train de se déplacer. Certains continents risquent de se scinder, notamment ce que vous appelez l'Afrique.

Le magma s'écoule à travers vos volcans. C'est pour cela qu'ils sont de plus en plus nombreux à se « réveiller ». Votre Terre-mère manifeste sa volonté de sortir de son costume devenu trop étroit et s'élève vibratoirement.

Pastor: Je dirais que la « pression monte » au niveau de ce que vous appelez la magnétosphère, mais aussi au niveau des plaques tectoniques. Le bouclier est toujours présent, mais il est vraiment fissuré. De ce fait, les différents rayonnements, dont les rayons ultraviolets, ne sont plus « freinés » par la magnétosphère. Cette dernière est vraiment perméable aux rayonnements cosmiques et galactiques.

La Terre se met également à trembler de plus en plus. C'est la manifestation d'une transmutation de sa propre constitution. Vous changez de fréquence vibratoire, vous devenez lumière. Le papillon naît...

Votre planète libère une grande quantité d'énergie via les tremblements de Terre et les éruptions volcaniques. Votre équinoxe d'automne signe l'ouverture d'une phase énergétique particulièrement élevée. Les équinoxes, comme les solstices, sont d'ailleurs des sas d'ouverture énergétique. Il y a des champs magnétiques, des ouvertures que vos scientifiques appellent « fissures » qui s'ouvrent au moment des équinoxes. Cette porte est impossible à refermer.

Collectif: Nous n'avons pas évoqué la noosphère[90] de

90. La noosphère : il s'agit de la sphère de la pensée humaine. Ce terme a été introduit en 1924 par Pierre Theilhard de Chardin, dans sa « cosmogénèse » (*Le Phénomène humain*, Éditions du Seuil, 1955).

votre Terre, qui est comme son aura. C'est finalement l'égrégore collectif de l'histoire de l'humanité. Cette forme de mémoire planétaire de l'humanité est largement nettoyée. Les effets de l'ancien monde sont en train d'être balayés. Cette nouvelle conscience, qui s'engramme et se substitue à l'ancienne, vous envoie des informations particulières. C'est en partie ainsi que vous prenez conscience que « quelque chose d'important » est en train de se passer. Ce « quelque chose » est simplement la manifestation de la lumière qui revient sur Terre.

Au sein de votre système solaire, il y a des cycles. Si ce n'était pas le cas, les cellules souches que vous êtes ne pourraient pas rejoindre la Source. Cela du fait de l'éloignement vibratoire de votre conscience de celle-ci. La lumière arrive sur Terre par cycle. À ce moment-là, votre univers « falsifié » rentre directement sous l'influence du Soleil central, des autres galaxies, de la Source. Tout cela sous l'influence d'Alcyone. La Terre approche d'une fin de cycle processionnel. Celle-ci se traduit par un alignement de l'ensemble du système solaire avec le centre galactique, nommé Alcyone.

Pastor: La lumière arrive sur Terre toutes les 52 000 de vos années. Cela correspond à ce que vos scientifiques appellent « la précession des équinoxes ». Comme nous venons de le dire, cela correspond au moment où votre système solaire est bombardé de rayons gamma, des énergies électromagnétiques d'Alcyone. Celles-ci sont relayées par des structures diverses, comme vos planètes, par exemple.

Lorsque nous parlons d'Apocalypse, il s'agit avant tout d'un changement de paradigme intérieur, du passage de la personnalité à « l'êtreté ». Les énergies des équinoxes sont des énergies de renouveau, qui nécessite une phase d'intériorisation. Comme il s'agit d'une sorte d'harmonisation puissante, de mise en cohérence avec le Tout, cette pression énergétique (au sens propre du terme) de plus en plus forte va nécessairement générer des résistantes croissantes des forces involutives.

Ce qui fera que vous serez de plus en plus affecté ou de plus en plus propulsé, sera fonction de votre reliance ou non à la lumière. Cela implique nécessairement un total lâcher-prise, une aptitude à accepter de perdre ce à quoi vous vous êtes accrochés, pour renaître. Pour ascensionner, il faut être comme un enfant. Un enfant n'élabore ni stratégies ni plans et vit dans l'instant présent. Vous êtes donc acteurs et l'heure a sonné...

Lena: Je voudrais citer ici cette pensée[91] : « Nous n'avons encore pas idée de la grandeur des effets "noosphériques". La résonance des vibrations humaines par millions ! Toute une nappe de conscience pressant sur l'avenir d'un collectif en même temps ! Le produit collectif et additif d'un million d'années de pensées ».

Pastor: Aujourd'hui, tout s'accélère, car vous arrivez à un moment de basculement imminent. Cette période est celle qui a été décrite comme « l'apocalypse » dans certaines de ce que vous appelez vos « religions ». Il s'agit d'un déluge qui balaie l'ancien, l'obsolète, « le sombre ». J'entends certains se demander : « Quand aura lieu ce basculement ? » Ce que nous pouvons ajouter à ce qui a été dit est ceci : tout peut arriver à partir de maintenant...

91. Pierre Theilhard de Chardin, dans *Le Phénomène humain,* Éditions du Seuil, 1955.

Aujourd'hui, vous êtes arrivés à un point où tout se manifestera selon votre intention, votre vibration et votre conscience. Cela sera de plus en plus instantané.

Collectif: Si le choix de votre destination, pour la plupart d'entre vous, est fait, il reste un « temps infime » pour modifier ce dernier. Lorsque vous serez au point de « basculement », et il ne saurait tarder, il sera trop tard.

Ce basculement ne correspond pas, au sens où vous l'entendez, au basculement des pôles, mais à celui de la noosphère qui émergera resplendissante des marécages au sein desquels elle errait depuis des éons.

Si vous observez vos ressentis et les manifestations extérieures, vous verrez que vous êtes extrêmement proches de ce moment-là. Observez le ciel, regardez son évolution dans ses couleurs, la manifestation de vos nuages. Regardez également la présence de ces nombreux vaisseaux venus d'ailleurs, qui se dissimulent pour le moment encore derrière certains nuages de forme particulière... Il suffit d'observer.

Ce qui se passe à l'intérieur de vous se manifeste également dans votre environnement et réciproquement.

Pastor: Vos volcans s'activent et ce n'est que le début, les inondations et phénomènes climatiques soudains et très localisés se multiplient, vous connaîtrez des vents de plus en plus puissants. Comme nous l'avons expliqué, cela est lié à la modification de l'axe d'inclinaison de la Terre qui est en cours. Ces phases d'expansion de votre Terre se traduisent par des sortes de « déchirures » au niveau de ce que vous qualifiez de « plaques tectoniques », mais aussi du manteau même de votre Terre. Votre Terre grandit, elle aussi. Vous pourrez le mesurer « physiquement ». Son rayon s'accroît.

Ce sont les mêmes déchirures que vous ressentez dans votre corps et dans votre âme actuellement. Soit vous vous abandonnez à cette puissante lumière, soit vous résistez. Continuez-vous à être dans la posture « d'action-réaction » ou vous posez-vous dans la sérénité de votre cœur ? Verrez-vous en ces modifications « une catastrophe » de plus, ou la plus belle opportunité que l'humanité ait connue ? Vous sortez d'un long cycle d'enfermement et c'est maintenant ! Vous sortez de votre cocon, vous êtes en train d'éclore à vous-mêmes !

Collectif: Revenons un peu sur les effets de cette mutation vibratoire sur l'humain. Ces puissants rayons de lumière cosmiques arrivant sur votre Terre avoisinent régulièrement les quatre-vingts hertz, et les pics bas sont autour de quarante hertz[92]. Cela correspond à des fréquences de quatrième et cinquième dimensions. Votre Soleil réagit puissamment aux ondes lumineuses de hautes fréquences. Ces particules de lumière ultrarapides entrent en contact avec votre champ aurique, qui se trouve brusquement secoué. Cette « infusion » perdure jusqu'à ce que cette lumière soit pleinement intégrée dans votre corps physique, mais aussi dans vos autres corps. Notamment le corps mental et le corps éthérique.

Pastor: Cette puissante lumière vous pénètre en profondeur, au niveau de votre cerveau, de votre cœur, mais aussi de votre peau et de vos os. Comme nous l'avons expliqué, la métamorphose de votre structure physique intervient forte-

92. La fréquence indique combien de cycles d'ondes se produisent en une seconde. 80 hertz sont égaux à 80 cycles par seconde. L'amplitude est la taille de la vibration, de l'onde.

ment au niveau de votre structure osseuse. C'est pour cela que vous pouvez ressentir certaines douleurs à ce niveau-là.

Vous pouvez également être envahis de tremblements, percevoir des sons qui vous semblent nouveaux... Vous êtes simplement en train de passer d'une gamme de fréquences à une autre. Votre corps s'ajuste. C'est un peu comme si toutes vos cellules s'éveillaient, se mettaient à s'activer pleinement, elles tremblent ! Cela simplement parce que votre propre énergie vitale entre en contact avec la lumière photonique.

Lena : Il s'agit d'une sensation particulière. Je le ressens, j'ai parfois la sensation de vibrer puissamment intérieurement. Rien ne se voit extérieurement.

Pastor : C'est très juste. Vous êtes prêts à... décoller !

Collectif : Vos corps physique, éthérique, astral, et causal (mental) se déchirent de la même manière que les enveloppes isolantes de votre système solaire (héliosphère[93], magnétosphère et ionosphère) le font.

Les éruptions solaires que vous connaissez sont d'une intensité particulière. Elles peuvent engendrer diverses manifestations terrestres et à l'intérieur de vous. Les rayons X de ces éruptions, venant de votre Soleil, vont casser brutalement, et avec force, ce qui vous retient encore à la dualité. Ils vont dissoudre vos résistances internes et celles qui sont collectives. C'est une sorte de transmutation par le feu, à des degrés toujours plus puissants et intenses.

---

93. Héliosphère : il s'agit de la dernière frontière de notre système solaire, qui est environ à 130 unités astronomiques (20 milliards de kilomètres) de la Terre. C'est une frontière où le vent solaire s'éteint et où l'espace interstellaire commence.

Nous le répétons, elles vont altérer sans doute vos appareillages électriques, vos réseaux de communication en général. Cela peut produire des coupures répétitives, de courtes durées, comme de plus longues. Ne vous préoccupez pas de cela. Le plus important, ce qui doit vous mobiliser, c'est votre propre ajustement vibratoire.

Pastor: C'est ailleurs cette même énergie qui affecte en ce moment ce que vous qualifiez de transformateurs[94] sur votre Terre. L'ancien monde est court-circuité et grillé. Et vous êtes également totalement recâblés !

En effet, l'élément « air » se manifeste fortement aujourd'hui. Il va sans doute anéantir de manière temporaire, ou fortement ralentir, vos capacités de régulation électrique, en touchant des systèmes clés électriques. Vous pouvez connaître non seulement des courts-circuits extrêmement puissants, mais aussi voir ce que vous qualifiez de « pylônes électriques », y compris « à haute tension » arrachés et mis à terre.

Cet élément air provoque également les phénomènes climatiques très particuliers que vous connaissez en ce moment, que ce soit les variations climatiques qui surviennent et changent d'un jour à l'autre, ou les écarts thermiques très marqués que vous constatez.

Cela produit également des effets puissants sur l'humain. Ceux qui sont en résistance, ou n'ont pas « un câblage interne adéquat », peuvent connaître des sensations physiques ou psychologiques de l'ordre d'une forme de « foudroiement ». La descente de cette puissante

94. Ils font référence ici à un évènement qui est survenu à Moscou le 28 juin 2021 où la foudre a frappé la sous-station électrique de Friazino.

lumière induit la circulation d'ondes photoniques à travers les courants électromagnétiques. Le Tout se manifeste...

Ce que vous qualifiez de « tempêtes » n'est finalement qu'un flux entrant puissant d'énergies. Cet élément « air » ouvre vos chakras, vous permet de passer des portails énergétiques, réveille votre conscience.

Ce que vous appelez le chakra couronne, ou coronal, s'ouvre et permet à la lumière de descendre et de rallumer votre cœur. Ces énergies photoniques circulent dans votre corps à travers votre sang, via l'hémoglobine. Et lorsque cette lumière rencontre un nœud, elle reformate la structure concernée. Vous connaissez une forme de circulation énergétique tellement puissante que cela peut générer des douleurs intenses.

Collectif: Chaque être humain est unique et possède sa propre cartographie interne, laquelle le relie à ses origines stellaires. Vous êtes une sorte d'instrument de très haute précision, fait d'un agencement, que vous qualifieriez de « scientifique ». Vous êtes comme une « unité de conscience ». Certains d'entre vous voient la lumière comme une illusion. D'autres estiment qu'ils ne sont pas assez expérimentés ou n'ont pas la force de vivre cette expérience, malgré le choix initial qu'ils avaient fait, de s'incarner en cette période toute particulière. Le libre arbitre demeure...

Pastor: Parallèlement, la manifestation que vous qualifiez de *crop circles*[95] devient de plus en plus explicite.

---

95. Ils font ici référence aux *crop circles* de l'été 2021. Notamment celui du 2 juillet 2021 à Avebury (Angleterre), du 1er août 2021 à Hampshire (Angleterre), du 8 août 2021 près de Hackpen Hill (Angleterre).

Les messages sont là pour vous informer de ce qui est en cours. Le tout se manifeste très clairement. Attardons-nous quelques instants sur les symboles. Regardez le *crop circle* d'Avebury à la lumière des informations qui vont suivre. L'hexagone est la manifestation de la forme réelle de la lumière originelle.

Collectif: D'une autre manière, nous pourrions dire que l'hexagone est symbolique de la lumière libérée de l'enfermement. La lumière photonique, que vous appelez parfois « lumière vibrale », ou adamantine, a une structure hexagonale. Cette forme contient un agencement de fréquences vibratoires particulières. C'est la forme idéale pour le déploiement harmonieux de ce que vous qualifiez de « différentes dimensions vibratoires ». Cette lumière photonique contient une intelligence toute particulière. Elle manifeste cette conscience qu'est le Tout.

Pastor: Nous ne nous attarderons pas sur ce point. Vous pourrez trouver des informations justes sur ce sujet... en vous y intéressant. Une fois encore, ce n'est pas l'analyse, les prévisions qui peuvent en découler qui sont importantes, mais « l'engrammage » vibratoire produit par ces *crop circles*.

Collectif: Vous sortez d'un monde d'illusion. Vous redevenez conscients. Vous pouvez avoir l'impression d'être présents sans l'être vraiment. Vous êtes pourtant plus que jamais ici et maintenant. Simplement, vous sortez d'un monde d'illusion, d'un univers de la personnalité, au sein duquel vous étiez morcelés. Vous passez à un espace de conscience, que nous pourrions qualifier « d'unifié ».

Que le vocabulaire humain devient limité...

Lena : Oui, je confirme. Lors des séances que je pratique, les concepts que vous m'envoyez, souvent de manière électromagnétique (comme un ensemble de codes géomagnétiques), me sont difficiles à mettre en mots car aucun mot humain ne reflète vraiment l'énergie que je reçois. Et même lorsque vous y adjoignez l'image, et que je parviens à trouver le mot qui me semble le plus juste, le fait de prononcer ce mot est limitatif. Car la personne le reçoit avec ses filtres, le traduit en fonction de toute son histoire de vie, ici et ailleurs. À quand la communication d'âme à âme ?

Collectif: Vous le faites déjà sans le savoir, et bien plus souvent que vous ne le pensez. Parfois, vous qualifiez une partie de cette communication de « communication non verbale ». D'ailleurs, vous savez qu'elle constitue au moins 80 % de la communication humaine actuelle.

Il est vrai qu'en cette période de transition, cela peut sembler inconfortable, et sollicite encore plus vibratoirement ceux qui reçoivent nos messages.

Il s'agit pour le canal, le channel, d'avoir la hauteur vibratoire nécessaire pour être capable à la fois de recevoir le message – quand bien même nous parlons parfois à plusieurs en même temps – et l'aptitude à trouver instantanément le mot le plus juste. C'est pour cela qu'on n'apprend pas à être channel. Cela nécessite à la fois « un câblage » particulier, et de nombreuses vies d'expérimentation. Vous êtes tous et toutes connectés, intuitifs. Néanmoins, être channel est encore un autre chemin.

Lena: Ce que vous dites me fait penser à une séance durant laquelle m'est apparue furtivement l'image de

Leelou, dans le film *Le Cinquième élément*[96]. Le moment où elle est devant l'ordinateur et où les images défilent à toute vitesse. Elle est face à un ordinateur et découvre l'histoire de l'humanité, qui défile rapidement sur l'écran. J'ai la sensation que c'est la vitesse avec laquelle vous me demandez d'assimiler et de retransmettre... Un vrai challenge vibratoire !

Collectif: C'est souvent le cas en effet, mais tu peux nous demander de ralentir un peu. Nous le faisons lorsque c'est possible, selon le contexte. Ce « film » est d'ailleurs particulièrement actuel au regard de ce qui se passe sur votre Terre...

Revenons à la conscience, qui se réveille du fait de cette ascension vibratoire. Cette puissante lumière entrante peut susciter des moments « d'arrêt sur images ». En effet, si vous êtes en train de faire une activité que vous qualifieriez de « la vie ordinaire », surtout si vous n'êtes pas pleinement présents à vous-même, cela peut vous stopper net, comme si vous n'aviez d'un coup plus aucune énergie.

Cette puissante énergie vibratoire nécessite à elle seule votre pleine présence, afin que vous l'assimiliez sans dommages ! Tout votre corps est sollicité d'un coup. Cela peut vous donner la sensation également d'être subitement engourdi ou endormi.

Si vous persistez à vouloir vous concentrer sur ce que vous faisiez, vous pouvez « faire un malaise », ou avoir l'impression d'« avoir une absence ».

Pastor: C'est comme si votre conscience devait se modifier de manière instantanée. Vous passez d'un état de

96. *Le Cinquième élément,* du réalisateur Luc Besson, sorti le 7 mai 1997.

conscience à un autre, d'une fréquence vibratoire à une autre, en « une fraction de seconde ».

Collectif: Jusqu'à très récemment, cette lumière « passait » surtout par le chakra du cœur, le chakra couronne et le chakra sacré. Cela ne dérangeait pas nécessairement le personnage qui jouait son scénario, la personnalité. Aujourd'hui, cette lumière devient de plus en plus intense. Elle modifie l'ensemble de votre structure cellulaire. Elle agit sur l'ensemble de vos corps, physiques et subtils. Elle dissout notamment le corps astral, siège des pensées et des émotions...

Cela signifie que les êtres humains coutumiers de se manifester au travers de leur mental ou de leurs émotions, parfois peu contrôlées, vont se sentir de moins en moins sereins.

Lena: Oui. De même, je remarque que lorsque la violence n'est pas réglée dans une vie, puis dans une autre, cela se cumule et finit par exploser. Particulièrement en cette période d'ascension. Cela sans que la personne sache pourquoi.

Lorsque quelque chose ne fonctionne pas comme nous le souhaitons, il y a deux solutions : soit notre persévérance est testée, soit nous devons changer de cap. Le fait de ne pas se positionner ne fait que reporter le phénomène, qui se représente alors dans des circonstances souvent plus complexes encore. Ce qui n'est pas réglé dans une vie se « remanifeste » dans une autre.

D'ailleurs, il est utile pour chacun de nous, surtout en cette période, de percevoir lorsqu'une « étape » de notre vie se termine. Si nous insistons et ne laissons pas les « portes se fermer », nous créons des « nœuds supplémentaires ». Que cela soit un travail qui ne convient plus, une relation amicale ou amoureuse, une maison... De même, passer trop de temps à analyser ce qui s'est passé est souvent improductif et « ancre dans le passé ». Être dans le moment présent en laissant être, en lâchant prise, permet d'éviter un épuisement énergétique.

Nous ne sommes pas non plus obligés de conserver les cadeaux que l'on nous a faits, nous pouvons les offrir. Il en est de même pour les livres, pour les vêtements qui dorment dans le placard. Nous pouvons remercier notre maison de nous avoir accueillis, et la laisser partir vers ceux pour qui elle sera parfaite. À chaque seconde qui passe, nous ne sommes déjà plus la même personne. De ce fait, s'accrocher, résister ne produit que de la colère, de la peur et finalement de l'usure psychologique, physique et vibratoire.

Pastor: Eh oui. Vous ne pouvez plus être envahis d'énergies lourdes, qu'elles viennent de cette vie ou d'une autre. C'est comme si vous vouliez faire fonctionner un vaisseau spatial au diesel ! Trêve de plaisanterie... donnons un exemple. Si une peur vous envahit ou une émotion de fréquence basse, telle la colère, par exemple, vous allez subitement vous sentir très mal, et cela sera de plus en plus instantané et puissant !

De la même manière, tout ce qui « vous servait de doudou », les addictions diverses et variées, les personnes, ne sont plus compatibles avec cet état de conscience. Vous constaterez que vous serez enclins à modifier ces comportements. Cela est déjà le cas de vos « habitudes alimentaires ».

Collectif: À terme, vous n'aurez plus peur de perdre quoi que ce soit, ni qui que ce soit. Tout est toujours présent, seule la forme change. Vous ressentirez une profonde sérénité, là dans votre cœur, une forme de plénitude. Vous devenez lumière...

Comprenez que « rien ne sera plus jamais comme avant »... Aujourd'hui, vous ne pouvez plus vous mentir, ni à vous-mêmes, ni aux autres. Le personnage et le déguisement ne sont plus les costumes adaptés à cette nouvelle ère. Le temps des compromis, des arrangements avec soi et les autres est révolu.

Vous allez être concentrés sur la qualité de ce que vous émanez. Vous allez rayonner qui vous êtes tout simplement. Et pour cela, nous le répétons, il s'agit de manifester votre pleine puissance, sans fausse modestie ni ego. Voici votre feuille de route pour cette incarnation, votre objectif principal. Cela vous conduit à construire un monde d'amour et d'unité.

Pastor: Vous constaterez que nous répétons certaines idées sous différentes formes. Cela parce que nous connaissons le fonctionnement humain. Procéder ainsi vous permet d'« infuser » peu à peu les concepts. Ce qui ne peut être assimilé de suite le sera alors. Une idée énoncée sous une forme rencontrera une résistance, et sous une autre vous la comprendrez. C'est pour cela que nous insistons tant.

Il n'y a pas de recette, simplement, je le dis de nouveau, il s'agit d'ôter vos vieux costumes, de rendre à chacun ce qui lui appartient, de transmuter en lumière vos souffrances de toute nature. Alors vous constaterez avec émerveillement la fluidité qui s'installe dans votre vie. Tout est simple et se manifeste... comme une évidence.

La lumière n'est pas un état que l'on apprend, mais la résultante d'un allègement intérieur, d'une intention claire d'être cette lumière.

Votre physiologie est profondément modifiée et avec elle tous vos rythmes biologiques. Il est possible qu'à certains moments vous ayez besoin de manger très peu, à d'autre beaucoup plus. Cela pour rester enraciné. Il est même probable que vous soyez poussés à consommer plus de sucre par période. Veillez simplement à ce que cela ne provienne pas d'une forme d'addiction. Préférez les sucres non transformés.

Collectif: Vous allez peu à peu communiquer de « cœur à cœur » et de ce fait vous ne passerez plus par la personnalité. Vous communiquerez et vous reconnaîtrez vibratoirement. Cette communication extrasensorielle ne peut être qualifiée de « télépathie » au sens où vous l'entendez. C'est juste une sorte d'échange vibratoire, d'âme à âme.

Lena: Communiquer ainsi avec les animaux est beaucoup plus facile. Ils ne se bloquent pas et n'ont rien à « dissimuler » !

Collectif: C'est un fait. Il s'agit aujourd'hui de rayonner votre lumière en étant dans l'intention, et non plus dans la volonté.

Pastor: En effet, l'intention signifie que vous indiquez la destination GPS à vos guides, et ensuite vous leur confiez le volant. Alors que la volonté se situe encore dans le « faire », le labeur, la lutte...

Collectif: Lorsque vous serez totalement dans « l'êtreté », le temps ne vous impactera pas plus que les éléments extérieurs. Vous ne serez plus ni dans la projection de maints désirs et envies ni dans l'impatience.

Ce que vous appelez « les rêves » n'existera plus de la même façon. Nombre de vos rêves sont simplement des moyens d'exorciser vos traumatismes ou vos peurs. Vous dormirez sans doute moins au sens où vous l'entendez. Les rêves seront plutôt des souvenirs de vos voyages, que vous conserverez. Ce sont des moments d'échange, de contact... Plus vous serez nombreux à vivre ce processus, plus vous serez prêts à vivre le moment où votre monde illusoire tirera sa révérence.

Pastor: Vous êtes sur le chemin. Vous devenez vivant au-delà de la projection que vous en faites. Tout ce qui est de l'ordre de l'attachement, des peurs en tout genre, surtout celles liées à « la perte », vous semblera être d'un autre monde. Vous les aurez évacuées de votre conscience et vous aurez enfin confiance en vous, en votre puissance. Vous êtes des êtres multidimensionnels.

Collectif: Tout ce qui motivait ce que vous appeliez votre vie ordinaire aura simplement disparu de votre existence. Il se peut que vous côtoyiez des personnes qui sont « en résistance », dans la peur. Laissez être sans vous sentir mis à mal par leurs propos. Cessez de juger ou de vous poser des questions sur « les autres », comme vous dites. Chacun vit l'arrivée de cette puissante lumière à sa manière.

Soyez simplement dans la compassion, laisser être sans « prendre » ce qui n'est pas à vous. Nous le répétons, il ne s'agit ni de convaincre ni de sauver, ni de pousser ni de tirer... Laissez chacun libre d'être et soyez simplement libres !

Comprenez également que plutôt que de réclamer « justice », ce qui abonde encore un égrégore de colère, de peur, il s'agit de veiller individuellement à être dans la justesse. Si chacun de vous savait être juste avec lui-même, votre justice humaine n'aurait simplement plus lieu d'être.

Pourquoi être constamment dans la volonté ou l'attente ? Le contrôle de votre mental est en train de s'estomper et il disparaîtra. Soyez simples, humbles comme un enfant.

Il s'agit de vous abandonner totalement à qui vous êtes. C'est cela le chemin.

Pastor : Ce « maître » que vous avez appelé « Jésus » est simplement le « prototype » de l'humain tel qu'il est aujourd'hui appelé à se manifester. Il rayonnait sa lumière. N'a-t-il pas dit « Vous êtes la lumière du monde[97] » ?

Lena : Pour terminer, je souhaite transmettre ici un message d'un sage amérindien : « Nous vivons le meilleur temps que l'humanité a jamais vécu. Nous allons être témoins et acteurs ainsi que nos enfants, petits-enfants et générations futures, de la plus grande transformation de conscience que nous n'ayons jamais imaginée. »

97. Il s'agit d'un extrait de la Bible, de l'*Évangile selon saint Matthieu,* chapitre 5, versets 13 à 16. « Vous êtes le sel de la Terre, vous êtes la lumière du monde. »

VINGT-DEUXIÈME PAS DE DANSE

Petit point d'étape

Lena : Entrez dans la danse en étant respectueux de tout ce qui vous entoure...

Collectif : Le moment est venu de faire une sorte de « revue d'époque ». Comme vous faites vos revues de jour avec vos guides durant la nuit, comme vous ferez votre revue de vie après votre départ de la Terre, nous allons faire une « revue du collectif humain ».

La manière dont la majorité des humains traitent encore la Terre et les différents règnes est inacceptable. Comme nous l'avons déjà laissé entendre, si l'humanité ne s'éveille pas en masse, les choses vont devenir de plus en plus difficiles.

Peut-être même, à un moment donné, serez-vous amenés à migrer vers d'autres planètes. Croyez-vous que vos films de science-fiction en sont tous réellement ? Ne sont-ils pas une forme de champ des possibles[98] ?

98. Pastor fait ici référence au film *Interstellar*, où une équipe d'astronautes détecte une faille dans le temps-espace pour explorer un nouveau système stellaire, afin de trouver une planète habitable et d'y établir une colonie spatiale destinée à « sauver » l'humanité.

Pastor: Pourquoi continuez-vous à penser que la Terre est une sorte de terrain de jeu, sur lequel on privilégie les attractions telles que « la machine à sous » ou « la roulette russe » ? Comprenez que détruire la nature, blesser ou tuer un animal, c'est vous détruire vous-même. L'important ne réside pas dans ce que vous dites à un animal, une plante ou un être humain, mais dans le sentiment d'amour que vous manifestez. Cela en le considérant comme « votre égal ».

Il est urgent que vous retrouviez la simplicité, car elle est votre nature. La simplicité consiste à s'émerveiller devant tout ce qui vous entoure, la nature, une personne, un bon repas, un moment partagé...

Collectif: Il s'agit de sortir aujourd'hui de la matrice de troisième dimension dans laquelle vous êtes empêtrés. Vous avez d'ailleurs largement déformé le sens de ce terme. À l'origine, la matrice n'est finalement que le réservoir énergétique et multidimensionnel qui contient les codes de fréquence à l'origine de toute forme de vie.

Lorsque vous endommagez votre ADN, votre programmation cosmique, vous créez une sorte de distorsion de votre structure.

Vous abîmez votre Terre. Toutefois, elle est totalement apte à se recalibrer par elle-même. Elle le fait lors des nombreux évènements climatiques et naturels. Encore une fois, vous êtes inquiets pour votre sort, alors que vous devriez œuvrer à préserver votre Terre-mère. Nous l'avons dit, l'heure n'est plus à porter une parole en demi-teinte.

Aujourd'hui, vous, Terriens, devez nécessairement élever votre niveau vibratoire et retrouver vos esprits. Cela pour, enfin, en conscience, « faire pencher les plateaux de la balance du bon côté ». Entourez-vous d'êtres lumineux, œuvrez et collaborez en apportant chacun ce que vous êtes, vivez votre existence de manière juste et authentique, au niveau individuel et collectif. Et cela commence par préserver votre environnement naturel, car sans lui vous ne seriez pas...

Pastor: Je voudrais que Lena vous cite ici une phrase. Celle d'un de vos « films », qui illustre bien les propos du collectif. Ce dernier montre bien jusqu'où peut aller la non-conscience...

Lena: « Vos savants étaient si préoccupés par ce qu'ils réussiraient à faire ou non qu'ils ne se sont pas demandé s'ils en avaient le droit[99]. »

Collectif: Vous pouvez aujourd'hui manifester pleinement votre lumière, votre potentiel. Cela vous demande de vous positionner à chaque instant en conscience. Vous êtes sur une planète de libre arbitre. Comprenez bien que vous seuls avez votre destin entre vos mains.

Les graines d'étoiles, les hybrides et l'équipe au sol sont des ponts. Certains sont plus particulièrement là pour permettre le lien entre le ciel, la Terre et les autres dimensions. Néanmoins, c'est bien chacun de vous qui devez aujourd'hui remplir la mission pour laquelle vous êtes venus sur Terre. Vous ne pouvez plus vous faire porter par vos grands frères et sœurs d'ici et d'ailleurs. Cela n'est pas juste.

---

99. Il s'agit d'une réplique du film *Jurassic Park,* sorti en 1993 pour le premier opus, réalisé par Steven Spielberg.

VINGT-TROISIÈME PAS DE DANSE

Les animaux, des consciences venues partager d'âme à âme

Lena : Faites entrer dans votre danse cosmique les êtres de tous les règnes...

Pastor : Pour introduire en beauté ce pas de danse, Lena, pourrais-tu citer un extrait du message reçu par cette jolie jeune femme[100], lors d'un échange d'âme à âme avec un chat.

Plutôt que de parler de « communication animale », nous privilégions ici ce terme. Car « communication animale » n'est pas le terme approprié. Vous ne communiquez pas avec l'animal. Vous échangez d'âme à âme, l'animal est émetteur et récepteur, comme vous l'êtes. Il n'est pas simplement émetteur. Pourquoi vous transmettrait-il un message ? L'animal est libre de vous écouter, d'accepter ou pas de vous répondre. Il s'agit d'un échange d'égal à égal.

---

100. Il s'agit d'Alizé, d'Anima'Om, soins holistiques et bien-être équin, canin et félin, avec laquelle je coanime certaines journées de reconnexion au vivant.

Mettre un terme sur cette pratique, c'est déjà la limiter. Comme chacun de vous peut écouter et entendre ses guides, vous pouvez communiquer avec tout ce qui vit, pour peu que votre niveau vibratoire le permette. Et vous pouvez recevoir uniquement ce que votre niveau vibratoire permet.

Collectif: C'est pour cela que la communication animale ne s'enseigne pas plus que le magnétisme, le chamanisme, le channeling et bien d'autres pratiques. Nous insistons.

Celui qui vous initie vous donne certaines clés pour ne pas vous égarer « dans les couloirs du temps ». Il vous guide, vous accompagne. Mais vos aptitudes, encore une fois, seront la résultante de vos apprentissages au sein de nombreuses existences, de la limpidité de votre être, de l'amour que vous portez à tout ce qui est...

Si vous essayez de communiquer avec votre tête, ce sera votre mental qui vous racontera une jolie histoire.

Lena: Voici le message : « Je dois te dire que des moments difficiles sont à venir. Des moments que l'on qualifierait d'apocalyptiques. Pourtant, si on regarde avec les yeux de l'aigle, on voit toute l'intelligence de l'amour se mettre à l'œuvre. L'apocalypse est alors une grande célébration cosmique qui précède le grand saut quantique. Personne n'est laissé pour compte. Chacun est exactement là où il doit être. J'ai choisi de venir goûter à cette ascension et bientôt, je la regarderai de plus loin, tout en œuvrant directement avec elle.

S., tu es une lumière. Tu fais partie intégrante de ce plan d'amour et tu as ton rôle à jouer. Tu as traversé des épreuves dans cette vie et tu dois reconnaître ce grand courage en toi. Il t'a permis de toujours continuer à avancer. »

Pastor: Merci, c'est magnifique. Les animaux collaborent largement avec vous en cette période.

Collectif: Les êtres de tous les règnes ont finalement des origines stellaires. D'ailleurs, au sein de nombreuses autres dimensions, il n'y a aucune distinction entre les règnes. Tous sont considérés comme ayant la même « importance ». Ils ne sont que le Tout manifesté dans un costume différent.

Lena: Oui... Je me souviens avoir vu des animaux si magnifiques sur d'autres plans vibratoires. De si jolis êtres aux multiples couleurs, qui échangeaient tellement d'amour entre eux, et aussi avec des créatures de manifestations différentes.

Les Pléiadiens m'ont expliqué que nous pouvions guérir ceux que nous appelons « nos animaux », juste en les caressant, en les regardant, et en communiquant avec eux. Cela me semble tellement naturel. L'amour est l'énergie source qui peut tout...

Pastor: Oh que oui... Je retrouve bien là Lena, notre ambassadrice des animaux.

Collectif: Comprenez bien que vous ne représentez pas la manifestation la plus précieuse de la Terre. Apprenez plutôt à communiquer avec les autres règnes.

Ceux que vous appelez de manière générale « les animaux » sont arrivés aujourd'hui à un point où ils ne peuvent plus « supporter », au sens propre comme figuré, vos agissements, votre lourdeur vibratoire.

D'ailleurs, certaines espèces ne s'éteignent pas uniquement du fait du « réchauffement climatique » comme vous dites, mais simplement parce qu'elles sont prêtes à transitionner sur d'autres plans vibratoires.

Aujourd'hui, si nous restons schématiques, il y a trois grandes catégories d'humains relativement à la considération portée au règne animal.

La première concerne ceux qui pensent encore être « les maîtres des animaux », qui les jugent moins éveillés, moins évolués qu'eux. Il y a également dans ce groupe-là ceux qui les mangent, sans même se demander si cela reste juste. Que cela soit pour les animaux, comme pour eux-mêmes.

Nous avons évoqué ce point dans *L'Envol vers soi* et n'y reviendrons pas ici.

Lorsque nous envisageons cet « ensemble de personnes », à la lumière de cette période ascensionnelle, elle représente « la préhistoire ».

Le second ensemble ne consomme peu ou plus de chair animale, mais considère encore que l'animal doit être au service de l'homme. Cela n'est plus juste, y compris en matière de thérapie. Nous allons ici déplaire à tous ceux qui font de l'équithérapie, de la médiation animale en général. Il s'agit qu'ils ne se laissent pas emporter par l'émotionnel et saisissent bien notre propos.

L'animal est une conscience qui est égale à la vôtre. Nous sommes contraints de nous exprimer ainsi, car nombre d'entre vous sont encore dans un monde de dualité. Cette conscience, pour ce qui est de vos animaux familiers, a choisi d'interagir avec un humain en particulier, ou un petit groupe, afin que chacun « fasse grandir » l'autre. C'est ce qu'a compris la dernière catégorie, qui est encore en minorité aujourd'hui.

Et pour que cela puisse se manifester, il faut que celui qui est une conscience humaine « fasse son travail ». En effet, il est devenu impératif que l'humain s'allège, devienne conscient et se prenne en charge. Cela soulagera ainsi naturellement ces animaux qui l'entourent, et qui se chargent de la part qu'il n'assume pas !

Soyez conscients de qui vous êtes, soyez aux commandes et, lorsque vous serez prêts, dites ceci à vos animaux : « Ça y est, j'ai compris, je vais me débarrasser de mes casseroles. Tout sera alors simplement merveilleux. » Et même plus : « À chaque fois que je t'approcherai, je veillerai à m'être délesté de toute énergie lourde, ou qui ne m'appartient pas. »

Vous verrez rapidement un changement dans la relation avec vos compagnons. Vous les sentirez revivre. Eux qui, par amour, et de manière inconditionnelle, « recyclent » encore et encore tout ce que vous véhiculez de lourd, pour vous éviter de sombrer, de tomber gravement malade. Et cela au prix de leur propre vie parfois.

L'animal sait de manière innée ce qu'est l'amour... Il est toujours dans l'amour et l'instant présent. Et s'il devient agressif, c'est qu'il a mal, a été abîmé, modifié génétiquement ou conditionné par l'homme.

Les humains se sont laissé enfermer dans une illusion, qu'ils ont eux-mêmes créée, celle de temps et de l'espace, pour vivre dans un mode de « société » théorique, caractérisé par la densité. Cela les conduit à un mode de pensée très limité. Les animaux, comme les Stellaires, vivent eux dans le moment présent, qui est le seul existant. Ce concept de temps n'a aucun sens pour eux...

Pastor: Alors, lequel est souvent le plus emmêlé, l'humain ou l'animal ? Tous ceux qui sont praticiens en « communication animale » s'entendent à dire ce qui suit. Souvent, le plus difficile n'est pas de communiquer avec l'animal, mais de faire comprendre à son coéquipier ce qui n'est plus juste. Je voudrais illustrer ce propos en donnant l'exemple d'un joli teckel à poils longs que nous appellerons Pô. Lena, peux-tu raconter cet épisode, s'il te plaît ?

Lena: Avec joie. Lors d'un échange d'âme à âme avec Pô, j'ai entendu ceci : « J'ai passé toute une vie au Tibet, en tant que moine bouddhiste, à prier et méditer pour découvrir ce que vous appelez le tout, Dieu. J'ai médité, jeûné, je me suis poli encore et encore. Puis, au terme de ma vie, j'ai décidé de me réincarner dans un tout petit chien (par humilité), qui a de petites pattes et se déplace donc au ras du sol. Et j'ai tout de suite découvert que je savais de manière innée ce qu'était le "Tout". En tant que Pô, je suis systématiquement dans l'amour et l'instant présent. Une vraie leçon de vie... Et mon nez à ras du sol me permet de décrypter chaque odeur, de communiquer avec tout ce qui est.

Mes petites pattes m'emmènent là où je veux, je me faufile aisément. En tant que chien, je peux me lover contre ma gardienne, savourer chaque instant, je suis constamment présent à moi-même. Et j'en profite pour captiver le regard des humains, en les fixant avec mes yeux qui reflètent ma vieille âme. Histoire de leur faire un déclic ! C'est merveilleux, non ? »

Collectif: Merci, Lena. Pensez-vous toujours être le maître de votre animal ? Chaque animal est unique. Tous sont venus transmettre quelque chose individuellement comme en tant qu'« espèce ».

Vos animaux reflètent souvent chacun une part de vous-même. Ils viennent vous montrer ce que vous manifestez dans l'instant. Chacun a son individualité. Il s'agit d'« échanger » avec eux dans le silence du cœur.

Aujourd'hui, vous devez vraiment comprendre, et nous insistons, que les animaux, comme les enfants, se chargent des énergies de leurs proches, mais aussi de l'énergie du lieu. Ils peuvent même absorber les mémoires générationnelles...

Pastor: Si vous ressentez un choc émotionnel, l'animal va en recevoir l'onde de forme. Et même plus, il va peut-être choisir de l'absorber pour vous protéger. Si vous vous laissez envahir par la nervosité, si vous êtes « en surchauffe », ou prêt à griller votre moteur intérieur, vous l'émanez énergétiquement. Vous allez peut-être même le manifester physiquement par un soudain « souci de santé », comme vous dites. L'animal, pour éviter « cette surchauffe » peut faire écran.

Collectif: Si vous résistez au lieu d'accueillir cette puissante lumière, si celle-ci vous effraie, votre animal va le ressentir. Par effet miroir, il risque d'adopter un comportement similaire au vôtre. Et peut-être même choisira-t-il de s'en aller, car il ne peut pas, lui, mettre en mots cette énergie.

Pastor: Vos animaux ressentent parfaitement vos différents maux. Vous pouvez également, simplement en les connectant, percevoir s'ils souffrent, quel est l'organe qui peine, en comprendre la cause...

Collectif: Comprenez enfin ceci. Vos animaux vous reflètent et vous préservent...

Par ailleurs, chacun de vous émet à son arrivée sur Terre sa propre fréquence vibratoire. Elle est comme la signature de son âme. Vous pouvez évoluer vibratoirement, mais cette signature demeure. Elle indique la nature de votre âme. Les animaux la perçoivent naturellement. C'est pour cela qu'ils n'aiment pas être approchés par certaines personnes.

Pastor: Vous constatez d'ailleurs qu'un chien a souvent le même tempérament, comme vous dites, que son gardien. Si le gardien est doux, le chien le sera.

Collectif: Certains êtres du domaine animal, que vous craignez si souvent, ressentent simplement votre peur... Cela car il s'agit d'une énergie très puissante, instable, voire chaotique. Elle se propage largement autour de vous. À ce propos, méditez bien sur ceci : la peur est contagieuse. Chacun de vous est en responsabilité face à cela. Si vous envoyez à un serpent un amour pur, il vous le renverra.

Certains animaux sont des guides. D'autres vous conduisent à percevoir comment vous épanouir et à développer certaines de vos aptitudes. L'amitié, l'amour qui vous lie à eux est « intergalactique », « interstellaire ». Vous avez pu vous perdre de vue pendant des millions d'années, puis vous retrouver en cette période, afin de participer ensemble au réveil des consciences... D'ailleurs, les animaux se souviennent souvent de leurs différentes existences. Cela de manière plus ou moins nette.

Comme vous, les animaux viennent expérimenter dans la matière. Chacun d'eux a son parcours de vie, ses objectifs propres en termes d'incarnation. Comme pour l'humain, plusieurs scénarios leur sont proposés. Comme un être humain qui revient sur Terre a le choix entre plusieurs « familles d'accueil », ils peuvent choisir un gardien ou un autre. Vous l'avez constaté, nous privilégierons d'ailleurs ici le terme « coéquipier » plutôt que « gardien ».

Comme un enfant avec un parent, il y a une imbrication de leur libre arbitre avec celui de leur coéquipier. Méditez sur cela. Simplement, dans leur cas, vos actes impactent davantage leur vie, que l'inverse...

Vous vous êtes retrouvés avec un animal pour réaliser une mission « commune », en étant chacun dans votre rôle. Voyez-vous réellement une différence avec ce qui « se joue » entre les humains ? La seule nuance réside dans le fait que l'animal aura souvent bien plus de difficultés à vous quitter, surtout ceux de certaines « espèces », que l'humain.

Pastor: Oui. Les animaux peuvent souvent « encaisser » ce qui détruirait un humain. Que cela soit en termes de ce qu'ils peuvent subir, que pour ce qui concerne la mémoire de ce qu'ils ont vécu dans d'autres vies.

Lena: Les animaux viennent nous montrer le chemin vers ce nouveau monde. Certains d'entre eux sont des Stellaires. D'ailleurs, comme pour l'humain, leur acclimatation sur Terre peut être plus ou moins aisée. De la même manière qu'un Stellaire, et même plus souvent du fait de leurs sens affinés, les environnements lourds, bruyants, violents, agressifs, peuvent vraiment les incommoder, voire les effrayer.

Collectif: C'est un fait, l'animal est naturellement dans une réelle présence à lui-même, et les vibrations « parasites » le dérangent profondément.

Pastor: Certains d'entre eux, comme l'humain, restent attachés, lorsqu'ils sont passés de l'autre côté du voile, à une « apparence physique ». Cela peut durer plus ou moins longtemps, et dépend largement de leur « personnalité ». Ainsi, lorsque vous êtes en relation avec eux, ils peuvent se présenter sous une forme qui correspond à un âge particulier de leur vie. Ils choisissent la manifestation d'eux-mêmes qu'ils préfèrent.

Comme pour l'humain, s'ils ont souffert avant de s'en aller, ou se sont chargés des maux de leurs gardiens, ils passeront par un espace de transition, au sein duquel ils se dépollueront des énergies terrestres. Ils rejoindront alors ceux qui les attendent, la dimension juste pour eux.

Lena: C'est ce que j'appelle « l'hôpital de l'invisible » et « le jardin de la convalescence » pour l'humain. Vous me montrez souvent des images de ces lieux qui permettent l'apaisement, la « réparation », la compréhension sereine. Lors de séances avec un coéquipier humain, j'ai d'ailleurs vu des guides, que nous appelons ici des dévas[101], se manifester sous une forme mi-humaine, mi-animale. Ils sont androgynes. Cela est lié au fait que le conseil devant lequel l'animal formule son contrat d'incarnation diffère selon qu'il a eu certaines existences humaines et d'autres animales, ou pas. Vous reviendrez sur ce point, n'est-ce pas ?

Collectif: Oui, d'ici quelques paragraphes.

Pastor: Lena, pourrais-tu nous préciser ici quelques points concernant les messages que tu reçois de la part des animaux, souvent lors de séances avec leur coéquipier.

Lena: Avec plaisir. Cela d'autant plus que je n'envisage pas du tout ma vie sans eux. Ils sont mes frères, mes amis, et plus même !

Collectif: Nous le constatons chaque jour...

Nous tenons d'ailleurs à préciser que ce que tu vas mentionner ici résulte de tes nombreuses expériences avec les animaux au cours de tes différentes existences, et notamment une en particulier. En effet, à cette époque

101. Le terme *déva* vient d'un mot sanskrit qui signifie « corps de lumière ». Ce sont des êtres célestes.

tu communiquais, communiais même avec les différents éléments, avec certains animaux, que vous qualifieriez de « sauvages ».

Tu vas également apporter des éléments qui viennent de canalisations que tu reçois lors des séances avec les coéquipiers de ces animaux. Enfin, il y a aussi tes expériences avec les différents amis de ce règne, qui ont partagé ou partagent ta vie.

Lena: Oui... Cela fait partie de moi. D'ailleurs, j'ai retrouvé le condor qui m'accompagnait au sein d'une de ces vies. Il est revenu en chat, un chat avec lequel j'ai une relation toute particulière. Il n'est plus question ici de communication, de « télépathie » mais d'osmose. C'est tellement fluide. Tout est juste.

Pastor: L'énergie qui se déploie ici m'émeut... Savez-vous que vous pouvez voir une âme sœur, une flamme jumelle d'un autre règne, notamment animal ?

Lena: Et même retrouver un jumeau qui nous a accompagnés dans le ventre de notre mère et qui est revenu se manifester chez un de « nos » animaux.

Collectif: Comprenez qu'il n'y a pas d'« échelle de valeurs » dans les incarnations, pour ce qui concerne le règne végétal, animal, humain. La « cellule souche en voyage » que vous êtes peut s'expérimenter sous toutes les formes. Ainsi, certains animaux peuvent être de grands maîtres. Chacune de ces « cellules souches » sera plus à l'aise au départ dans une manifestation donnée. Elle peut reprendre cette apparence régulièrement. Cela en fonction des objectifs qu'elle se fixe au sein des différentes existences.

Pastor: Ainsi, certains arbres peuvent être plus justes, plus élevés vibratoirement, que certains humains...

Lena: Une déva des chiens m'a expliqué qu'elle était l'émanation de l'esprit de tous les chiens. Elle est un peu comme une sorte « d'ange gardien » pour eux. Il y a d'ailleurs plusieurs dévas au sein de chaque « espèce » animale. Chacune veille sur un groupe particulier, qui est lié à la mission même de l'animal. Cela est à mettre en parallèle avec les guides, les maîtres, les archanges, qui accompagnent une famille d'âmes particulière. D'ailleurs, lorsqu'un duo humain-animal se forme, ils peuvent appartenir au même groupe d'âmes. De plus, lorsqu'ils se libèrent de certains schémas, ils collaborent à la libération de tout leur groupe d'âmes.

Chacune des dévas accompagne l'animal en le guidant vers l'expérience dont il a besoin pour évoluer. Elle lui permet également de garder le lien avec ses guides pendant le passage sur Terre.

Venons-en aux différentes manifestations animales. De manière générale, la mission des chiens est d'accompagner, de protéger, d'aider à grandir le coéquipier qui partage leur vie. Ils aiment nous « redonner le sourire » lorsque nous sommes tristes, ce qui nous ramène sur un champ vibratoire plus élevé. Ils nous montrent que la vie est simple et joyeuse, qu'il est important de savoir jouer, être léger. Ils nous ramènent dans l'instant présent, qui est le seul qui existe pour eux.

Comme les autres animaux, les chiens n'aiment ni les cris ni le bruit. Ils sont très sensibles aux perturbations énergétiques que nous émettons lorsque nous sommes en colère. Les chiens sont venus nous montrer ce qu'est l'amour. Ils sont loyaux, fidèles, souvent même lorsque leur coéquipier n'est pas « correct » avec eux... Dans ce cas, ils sont venus accompagner ce dernier à « transcender » son agressivité, à la « traiter ».

Ils ont néanmoins besoin de sentir qu'ils trouveront amour, réconfort et protection chez leur coéquipier, surtout en cas de danger. De ce fait, si le gardien est agressif ou violent, c'est très perturbant et néfaste pour le chien, qui cherchera peut-être à s'enfuir, d'une manière ou d'une autre.

Comme les chiens sont des êtres très sensibles, ils aiment en général intégrer un foyer harmonieux, au sein duquel ils ressentent que l'amour est présent. Ils redoutent souvent la solitude. Beaucoup d'entre eux aiment dormir près de leur coéquipier. Ils perçoivent nos ressentis avec une acuité impressionnante. Combien de chiens veillent « leur binôme » lorsqu'il est malade...

Même s'ils sont souvent portés par l'émotionnel, ils ont une grande finesse. Ils nous invitent régulièrement à écouter notre intuition.

Pastor: Merci Lena. Nous souhaitons ici transmettre des données assez généralistes, mais très importantes en cette période au sein de laquelle tous les règnes ascensionnent. Il ne s'agit pas ici de rédiger un livre sur l'interaction humain/animal.

Lena, pourrais-tu maintenant dire quelques mots des chats. Nous validons ce que tu exprimes sur nos amis animaux, par notre simple présence à tes côtés.

Lena: Merci... Je ne vais pas revenir sur la « symbolique » du chat, notamment chez les Égyptiens, car il existe de nombreux écrits à ce sujet. Ce que j'entends (et ressens largement) des chats, c'est qu'ils équilibrent la polarité de la Terre. En ce sens, ils sont très mobilisés en cette période d'accroissement vibratoire puissant et régulier.

Les chats sont « électrosensibles ». Du fait des énergies entrantes, ils sont eux aussi sursollicités. Si nous les faisons vivre dans des environnements surchargés d'ondes électromagnétiques, cela en rajoute. Ils ne sont alors pas en mesure d'agir avec la même puissance, pour ce qui concerne l'équilibrage des fréquences.

Ils protègent largement les humains, les végétaux, des ondes électromagnétiques et autres perturbateurs. C'est d'ailleurs pour cela qu'on les retrouve parfois près d'un tout petit enfant. Ils savent instinctivement que « ces petits d'hommes » peuvent être très abîmés par toutes ces ondes.

Pastor: Certes. Nous vous invitons à prendre conscience du degré de nuisance pour l'humain, l'animal, et tous les règnes d'ailleurs, des ondes électromagnétiques émises par toutes vos technologies. Et cela ne fait que se rajouter aux multiples bruits en tout genre que vous produisez !

Collectif: Les chats sont des énergéticiens en puissance. Ils ont des perceptions extrasensorielles très fines et perçoivent nettement les auras.

Pastor: C'est d'ailleurs pour cela que les « sorcières » sont entourées de chats. Ce sont des duos qui œuvrent de concert.

Lena: D'ailleurs, je me plais à citer ici cette jolie phrase de Colette, cette amoureuse des chats : « Il n'y a pas de chats ordinaires. » Ce sont tous des clairvoyants !

Les chats utilisent également leur belle énergie pour « nettoyer » les lieux, protéger l'endroit où ils vivent des âmes errantes du bas astral. Ils sont d'ailleurs parfois d'excellents « passeurs d'âme ». Ils permettent à certaines âmes en transit de rejoindre le plan où elles sont attendues.

Les chats, comme tous les animaux, vivent leur vie pleinement, à chaque seconde. Ils n'ont pas la même perception du temps que les humains. Ils sont davantage « rythmés » par le jour et la nuit, les saisons...

Les chats que j'ai pu contacter me disent tous qu'ils sont venus montrer le chemin à l'humain. Notamment relativement à la manière d'être dans la gratitude vis-à-vis de tout ce qui est. Ils ont un sens inné du « sacré ».

Collectif: Les chats soignent la Terre et ceux qu'elle porte. Ils équilibrent à la fois les énergies qui « remontent » de la Terre et celles des maisons. Ils savent les rendre inoffensives pour eux, les « transmuter » pour soigner les élémentaux[102] avec celles-ci.

Lena: Les chats m'expliquent régulièrement, lors des séances que j'accompagne, qu'ils sont des êtres restés « sauvages ». Cela malgré la « domestication » humaine. Ils me disent que la vie sauvage requiert un niveau vibratoire élevé. Il s'agit de percevoir totalement les énergies, d'être en osmose totale avec elles, mais aussi avec le cosmos. Ainsi, les chats accompagnent l'humain à se reconnecter à sa véritable nature. Ils sont souvent surpris par notre impatience et notre besoin de contrôle!

Ils m'expliquent que la plupart des animaux dits « de compagnie » ont une mission d'âme double. Une partie est liée à leur mission personnelle, liée à leur propre évolution en tant qu'animal. L'autre consiste à apprendre la compassion pour l'humain et à le guider!

102. Les esprits de l'air (elfes, sylphes, fées de l'air...), les esprits de l'eau (ondins, ondines, fées de l'eau...), les esprits du feu (salamandres, fées du feu...) et les esprits de la terre (gnomes, lutins, korrigans, faunes, fées de la terre...) sont les éléments qui évoluent sur une ligne vibratoire proche de la nôtre.

Ils ajoutent d'ailleurs que nous les avons domestiqués et que cela nous donne de fait la responsabilité de prendre soin d'eux.

Pastor: Les chats sont des êtres mystérieux. Ils aiment d'ailleurs cultiver cette énergie.

Lena: Les chats nous aident à retrouver notre état naturel d'êtres libres ! D'ailleurs, pour le constater, il suffit d'essayer de contrôler un chat, d'entrer dans son espace sacré s'il n'est pas disposé !

Collectif: Pour terminer sur ces si beaux animaux, nous dirons ceci. Certains chats apprennent davantage au sein de leur courte vie que de nombreux humains en plusieurs...

Pastor: Lena, pourrais-tu maintenant dire quelques mots des chevaux ?

Lena: Le cheval est un animal d'une grande finesse émotionnelle. Il amène l'humain à se dépasser, à transcender les limitations qu'il s'est données. Le cheval ne se soumet pas à son environnement, il œuvre en symbiose avec celui-ci, il le décrypte... Il a des perceptions tellement fines qu'il ressent même la vie des minéraux. C'est une sorte de « mage », un gardien des espaces sacrés. Son hypersensibilité, son hypersensitivité, fait qu'on ne peut rien lui cacher.

Sa mission, en général, consiste à conduire l'humain vers la plus belle manifestation de son être. Il l'aide à rétablir la connexion avec sa véritable nature.

Certains chevaux sont des guérisseurs, d'autres des bâtisseurs. D'autres encore œuvrent avec le petit peuple de la nature. Cela est en fonction de leur famille d'âmes. Ces familles se mêlent d'ailleurs aux nôtres. Ainsi, il y a des chevaux « bâtisseurs », des « artisans », des « visionnaires ». D'autres ont choisi d'être principalement des « passeurs ».

Collectif: Lena, pourrais-tu maintenant nous donner succinctement quelques exemples. Merci.

Lena: Oui ! J'ai connecté un âne magicien, qui apprenait l'ancrage à l'humain et le propulsait sur son chemin. Il s'agit d'un être particulier et plein d'humour. Il me disait alors « avoir la gorge serrée » lorsque sa coéquipière était entourée de quelqu'un qui n'était pas bénéfique pour elle énergétiquement. Il vit avec une chienne qui harmonise les courants énergétiques entre la Terre, les différents règnes, les humains et les étoiles. Une jument est le guide de sa coéquipière. Je la vois avec de grandes ailes blanches.

Un autre cheval explique d'ailleurs qu'il souhaiterait que ceux qui viennent sur le lieu de vie de cette personne « soient décrottés vibratoirement » avant !

Un des chats du lieu explique avoir été un blaireau, un autre cheval était un daim. Un renard est un autre des chats dans cette incarnation. Quelques-uns de ces animaux sont de « purs Stellaires », comme ils disent.

Cet ensemble d'animaux vit avec une femme puissante, qui a connu une incarnation en lion. De cette vie-là, elle a appris à habiter totalement son corps, dans les moindres recoins, et à ne faire qu'un avec tout ce qui l'entoure.

Pastor: Merci Lena : Voilà un joli aperçu du vaste monde au sein duquel les animaux vivent. Cela permettra, je l'espère, à certains d'entre vous de reconsidérer le regard que vous portez sur ce règne-là.

Collectif: Nous terminerons ici par un autre extrait de message reçu par cette même jeune femme, Alizé, lors d'un échange avec une chatte. Il vous permettra de mesurer ce qu'est vraiment la conscience animale...

Lena: Le voici:

« Je me connecte à Reila. Je ressens d'emblée un être très haut en énergie, si bien qu'il m'a fallu quelques minutes pour m'accorder et grimper sur sa fréquence. Elle m'explique qu'il faut des conditions bien particulières pour que l'on puisse échanger de manière fluide. Elle me demande de nous retrouver en dessous d'une pyramide transparente, on dirait du cristal. Je ressens la pyramide comme si elle était vivante. Elle m'explique qu'elle est accompagnée de deux autres êtres qui collaborent avec elle. Nous nous retrouvons donc sous cette belle pyramide.

Reila est loin d'être un simple chat. Je dirais qu'elle fait partie de ces animaux incarnant des énergies stellaires très lumineuses.

C'est un être dont la forme dépasse largement la troisième dimension. Elle explique qu'elle a la capacité de prendre une forme et d'en changer à l'infini.

Sur ce plan-là, Reila est un être que l'on pourrait qualifier de "scientifique initiateur de conscience". Elle œuvre en ce sens. Je la vois dans une sorte de grand laboratoire. Elle dit qu'elle est généticienne et biologiste moléculaire. Ce laboratoire est en fait un vaisseau entier. Je vois plein de plantes, d'outils technologiques très pointus, qui fonctionnent par le pouvoir de la pensée et au son. Elle précise qu'elle œuvre pour accompagner et faciliter l'ascension en travaillant sur les molécules d'ADN des êtres, qu'ils soient végétaux, minéraux, humains, animaux, autres...

Elle explique qu'elle est venue s'incarner sur Terre pour amener des codes d'énergies. Elle est venue près de sa “gardienne”, Marie, pour la soutenir et l’aider. Cela car elles sont des coéquipières. Elle me dit que dans ce vaisseau, elles travaillent ensemble, et qu’un jour, “sa gardienne” a décidé qu’elle devait revenir sur Terre pour contribuer à l’ascension.

Reila précise que Marie savait qu’elle allait vivre des épreuves rudes, très douloureuses parfois dans cette incarnation-ci. Elle sait que cela a un sens pour elle. Puis, je ressens une très grosse vague d’émotions m’envahir, une autre présence se présente.

Elle me dit qu’il s’agit de la fille de sa “gardienne”, Luna, qui a connu Reila de son vivant et l’aimait beaucoup. Elle est décédée alors qu’elle avait 23 ans. Reila dit que cette jeune fille travaille aussi avec elle, et Marie, sur ce vaisseau, mais qu’elle a un rôle un peu différent. C’est une “visionnaire”. Elle est créatrice. Elle participe à la naissance de technologies très pointues. Elle est très décidée et assurée dans son travail.

Reila se fait alors transmettrice de Luna et adresse un message à sa gardienne, mère de Luna. Elle dit: “Luna souhaite vous dire qu’elle est en contact presque permanent avec moi. Elle dit que l’incarnation terrestre auprès de vous a été une expérience qu’elle devait vivre, mais qu’elle était appelée à revenir assez tôt. Cela car elle ne s’était pas assez préparée lors de sa venue.

Elle me dit que son corps physique était mal ‘calibré’, au regard de la différence de fréquence entre le plan duquel elle venait, et la vibration terrestre. Néanmoins, elle m’explique qu’elle a déjà prévu de revenir, quand la Terre aura ascensionné. Pendant ce temps, elle œuvre ‘en haut’, pour accompagner cette ascension.”

Elle passe par Reila pour faire ressentir sa présence à Marie, lui faire comprendre qu'elle est là. Dans ce laboratoire, toutes trois sont des amies, des sœurs, des collaboratrices.

Reila veut que Marie prenne conscience qu'elle a un rôle important sur ce vaisseau. Elle fait partie des âmes venues volontairement aider, par amour. Elle explique que dans ce laboratoire, Marie œuvre spécifiquement sur les végétaux et les minéraux. En venant s'incarner dans cette vie, elle souhaitait mettre à contribution ses connaissances dans la guérison par les plantes, les minéraux, et transmettre ses savoirs. C'est très important, dit Reila.

Reila est un être qui sème "des graines de conscience". Elle insiste en disant que Marie est tout particulièrement venue enseigner, transmettre ses savoirs en matière de guérison par les plantes et les minéraux.

Elle parle d'utilisation d'algues, et de naturopathie au sens large. Elle me précise que Marie est capable d'apporter une nouvelle dimension à la naturopathie qui existe sur Terre. Elle explique qu'elle connaît les propriétés "spirituelles", vibratoires, des plantes, des minéraux, et comment les utiliser. Reila me dit que Marie doit prendre conscience qu'elle a un rôle important à jouer, qu'elle est légitime et qu'elle doit suivre son cœur. Elle est capable de communiquer avec les êtres de manière intuitive. Elle a une affinité particulière avec les végétaux et minéraux.

Ensuite, Reila donne des indications sur la manière dont elle se sent actuellement dans son corps de chat. Elle dit qu'elle a des moments de grande fatigue physique, et d'autres moments où elle va bien. Elle explique qu'il y a eu beaucoup de tensions dans sa manifestation incarnée, tout comme celle de sa “gardienne”. Cette pression les a fatiguées aussi physiquement. Elle me confirme ressentir cette tension au niveau général, et en particulier circulatoire, chez Marie.

Elle ajoute qu’elles ont toutes les deux beaucoup puisé dans leur propre énergie vitale. Chez Reila, la conséquence se manifeste par une fatigue des reins (d’après ses informations) et un dérèglement thyroïdien. Elle indique aussi que ses problèmes respiratoires ne sont pas d’origine virale, mais plutôt nerveuse et immunitaire. Nous allons creuser un peu plus durant le soin.

Par rapport à l’aspect émotionnel, je ressens une lassitude et une pointe de découragement après ces difficiles épreuves de vie. Néanmoins, Reila a cette sagesse qui la conduit à prendre beaucoup de hauteur par rapport à la situation.

Je lui demande si elle a une question ou des besoins particuliers, afin de les transmettre à Marie. Elle dit souhaiter retrouver la joie, redonner de la joie, de la légèreté, écouter de la musique douce et “souriante”, profiter, prendre du temps toutes les deux, respecter leur sensibilité, et laisser les autres maîtres de leurs actions et de leurs responsabilités.

Reila remercie Marie et souhaite qu’elle soit consciente qu’elle œuvre pour “bien plus grand” sur d’autres plans avec elle, Luna, et d’autres êtres lumineux. »

Pastor: Merci Reila, merci Luna, merci Marie, merci Alizé pour ce message magnifique.

VINGT-QUATRIÈME PAS DE DANSE

Les arbres et leur énergie

Lena : Danse comme les branches de l'arbre qui évoluent en symbiose avec le vent.

Puis-je citer en introduction cette intervention de Nassim Haramein, cher Pastor ?

Pastor : Avec plaisir.

Lena : « Il est important de comprendre que vous n'êtes pas séparé de la dynamique qui crée les supernovas, les étoiles, les galaxies, les univers et la structure de l'espace-temps à l'échelle de Planck. Vous êtes une partie intégrante de ce flux d'information. Et ce que vous appelez votre corps et la complexité de la biologie autour de vous, la nature fractale des arbres, des plantes, etc., tout ça émerge de ce flux d'information, y compris ce que vous considérez comme votre conscience. »

Pastor : Merci. La science et la spiritualité se rejoignent. Il n'y a plus de place pour la dualité dans ce nouveau monde.

Collectif : Commençons par un point purement « physique ». Les arbres vous permettent d'être en vie. Ils retiennent l'eau, ils absorbent ce que vous appelez le gaz carbonique et rejettent de l'oxygène. Ils abritent la vie, ils régulent la température, ils empêchent les glissements de terrain, ils freinent la puissance du vent. Ils sont au service.

Les arbres sont des êtres sacrés. Ils permettent et invitent à la connexion avec le tout, à être dans l'unité. En abattant des arbres sans conscience, en déforestant, ceux qui le font ou l'ordonnent contribuent simplement à freiner l'unité et la conscience sur Terre. Les arbres sont eux aussi des « nettoyeurs » énergétiques. Ils absorbent les ondes, que vous humains répandez encore et encore, avec toujours plus de puissance.

Si l'arbre sert à maintenir la Terre, à protéger lors de grands vents, à vous chauffer, à construire vos maisons, il est surtout un être relié aux mondes invisibles. Il est un peu comme un intermédiaire entre la terre et le ciel. Ses racines sont souvent profondes et ses branches élancées vers le ciel. L'arbre est conscience, il permet et « supporte » la vie. Il sait capter l'énergie du soleil, et également toutes les énergies de ce que vous qualifiez de « cosmos ». Il fait office d'accumulateur d'énergie. Il la redistribue sans compter. Cela car sa verticalité, ses branches qui s'étalent autour de lui de manière latérale par rapport à son tronc, suivent des courants telluriques précis.

Les arbres vous permettent réellement de vous réaligner. Ils facilitent les ajustements énergétiques nécessaires à votre santé et à votre élévation de conscience.

Ceux que vous qualifiez d'« arbres maîtres » synthétisent les informations reçues par l'ensemble des arbres dans un périmètre donné. En ce sens, ils vous permettent, si vous les connectez, d'harmoniser tous vos corps avec les énergies vibratoires qui arrivent. Ils sont des facilitateurs.

Les arbres sont définitivement des êtres sacrés. C'est d'ailleurs ce qu'avaient compris un certain nombre de peuples que vous qualifiez de « peuples premiers ».

Les arbres sont également vos protecteurs, car ils agissent comme des régulateurs énergétiques. Actuellement, la fréquence vibratoire des énergies entrantes s'accroît constamment. Cette puissante lumière devient parfois aveuglante pour vous qui êtes en chemin. Ainsi, les arbres servent finalement de « fusibles », lorsqu'il y a des surtensions énergétiques. Cela va être de plus en plus fréquent, le temps que vos propres circuits s'adaptent !

Pastor : L'énergie des arbres se déploie, à travers leur tronc et leurs branches en suivant un circuit invisible à vos yeux. D'ailleurs, les courants telluriques que vous ne percevez pas sont manifestés, au sein de votre troisième dimension, par les arbres.

Pourquoi pensez-vous que Bouddha soit représenté sous un arbre, qui symbolise l'endroit où il aurait vécu l'illumination ? Simplement parce que les arbres sont des accumulateurs de lumière. Si vous entrez en communication avec eux, ils peuvent vous partager cette lumière. Ils sont des intermédiaires entre votre dimension et les plans vibratoires supérieurs.

Collectif : Plus l'arbre est vieux, plus il a emmagasiné de lumière. Cela, même si en cette période d'ascension vibratoire, l'ensemble des végétaux sont porteurs de cette nouvelle énergie.

Pastor : Les arbres sont en effet des capteurs naturels d'énergie cosmo-tellurique. Ils captent l'énergie cosmique par leurs branches, et l'énergie tellurique par leurs racines. C'est bien en ce sens qu'ils sont un lien entre Terre et ciel. Vous êtes également, comme les animaux d'ailleurs, des capteurs d'énergie, placés entre le sol et le ciel... Vous êtes constamment baignés par ces énergies. Elles vous permettent de faire le lien entre votre esprit et votre manifestation.

Collectif: En effet. Lena, pourrais-tu nous donner ici une manière de se connecter aux arbres ? Celle que tu mets en œuvre, par exemple.

Lena: Avec grande joie. Allez se promener en forêt, de préférence seul, facilite cette connexion. Je choisis un arbre qui m'attire, un « vieil arbre », une vieille âme. Un arbre avec lequel je sens un lien puissant. Je m'approche alors de lui et lui demande l'autorisation de le toucher. Avant, je m'aligne intérieurement et veille à ne pas l'approcher « les mains sales ». Ce que je veux dire ici, c'est que je ne viens pas vers l'arbre pour me « décharger » de mes énergies trop lourdes. Je l'approche en conscience, pour communier avec lui.

D'ailleurs, nous sommes invités à approcher de la même manière tout ce qui vit, animaux, enfants, humains... Il ne s'agit pas « d'entrer dans la bulle de l'autre les pieds sales ».

Je place ensuite mes mains contre son tronc. Il n'est pas forcément nécessaire de l'entourer. L'approche doit être douce et respectueuse. Il ne s'agit pas de le consommer! Notez ici d'ailleurs la similitude avec la relation amoureuse...

Je ferme ensuite les yeux, je mets en veille mon mental, je ressens l'énergie de l'arbre qui se mélange à la mienne, un peu comme si sa sève coulait dans mes veines et mon sang dans son tronc. Je suis totalement dans l'écoute intérieure, je vis tout simplement. Je peux ensuite élargir mes perceptions aux bruits qui m'entourent. Les chants d'oiseaux, ressentir l'air sur ma peau. Je reste ainsi jusqu'à ce que je perçoive que l'heure est venue de le remercier, de lui dire au revoir. Je lui demande de signifier ma gratitude à tous les arbres de la forêt, à l'ensemble des forêts. Je les remercie de nous permettre la vie. Puis je m'en vais en silence...

Pastor: C'est magnifique, merci Lena.

Collectif: Votre monde matériel n'est qu'illusion. Connectez un animal, un arbre et vous le comprendrez. Écoutez avec le cœur, faites silence. Embrassez enfin la multidimensionnalité.

Vous ne pouvez plus vivre comme avant... Si vous vous arc-boutez, de nombreuses expériences vont faire voler en éclat vos systèmes de croyances. Si, collectivement, vous aviez saisi cela, vous ne seriez pas en train de vivre des évènements qui vous poussent au bout de vous-mêmes, pour voir jusqu'où vous êtes prêts à donner la clé de votre vie à d'autres...

Nous le répéterons encore et encore, rien d'extérieur à vous ne peut vous « protéger », que ce soit votre maison, votre famille, votre société... Tout peut voler en éclat d'un moment à l'autre.

Pastor: Il ne s'agit plus de vous sentir comme des animaux traqués, mais de manifester enfin votre puissance, puis de la décliner dans des intentions claires. C'est maintenant ! Ce que nous avions annoncé dans *L'Envol vers soi* est en cours de manifestation.

Vous pourrez construire les plus hautes digues, accepter de prendre toutes les médecines de la Terre, si vous ne comprenez pas urgemment que vous êtes aux commandes, vous resterez comme des ballons de baudruche, « bringuebalés » au gré du vent.

Collectif: Vous êtes des êtres multidimensionnels. Vous devez aujourd'hui « digérer », intégrer tous les apprentissages de toutes vos existences de ce cycle (et d'autres), afin d'atteindre enfin un point d'équilibre. Encore une fois, harmonisez vos fréquences. Ainsi, vous pourrez vivre ici sur Terre, dans d'autres systèmes stellaires, dans d'autres dimensions, tout cela dans une éternelle simultanéité. Suivez votre propre chemin, en conscience et librement !

Pastor: Le temps d'étudiant est terminé. Fini les soirées étudiantes, les jobs d'été, et les vacances telles que vous les concevez. Il s'agit d'être ici et maintenant et de le manifester en permanence. Il n'est plus temps « d'ingurgiter » des connaissances, puis de les « régurgiter », de fêter vos diplômes, de vouloir être le meilleur. Il s'agit juste d'être la meilleure version de vous-même. Vous avez des capacités étonnantes, allez-vous enfin en prendre conscience ? Surtout, allez-vous les utiliser pour construire, dans l'amour et l'unité ?

Certains êtres ici présents sont des « rallumeurs de flamme ». Si vous avez besoin d'une allumette, consultez-les. Ils sont bien plus que cela d'ailleurs. Chacun de vous doit aujourd'hui faire preuve de « courage » comme vous dites. Poursuivez vos intentions encore et encore, entourez-vous d'une jolie lumière blanche. Si vous avez besoin de méditer pour déployer vos antennes, faites-le. Développez votre conscience, cessez de faire des arrangements avec elle par intérêt. Prenez grand soin de votre corps. Si vous n'aimez pas ce que vous vivez ou voyez dans votre monde, changez de manière de penser. Manifestez-vous différemment. Vous constaterez que rien n'est une fatalité...

Vous serez malmenés tant que vous ne reconnaîtrez pas et n'accepterez pas le changement.

Bénissez tout ce et ceux qui vous entourent, le ciel, les animaux, les arbres, les océans, les pierres. Envoyez de l'amour aux étoiles !

Collectif: Certes. Le fait d'honorer toute forme de vie vous permettra d'expérimenter la multidimensionnalité. Il n'y a pas de chemin juste. Le chemin, c'est l'amour.

Respectez et appréciez toutes les formes de vie, même les plus petites. Arrosez les herbes ou les fleurs qui vous entourent. Remerciez-les de vous permettre d'être en vie. Vous êtes tous liés...

Apprenez à échanger avec les insectes, plutôt que de les tuer sans réfléchir. Remerciez la terre à chaque instant pour ce qu'elle vous offre, et dont vous n'avez même pas conscience.

Lena: Il s'agit aujourd'hui de reconnecter notre « être sacré », au sens où nos frères amérindiens, et d'autres peuples et « cultures ancestrales » comme il est dit ici, le font. Pour eux, le sacré est tout ce qui diffère de la réalité ordinaire. Le sacré se manifeste en baignant l'humain d'énergies qui viennent d'autres dimensions. Le sacré s'expérimente et permet de réveiller en nous les énergies cosmiques essentielles, que sont l'amour et ce qui en découle, en particulier la paix, la joie, les énergies de guérison. Le sacré se reflète dans la douce et discrète présence des arbres, dans le regard d'un animal, dans le vol des oiseaux. Mais aussi dans la prière, dans le rêve, dans ces moments de grâce où nous sommes dans un pur bien-être. Lorsque l'on comprend que tout est sacré, on regarde alors la vie comme une bénédiction, avec gratitude et émerveillement.

Pastor: Gratitude...

EN GUISE D'AU REVOIR

Lena: Je vois une danse magnifique, tous les règnes vibrent en harmonie. Je vois une lumière blanche dorée, un silence qui a lui seul est un chant. Tous vibrent l'amour et l'unité.

Collectif: Votre Terre revient de loin et aujourd'hui, il s'agit de passer cette nouvelle étape. Elle accouche d'elle-même, elle oscille, comme vous le faites aussi, de manière plus marquée encore. Cela correspond au processus de « basculement » terrestre. C'est un peu comme si vous effectuiez encore des allers-retours entre plusieurs dimensions vibratoires, entre le monde de dualité, marqué par un état de conscience éphémère, et la multidimensionnalité. Elle n'est autre que « la conscience d'êtreté ». Vous hésitez encore entre le Moi et votre Soi, entre le personnage et votre identité cosmique.

Vous « hoquetez » parfois, pensant que la seule issue est de choisir entre la joie et la tristesse, entre le déni et la colère, entre la suradaptation et la mise en marge totale. Vous oscillez encore et encore...

Or, l'époque n'est plus aux « où » mais aux « et ». Vous ne pouvez plus faire des arrangements avec vous-même. Vous ne pouvez plus à la fois endosser le costume du personnage et votre vêtement de lumière.

Soit vous demeurez dans le personnage, et celui-ci risque d'être balayé au premier coup de vent, soit vous acceptez de vous métamorphoser.

Si vous vous accrochez à ces deux parties de vous qui sont en train d'aller dans des directions totalement opposées, vous allez vous sentir écartelé, scindé.

Pastor: Soit vous vous accrochez à demeurer chenille et à ramper, soit vous prenez votre envol comme le papillon...

Collectif: Finalement, votre troisième dimension ne va pas s'évaporer, elle va se transmuter, s'alchimiser avec les dimensions supérieures. Elle n'existera plus en tant que telle, bien évidemment.

Tous ses soubresauts, toutes ses oscillations, tout ce chaos vous invitent à choisir, en tant qu'âme, la rive sur laquelle vous souhaitez évoluer. Installez-vous dans votre centre, dans votre cœur, c'est là que se trouvent la paix et l'amour, l'unité. L'amour balaie nécessairement la personnalité...

Il s'agit d'être juste avec vous-même pour l'être avec les autres. Lorsque ce sera le cas, pensez-vous que les règles, les lois de votre monde puissent encore vous perturber ?

Être lumineux signifie être dans une forme de vacuité, cet état où le mental s'est tu, où seul l'instant présent existe.

Même si cet état est votre état originel, vous devez aujourd'hui expérimenter pour le retrouver, car vous vous en êtes tellement éloigné.

Et comme ce monde ascensionne très rapidement, tous les baptêmes du feu que vous connaissez sont une manière de dissoudre plus rapidement vos carapaces obsolètes.

Il ne s'agit plus de donner d'importance à une quelconque croyance. Il s'agit de ressentir avec le cœur.

Être juste, c'est « être » tout simplement. Manifester qui vous êtes, simplement, sans artifices, sans jeu de pouvoirs dissimulés. Vous n'êtes plus le personnage, l'ego et le mental qui s'agitent. Vous êtes appelés à incarner, à manifester la partie supérieure de votre être. Lorsque vous vous installez au cœur de votre être, en votre centre, les oscillations disparaissent, vous êtes dans la gratitude, la lumière, dans l'amour. Vous êtes dans... l'éternité.

Quelle est la clé de la porte du cœur, de l'abandon à la lumière ? C'est simplement vivre l'instant présent, sans le mentaliser. Certes, aujourd'hui vous êtes encore entre deux mondes, mais vous pouvez vous y manifester de deux manières bien différentes. La première est d'agir en étant unifié intérieurement, l'autre en étant tiraillé, scindé !

Pour être unité, il est nécessaire d'avoir « décristallisé », « désenkysté » ce qui vous a blessé, de regarder les actes que vous avez pu poser, sous l'emprise de la souffrance, de la colère, puis de « mettre genoux à terre ». Il s'agit d'être sorti de l'attitude « action/réaction », pour simplement « être ». Puis le manifester en conscience.

La libération de votre être passe par un processus particulier. La première chose est d'en avoir l'intention. Vous êtes sur une planète de libre arbitre. Personne ne pourra faire ce choix à votre place ! Parfois, cette intention n'est pas encore remontée à la conscience. Elle est toutefois présente en votre cœur. Elle rejaillira à votre rythme.

Le deuxième point est d'accepter de laisser dissoudre vos croyances, vos coutumes, vos habitudes, tout ce qui appelle à être transmuté, pour que vous puissiez renaître de vos cendres.

Pastor: « Le gros morceau », c'est l'ego, et son copain le mental. Une jolie paire, ces deux-là. C'est bien vous, encore une fois, qui donnez le rythme de cette dissolution, même si les énergies entrantes sont comme des puces qui vous piquent !

Collectif: La troisième étape est l'installation dans « la conscience d'êtreté ». Cela nécessite d'être présent à soi-même, ici et maintenant. Lorsque vous serez dans cette présence absolue, rien ne peut plus avoir d'accroche sur vous... Ce qui doit se révéler se révèle, ce qui doit se libérer se libère, ce qui doit s'en aller s'en va.

Pastor: La quatrième phase est la reconnexion à l'Amour, donc à votre multidimensionnalité.

La libération et l'activation de votre ADN, la reconnexion à votre ADN quantique sont les puissants vecteurs de ce processus

Collectif: Les porteurs et les passeurs de lumière se sont succédé sur votre planète. À chaque époque, leur mission a été de sauvegarder, de conserver, voire de soutenir l'encodage vibratoire envoyé par la Source.

En cette période, ces codes sont d'une puissance toute particulière. Cela au point où une autre matière coule désormais dans vos veines. Chacun de vos corps, chacun de vos temples sont comme des « vaisseaux filles ». Ils contiennent leur propre encodage et tous sont reliés. Il s'agit que vous appreniez à rayonner cette énergie, à harmoniser vos corps les uns avec les autres. Tout obéit à la Loi de l'Un. Tout est agencé par cette architecture de lumière. Ce qui vient correspond à un nouvel agencement, à un déploiement nouveau de la lumière.

L'équipe au sol en particulier est amenée à être un pont, une porte vers ce nouveau monde. Chacun de vous est une pièce d'un magnifique puzzle. Si la pièce n'est pas suffisamment polie, si elle n'est pas à sa juste place, tout le puzzle est en attente...

Ainsi, il s'agit que chaque être humain soit désormais dans une intention claire. Celle du port d'escale qu'il souhaite rejoindre. Car cela ne sera qu'un séjour... Vous continuerez à évoluer vibratoirement, jusqu'à ce que la cellule souche que vous êtes ait rejoint le « Tout ».

Pastor : Votre intention doit être comme un entonnoir, partir du plus général vers le plus précis. Si vous avez déjà une intention globale claire de ce que vous souhaitez vivre, que vous vous y tenez, nous vous accompagnerons à l'affiner. Souvenez-vous que vous œuvrez en collaboration avec vos guides de lumière. À chaque fois que vous modifiez d'un micron la trajectoire, tout le scénario change...

Si vous n'arrivez plus à savoir ce que vous souhaitez, nommez déjà ce que vous ne voulez plus expérimenter. Affinez ensuite jusqu'à découvrir vos nouvelles aspirations. Il y a d'ailleurs une différence entre « aspirations » et « intentions ». Aspirations contient encore une forme d'attente. Cela n'est plus juste, aujourd'hui. Vous devez vous souvenir que vous êtes pleinement créateurs de vos vies. Vous n'êtes pas venus pour qu'on vous serve, mais pour être au service de votre contrat d'âme, et de manière plus vaste, au service du Tout.

Avoir l'intention, c'est préciser la tonalité globale de votre tableau. Quelles couleurs allez-vous utiliser comme « dominantes » ? Avoir l'intention, c'est entrer en résonance vibratoire avec votre être supérieur et le manifester ensuite. Vous reliez à lui et l'incarner.

De même, ne réclamez pas « justice », œuvrez individuellement et collectivement à la « justesse ». La justice signifie encore que vous êtes impuissants et victimes. La justesse est un mouvement vers la manifestation de la conscience, de l'amour et de l'unité.

Aujourd'hui, de nombreux habitants de la Terre ont les pieds totalement « pris dans le béton », ou « perchés dans les étoiles ». Cela sans avoir compris que cette posture est une voie sans issue.

La puissance de l'humain est de refléter celle de son créateur. Il est un « magicien » qui donne naissance à l'absolu. Contrairement à celui-ci, il peut manifester le pire s'il n'est pas conscient.

Collectif: Quoiqu'il advienne autour de vous, restez centrés, alignés intérieurement. Le mental de certains humains est encore fort. Il sera peut-être « switché » par des évènements puissants. Alors seulement, après un état de « torpeur », certains comprendront...

Pastor: Chers membres de l'équipe au sol, comprenez que vous êtes à la fois ceux qui favorisent ce passage, et accompagnent cette transition. Soyez dans l'amour, dans un recueillement serein. Vous n'êtes pas des sauveurs mais des accoucheurs, des éclaireurs, des « reconnecteurs », des « écoutants », nous le répétons. Il n'est pas nécessaire d'être un sauveur pour se rassurer de sa puissance.

En premier lieu, veillez à être doux avec vous-même.

Collectif: Pour soi, le don ultime est « le clair senti », qui consiste à éclairer le chenal sans se retourner, sans douter, en laissant être tout ce qui se passe, sans émotions démesurées.

L'énergie et l'amour que vous cherchez sur Terre sont en vous. Vous la trouverez également en connectant vos guides, ainsi que les êtres de votre planète d'origine. Aucun être incarné ne peut vous l'apporter. Alors de grâce, cessez de vous « vampiriser » les uns les autres. Et pour cela, allez à la rencontre de vos blessures, puis pansez-les.

Pastor: Chers amis de la Terre, entendez ceci. Aujourd'hui, il s'agit de lâcher toutes les « étiquettes », tout ce qui classe, définit, et crée le terrain propice à la « discrimination ». « Étiqueter » rime avec « dualité »... Ces étiquettes rassurent votre mental et alimentent votre ego. Pensez-vous que cette époque qui s'en vient, et qui est déjà en partie présente, soit encore à vous dire « chamane », « guérisseur », channel, ceci ou cela ? Vous êtes venus soutenir la Terre, ceux qu'elle porte en œuvrant dans l'amour, en étant au « service » du « Tout ».

Vous avez choisi cette période et avez été préparés à cela. Veillez simplement à accomplir cette mission, en étant juste avec vous-même et ceux que vous accompagnez.

Chacun d'entre vous a été poli encore et encore, ici et ailleurs, durant de multiples existences, pour enfin être prêt. Et ce mouvement ne s'arrêtera jamais. Même après votre dernier souffle, vous continuerez à œuvrer pour être aussi pur que le cristal.

Vous avez tous été « foudroyés » pour pouvoir être au service aujourd'hui. Alors est-ce utile de restreindre votre être en le désignant sans cesse avec une étiquette ?

Collectif: L'heure est au grand réveil de la conscience, individuelle et collective. Accueillez de manière juste, en étant lumineux et dans l'amour, chaque être qui vient à vous. En particulier, ces « nouveaux » enfants qui arrivent. Cela afin de vous soutenir puissamment dans votre œuvre. L'arrivée sur Terre est un évènement stellaire et terrestre. Ici encore, le « ou » n'a pas sa place. Soyez en joie, bienveillants, dans la compassion.

Qu'il en soit de même pour ceux qui retournent à la maison. Car ils n'ont plus la force, parce qu'ils continueront à expérimenter de manière plus pertinente ailleurs. L'« âme hors » (la mort) est une fête pour celui qui rejoint le port...

Pastor: Acceptez de vivre, dites « oui » à chaque instant à la vie, à l'incarnation. Si vous restez dans la peur d'être ici et n'habitez pas votre temple, il sera « pillé » par des êtres qui sont encore aveugles. Il pourra également être « squatté » par des entités, qui n'arrivent pas à faire face à leur état et s'alimenteront de vous.

De plus, votre corps fonctionnera en mode « dégradé ». Vous aurez beaucoup de difficulté à incarner votre pleine puissance. Allez « au bout de votre être », inventez, créez ce qui n'existe pas encore. Tel est le message que vous invitent à comprendre les évènements en cours sur votre Terre...

Collectif: Lena, pourrais-tu, s'il te plaît, insérer ici une guidance que nous t'avons récemment transmise. Merci.

Lena: « Nous sommes toujours là, et en cette époque nous sommes nombreux, venus de toutes les dimensions vibratoires, pour vous accompagner. Nous vous observons avec amour, comme peut le faire un parent qui regarde son enfant apprendre à marcher. En cette époque, il n'y a plus rien à apprendre. Il s'agit juste de laisser s'ouvrir pleinement votre chakra du cœur. Vous savez tous voler. Alors déployez vos ailes, gardez vos yeux de l'âme rivés sur la lumière. Elle est à la fois le chemin et votre destination. »

Collectif: Nous vous saluons, amis de la Terre. Nous vous aimons. Ce n'est qu'un au revoir...

Pastor: Merci, Lena. Merci, cher collectif. Chers amis, dansez la vie et elle vous dansera ! Merci à vous d'être ici en cette magnifique période. Alors gardez votre regard porté vers l'horizon... et ne vous retournez pas !

C'ÉTAIT LE DERNIER PAS DE CETTE DANSE-LÀ. UNE AUTRE ARRIVERA, PUIS UNE AUTRE, PUIS UNE AUTRE...

Lena: À la fin de cette danse, je salue tous les êtres de lumière d'ici et de tous les mondes. Je me sens connectée à cette puissante lumière que nous émanons tous ensemble.

Au moment où je reçois ces derniers mots, je ressens une puissante énergie douce et pleine d'amour. Recevoir leurs messages est à la fois un ravissement et une initiation constante. Je suis dans la gratitude d'être ici pour transmettre, le plus fidèlement possible, ce qu'ils expriment.

Ils sont à la fois des guides, des amis, des frères d'ici et d'ailleurs. Ils m'apprennent chaque jour à m'abreuver à la source, qui n'est qu'amour, unité, compassion.

Puissions-nous faire de cette époque particulière une magnifique danse cosmique. Chacun de nous a son tempo, chacun son pas. Néanmoins, si un seul d'entre nous voit sa lumière éteinte, c'est un peu de la nôtre qui faiblit. Nous sommes tous liés, reliés.

Ces temps sont magiques et exigeants. Ils nous demandent de retrouver notre conscience, d'agir à chaque instant dans le discernement, en prenant de la hauteur. Ils nous apprennent également ce qu'ils nomment « le détachement humain ». Cela passe par la compréhension fine. Il s'agit de lâcher prise pour comprendre que chacun d'entre nous a son pas, sa couleur d'âme. Nous ne pouvons ni « sauver » ni « condamner ». Juste être là, dans l'amour, la compassion. Descendre dans notre caverne intérieure, nous recueillir en silence... Accepter de renaître de nos cendres, osez être la plus belle version de nous-même.

Je fais le vœu que ces quelques lignes vous accompagnent en ce sens. Puisse ce livre être l'ami qui vous apporte amour et écoute. Puisse-t-il faire remonter à votre conscience votre essence d'être libre, heureux, joyeux, amoureux...

Nous sommes amour, nous sommes lumière. C'est notre essence. Ne doutons plus, soyons tout simplement !

Avec tout mon amour,
Lena

NOTES

NOTE 14

À l'époque était vénéré le Benu, un oiseau semblable au héron, associé au Dieu solaire Râ. Le Benu fut le premier être à sortir de l'océan primordial. Il se retrouva perché sur le premier morceau de terre, une toute petite île. Le temps se déclencha à son premier cri. Depuis ce jour, le Benu accompagne également les morts jusqu'à Osiris dans l'au-delà. C'est au cinquième siècle avant Jésus-Christ que le Grec Hérodote rapporte, d'Héliopolis, la légende du Benu, sous le nom de Phoenix, qui signifie rouge en grec.

D'autres symboles viendront s'ajouter au fil du temps. Chez les Romains, le Phoenix était le symbole de la force vitale éternelle de l'empire. Certaines pièces de monnaie étaient frappées à son effigie. Au Moyen Âge, il est l'un des emblèmes du Christ mort sur la croix et ressuscité. Au Japon, il est l'esprit élémentaire du feu. Dans tous les cas, il est le symbole de la résurrection et de l'immortalité.

NOTE 18

Il faut différencier le pôle Nord magnétique du pôle Nord géographique. Ce dernier correspond à l'endroit où l'axe de rotation de la planète croise la surface. Comme la lumière redresse l'axe d'inclinaison de la Terre, ce dernier bouge.

Le pôle Nord magnétique est situé au milieu de l'océan arctique, à plus de 720 kilomètres au nord de l'île d'Ellesmere, au Nunavut. Il s'agit de l'île la plus au nord de l'archipel arctique canadien.

NOTE 40

Je suis ce que je suis,
Je suis ma propre création,
Alors venez jeter un coup d'œil,
Renvoyez-moi ou faites-moi une ovation.

C'est mon monde,
Dans lequel je veux avoir un peu de fierté,
Mon monde,
Et ce n'est pas un endroit dans lequel
il faut que je me cache,
La vie ne vaut pas un clou jusqu'à ce que tu puisses dire :
Je suis ce que je suis,
Je suis ce que je suis.

Je ne veux pas d'éloge, je ne veux pas de pitié,
Je fais sonner mon propre tambour,
Certains pensent que c'est du bruit,
moi, je pense que c'est joli,
Qu'est-ce que ça fait si j'aime chaque
plume et chaque paillette,

Pourquoi n'essayerai-je pas, et ne verrai-je
pas les choses sous un angle différent,
Ta vie est une imposture,
Jusqu'à ce que tu puisses crier :

Je suis ce que je suis.

Je suis ce que je suis,
Et ce que je suis n'a besoin d'aucune excuse,
Je distribue mon propre paquet [de cartes],
Parfois l'as, parfois les deux.

C'est une seule vie, y a pas de retour
ni de dépôt de garantie,
Une seule, donc il est temps d'ouvrir ton placard,
La vie vaut pas un clou,
Jusqu'à ce que tu puisses crier :
Je suis ce que je suis,
Je suis ce que je suis,

Je suis ce que je suis.
(×7)

Je suis ce que je suis,
Et ce que je suis n'a besoin d'aucune excuse,
Je distribue mon propre paquet [de cartes],
Parfois l'as, parfois les deux.

C'est ma vie,
Dans laquelle je veux avoir un peu de fierté,
Ma vie.
Et ce n'est pas un endroit où il faut que je me cache,
La vie vaut pas un clou,
Jusqu'à ce que tu puisses crier :
Je suis ce que je suis.

Je suis, je suis, je suis utile,
Je suis, je suis, je suis vrai,
Je suis, je suis, quelqu'un,
Je suis aussi bien que vous,
Je suis ce que je suis,
Je suis ce que je suis.

Je suis, je suis juste,
Je suis, je suis forte,
Je suis, je suis digne,
Et je suis bien à ma place,
Je suis ce que je suis...

NOTE 65

La lumière métatronique est la lumière suprême, le spectre complet issu du Tout. Elle se compose de particules que l'on peut qualifier « d'adamantines ». La fleur de vie a été utilisée dans certains de vos anciens enseignements, pour décrire cette onde sublime affluant de la Source. Ce souffle contient l'élixir de vie et est à l'origine de tout ce qui est. Ce souffle est composé de particules adamantines. La fleur de vie est d'ailleurs composée de particules adamantines qui sont un flux continu de potentiels illimités. Imaginez ce courant vibratoire créateur qui circule dans l'ensemble des dimensions vibratoires et se disperse dans le multivers. Ressentez-le et vous éprouverez une sensation que vous n'oublierez jamais... Il s'agit d'un état de félicité immense.

NOTE 75

Par le passé, la division entre planètes et étoiles était définie en termes simples. Une étoile brillait de son propre fait, alors qu'une planète se contentait de réfléchir la lumière de l'étoile autour de laquelle elle gravite. Ces dernières années, les astronomes ont cependant découvert un bestiaire de corps célestes, qui rend la frontière floue. Ces objets ont une masse intermédiaire entre celle des planètes et celle des étoiles, et possèdent les caractéristiques des unes et des autres. Toutefois, ils ne peuvent être rangés ni dans les premières ni dans les secondes. Les naines brunes les plus âgées, tout comme les planètes très massives, trouvent un état d'équilibre entre la gravité et la pression des électrons dans la matière dense. Les naines brunes sont le siège de phénomènes météorologiques particuliers. Une naine brune est plus grosse qu'une planète. Nibiru est une douzaine de fois plus massive que Jupiter. Il s'agit « d'une centrale électromagnétique » très puissante.

À PROPOS DE L'AUTRICE

Depuis sa plus petite enfance, Lena Favre « entend » et « voit ». Née dans une famille qui n'était pas prête à accueillir ce don, elle a dû s'affirmer afin de manifester ses aptitudes particulières. Elle présente aussi la particularité d'avoir, au sens propre, les pieds sur terre et la tête dans les étoiles, ce qui lui permet d'être une intermédiaire entre les mondes.

Lena se considère comme l'un de ces êtres de « l'équipe au sol », venus par amour accompagner l'ascension vers le nouveau monde qui nous tend la main. Elle facilite la réception, l'assimilation de l'énergie de lumière qui arrive en cette période, ainsi que la décristallisation des blocages énergétiques. Cela s'opère lors de séances de canalisation, de libération énergétique et de reconnexion à soi, d'accompagnements en groupe et de causeries. Pour l'accompagnement individuel, elle travaille principalement à distance, avec des personnes se trouvant en France ou ailleurs.

Cette accompagnatrice intervient également lors de communications avec les défunts, afin de faciliter leur passage vers l'autre monde. Elle contribue à la libération des blocages restés en suspens en permettant la libération des non-dits, notamment avec les proches.

Lena ne prédit pas l'avenir. Elle rappelle souvent que chacun de nous l'écrit, que seul l'instant présent existe.

Dans une autre partie de cette vie, dans un autre paradigme, elle a œuvré dans le secteur social, dans différentes fonctions. De formation universitaire, elle a été travailleuse sociale, directrice de structures médico-sociales, chef de projet, formatrice et coach.

En tant qu'autrice, il lui a été soufflé, début 2018, qu'il fallait transmettre au plus grand nombre, car le temps presse. Ainsi, est paru en 2020 *L'Envol vers soi,* un « grimoire vibratoire » qui donne des clés pour cheminer sereinement en cette période de changement accéléré.

Les Danses de l'âme, publié en 2022, vient apporter un éclairage complémentaire et offre une perspective vibratoire de ce monde qui est déjà là...

INDEX

H

I

N

O

SOMMAIRE

CHEZ LE MÊME ÉDITEUR

COLLECTION CHANNELS
L'EXPRESSION ACTUELLE D'UN PHÉNOMÈNE INTEMPOREL

Les Danses de l'âme

Lena Favre

Un outil puissant pour accompagner l'extraordinaire élévation du taux vibratoire de la Terre qui caractérise l'époque actuelle.

Journal de l'invisible

Brigitte Pietrzak

Ces enseignements limpides, canalisés au jour le jour, nous font prendre conscience du sens de notre incarnation et des multiples dimensions de notre âme.

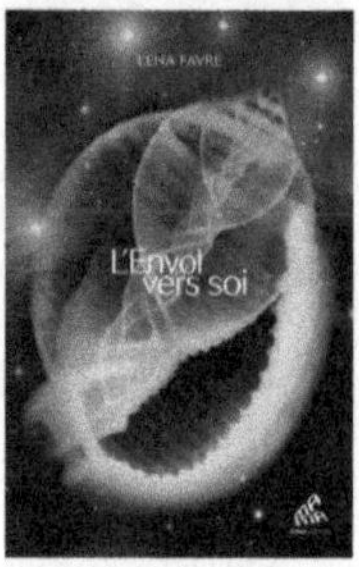

L'Envol vers soi

Lena Favre
(Préface de Michka)

Le premier livre qui nous amène à expérimenter sereinement l'ascension vibratoire de la Terre et de ses habitants.

Créer sa fortune

Attirer l'abondance

Sanaya Roman, Duane Packer

Un véritable manuel de prospérité qui met à la portée de tous les techniques permettant d'attirer l'abondance de l'univers. Avec à la clé joie de vivre, réussite et santé.

COLLECTION LES LIVRES DE SETH
AUX SOURCES DU CHANNELING

L'Individu et les évènements de masse

(TOMES I & II)
Un livre de Seth, par Jane Roberts

Dès le début des années 1960, Seth affirme que nous créons notre propre réalité en fonction de nos croyances. Dans ce livre précurseur, il examine la façon dont ces réalités individuelles se combinent pour former les évènements planétaires – comme les séismes, les épidémies et les guerres.

La Nature de la psyché

Son expression humaine
Un livre de Seth, par Jane Roberts

Seth nous initie ici à un espace de conscience qu'il nomme « psyché », source de tous les possibles, et qui se manifeste de différentes manières en fonction des choix de chacun.

La Réalité « inconnue »

(TOMES I, II & III)
Un livre de Seth, par Jane Roberts

Dans cette somme éditée en trois tomes, Seth explore entre autres le concept des « réalités probables » introduit dans *Seth parle,* et si cher à la nouvelle science-fiction comme à la physique quantique.

Seth parle

L'éternelle validité de l'âme (TOMES I & II)
Un livre de Seth, par Jane Roberts

Seth est considéré par des millions de lecteurs comme le maître spirituel qui leur a ouvert la porte vers d'autres niveaux de réalité. Dès les années 1960, avant Deepak Chopra ou Eckhart Tolle qu'il a inspirés, Seth se situe à la source d'une nouvelle vision du monde où chacun crée sa propre réalité.

La Nature de la réalité personnelle

Comment résoudre vos problèmes quotidiens et enrichir votre vie (TOMES I & II)

Un livre de Seth, par Jane Roberts

Un enseignement pratique particulièrement en phase avec notre époque, et qui donne des clés pour modifier notre rapport au monde.

Le Matériau de Seth

Une introduction (TOMES I & II)

Un livre de Seth, par Jane Roberts

Une introduction éclairante et d'accès particulièrement facile au message de Seth, l'entité considérée par des millions de lecteurs comme l'un des grands maîtres spirituels de notre époque. *Le Matériau de Seth* est présenté par Jane Roberts, qui lui prêta sa voix.

COLLECTION LES ESSENTIELS
DES CONDENSÉS DE SAGESSE

Seth parle
L'Essentiel en 365 pensées
Jane Roberts (Une sélection de Tigrane Hadengue)

Réunis pour la première fois, ces 365 extraits du premier livre dicté par Seth permettent d'accéder directement au cœur de son enseignement métaphysique.

La Nature de la réalité personnelle
L'Essentiel en 365 pensées
Jane Roberts (Une sélection de Tigrane Hadengue)

Réunis pour la première fois, ces 365 extraits du deuxième livre dicté par Seth permettent d'accéder directement au cœur de son enseignement pratique.

Tuning in
L'Essentiel en 300 pensées
Bashar, Kryon, Chief Joseph, Tobias, Torah, Les Pléiadiens (Une sélection de Tigrane Hadengue)

Le meilleur du channeling contemporain en 300 pensées clés.

COLLECTION CARTES & LIVRET
DE LA CONNAISSANCE À LA RÉALISATION

Le Chamanisme (Coffret 1)
par Laurent Huguelit

Une introduction destinée aux débutants. Pour découvrir la spiritualité chamanique, ses liens avec le monde moderne, les esprits et la nature.

Ouvrage de référence :
Le Chamane & le Psy

INCLUS DANS LE COFFRET
- Un jeu de 101 cartes
- Un livret de 120 pages
- Un plateau recto verso

Le Soin
par Agnès Stevenin

Découvrez la thérapie énergétique autrement, ses liens avec le corps, l'esprit et l'invisible.
Un outil complet pour stimuler la guérison, développer le bien-être et mettre en pratique de nouvelles perceptions.

Ouvrage de référence :
De la douleur à la douceur

INCLUS DANS LE COFFRET
- Un jeu de 101 cartes
- Un livret de 120 pages
- Un plateau recto verso

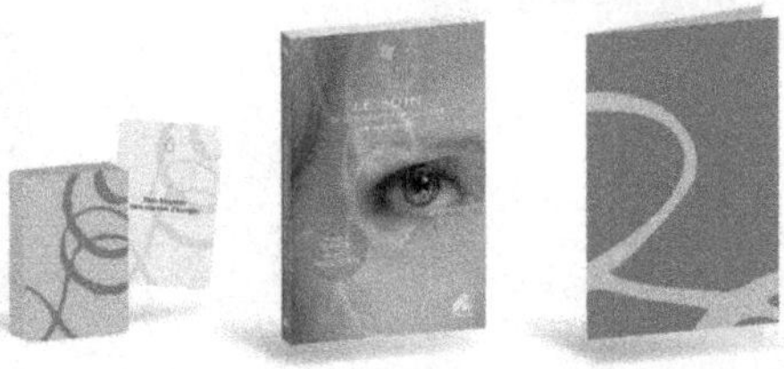

LES INITIATIQUES
DES HISTOIRES POUR S'OUVRIR AUX MONDES

Shaman, La trilogie
Tome I - La Quête
Tigran (Préface de Claire Barré)

La Quête est le récit d'un jeune Français parti s'initier au chamanisme en Mongolie.
Une aventure spirituelle et amoureuse parsemée d'épreuves, à cheval entre deux mondes... pour que la flamme soit ravivée et le feu partagé.

Shaman, La trilogie
Tome II - La Vision
Tigran (Préface de Laurent Huguelit)

La Vision est le récit d'un jeune Français parti s'initier au chamanisme en Mongolie.
La poursuite d'une transmission qui se déploie au cœur d'une aventure spirituelle et amoureuse parsemée d'épreuves, à la lisière de l'invisible... pour que la connaissance soit sauvegardée et sa portée révélée.

Shaman, La trilogie
Tome III - L'Appel
Tigran (Préface d'Audrey Fella)

L'Appel est le récit d'un jeune Français parti s'initier au chamanisme en Mongolie.
L'accomplissement d'une quête spirituelle et amoureuse au centre d'une passation de savoirs entre plusieurs dimensions... pour que la magie soit déployée et ses pouvoirs maîtrisés.

Première édition originale, premier tirage

Portrait de l'autrice © DR
Conception graphique : Philippe Fourquet

Achevé d'imprimer en mars 2022
sur les presses de l'imprimerie Sepec à Péronnas (France)
pour le compte de Mama Éditions.

Ce livre est issu de forêts gérées durablement
et de sources contrôlées.

ISBN 978-2-84594-456-5
Dépôt légal mars 2022
N° d'imprimeur N05915220202

L'imprimerie Sepec est titulaire des labels :

PEFC 10-31-3532 / Certifié PEFC / Ce produit est issu de forêts gérées durablement et de sources contrôlées. / pefc-france.org